全国高等职业教育旅游大类"十三五"规划教材编委会

总主编

马　勇　教育部高等学校旅游管理类专业教学指导委员会副主任
　　　　湖北大学旅游发展研究院院长，教授、博士生导师

编　委（排名不分先后）

朱承强　全国旅游职业教育教学指导委员会委员
　　　　上海师范大学MTA教育中心主任
　　　　上海旅游高等专科学校酒店研究院院长，教授

郑耀星　全国旅游职业教育教学指导委员会委员
　　　　中国旅游协会理事，福建师范大学教授、博士生导师

王昆欣　全国旅游职业教育教学指导委员会委员
　　　　浙江旅游职业学院党委书记，教授

谢　苏　全国旅游职业教育教学指导委员会委员
　　　　武汉职业技术学院旅游与航空服务学院名誉院长，教授

狄保荣　全国旅游职业教育教学指导委员会委员
　　　　中国旅游协会旅游教育分会副会长，教授

邱　萍　全国旅游职业教育教学指导委员会委员
　　　　四川旅游学院旅游发展研究中心主任，教授

韩　军　全国旅游职业教育教学指导委员会委员
　　　　贵州商学院旅游管理学院院长，教授

郭　沙　全国旅游职业教育教学指导委员会委员
　　　　武汉职业技术学院旅游与航空服务学院院长，副教授

罗兹柏　中国旅游未来研究会副会长，重庆旅游发展研究中心主任，教授
杨如安　重庆旅游职业学院院长，教授
徐文苑　天津职业大学旅游管理学院教授
叶娅丽　成都纺织高等专科学校旅游教研室主任，教授
赵利民　深圳信息职业技术学院旅游英语专业教研室主任，教授
刘亚轩　河南牧业经济学院旅游管理系副教授
张树坤　湖北职业技术学院旅游与酒店管理学院院长，副教授
熊鹤群　武汉职业技术学院旅游与航空服务学院党委书记，副教授
韩　鹏　武汉职业技术学院旅游与航空服务学院酒店管理教研室主任，副教授
沈晨仕　湖州职业技术学院人文旅游分院副院长，副教授
褚　倍　浙江旅游职业学院人力资源管理专业带头人，副教授
孙东亮　天津青年职业学院旅游专业负责人，副教授
闫立媛　天津职业大学旅游管理学院旅游系专业带头人，副教授
殷开明　重庆城市管理职业学院副教授
莫志明　重庆城市管理职业学院副教授
蒋永业　武汉职业技术学院旅游与航空服务学院讲师
朱丽男　青岛酒店管理职业技术学院旅游教研室主任，讲师
温　燕　浙江旅游职业学院讲师
张丽娜　湖州职业技术学院讲师

全国高等职业教育旅游大类"十三五"规划教材

总主编 ◎ 马 勇

旅游法规常识

主　编 ◎ 赵利民
副主编 ◎ 钟娟芳

General Knowledge of
Tourism Laws and Regulations

华中科技大学出版社
http://www.hustp.com
中国·武汉

内 容 简 介

本书从旅游从业人员的实际需要出发,选取了与旅游业关系密切的法律法规进行介绍,主要内容包括旅游法规的含义、构成和适用,宪法的相关知识,旅行社管理法规,导游人员管理法规,旅游消费者权益保护法规,旅游合同法规,旅游交通运输管理法规,食品安全、饭店、娱乐管理法规,旅游者出入境管理法规,旅游资源管理法规,旅游安全法规,旅游纠纷解决法规。全书采用最新的法律法规的规定,文字通俗,形式新颖,内容实用。

本书可作为高职高专院校旅游服务与管理类专业旅游法规课程的教材和旅游从业人员的岗位培训教材,也可作为全国导游人员资格考试"政策与法律法规"科目的复习参考书,还可作为广大旅游者了解旅游法规相关规定的参考读物。

图书在版编目(CIP)数据

旅游法规常识/赵利民主编. —武汉:华中科技大学出版社,2017.8
全国高等职业教育旅游大类"十三五"规划教材
ISBN 978-7-5680-3092-2

Ⅰ.①旅… Ⅱ.①赵… Ⅲ.①旅游业-法规-中国-高等职业教育-教材 Ⅳ.①D922.296

中国版本图书馆 CIP 数据核字(2017)第 164318 号

旅游法规常识 赵利民 主编
Lüyou Fagui Changshi

策划编辑:李 欢 周晓方	
责任编辑:李家乐	
封面设计:原色设计	
责任校对:曾 婷	
责任监印:周治超	
出版发行:华中科技大学出版社(中国·武汉)	电话:(027)81321913
武汉市东湖新技术开发区华工科技园	邮编:430223
录　　排:华中科技大学惠友文印中心	
印　　刷:湖北新华印务有限公司	
开　　本:787mm×1092mm　1/16	
印　　张:13　插页:2	
字　　数:315 千字	
版　　次:2017 年 8 月第 1 版第 1 次印刷	
定　　价:48.00 元	

本书若有印装质量问题,请向出版社营销中心调换
全国免费服务热线:400-6679-118　竭诚为您服务
版权所有　侵权必究

总序 Introduction

大众旅游时代,旅游业作为国民经济战略性支柱产业,对拉动经济增长和实现人民幸福发挥了重要作用。2015年,中国旅游业步入了提质增效时期,旅游业总收入超过4万亿元,对GDP(国内生产总值)的综合贡献率高达10.51%,成为推动我国供给侧改革的新的增长点。伴随着旅游产业的迅猛发展,旅游人才供不应求。因此,如何满足社会日益增长的对高素质旅游人才的需要,丰富旅游人才层次,壮大旅游人才规模,释放旅游人才红利,提升旅游专业学生和从业人员的人文素养、职业道德和职业技能,成为当今旅游职业教育界亟待解决的课题。

国务院2014年颁布的《关于加快发展现代职业教育的决定》,表明了党中央、国务院对中国职业教育的高度重视,标志着我国旅游职业教育进入了重要战略机遇期。教育部2015年颁布的《普通高等学校高等职业教育(专科)专业目录(2015年)》中,在旅游大类下设置了旅游类、餐饮类与会展类共12个专业,这为全国旅游职业教育发展提供了切实指引,为培养面向中国旅游业大转型、大发展的高素质旅游职业经理人和应用型人才提供了良好的成长平台。同年,国家旅游局联合教育部发布的《加快发展现代旅游职业教育的指导意见》中,提出"加快构建现代旅游职业教育体系,培养适应旅游产业发展需求的高素质技术技能和管理服务人才"。正是基于旅游大类职业教育变革转型的大背景,出版高质量和高水准的"全国高等职业教育旅游大类'十三五'规划教材"成为当前旅游职业教育发展的现实需要。

基于此,在教育部高等学校旅游管理类专业教学指导委员会和全国旅游职业教育教学指导委员会的大力支持下,在"十三五"开局之时我们

率先在全国组织编撰出版了"全国高等职业教育旅游大类'十三五'规划教材"。该套教材特邀教育部高等学校旅游管理类专业教学指导委员会副主任、中国旅游协会教育分会副会长、中组部国家"万人计划"教学名师马勇教授担任总主编。为了全方位提升旅游人才的培养规格和育人质量,为我国旅游业的发展提供强有力的人力保障与智力支撑,同时还邀请了全国近百所旅游职业院校的知名教授、学科专业带头人、一线骨干"双师型"教师和"教练型"名师,以及旅游行业专家等参与本套教材的编撰工作。

为了更好地适应"十三五"时期新形势下旅游高素质技术技能和管理服务人才培养与旅游从业人员的实际需要,本套教材在以下四大方向实现了创新与突破。

一是坚持以"新理念"为引领,通过适时把握我国旅游职业教育人才的最新培养目标,借鉴优质高等职业院校骨干专业建设经验,围绕提高旅游专业学生人文素养、职业道德、职业技能和可持续发展能力,尽可能全面地凸显旅游行业的新动态与新热点。

二是坚持以"名团队"为核心,由中国旅游教育界的知名专家学者、骨干"双师型"教师和业界精英人士组成编写团队,他们教学与实践经验丰富,保证了教材的优良品质。

三是坚持以"全资源"为抓手,全面发挥"互联网+"的优势,依托配套的数字出版物,提供教学大纲、PPT、教学视频、习题集和相关专业网站链接等教学资源,强调线上线下互为配套,打造独特的立体教材。

四是坚持以"双模式"为支撑,本套教材分为章节制与项目任务制两种体例,根据课程性质与教材内容弹性选择,积极推行项目教学与案例教学。一方面增加项目导入、同步案例、同步思考、知识活页等模块,以多案例的模式引导学生学习与思考,增强学生的分析能力;另一方面,增加实训操练模块,加大实践教学比例,提升学生的技术技能。

本套教材的组织策划与编写出版,得到了全国旅游业内专家学者和业界精英的大力支持并积极参与,在此一并表示衷心的感谢!应该指出的是,编撰一套高质量的教材是一项十分艰巨的任务,本套教材中难免存在一些疏忽与缺失,希望广大读者批评指正,以期在教材修订再版时予以补充、完善。希望这套教材能够满足"十三五"时期旅游职业教育发展的新要求,让我们一起为现代旅游职业教育的新发展而共同努力吧!

规划教材编委会

2016 年 5 月

前言 Preface

旅游是一项古老的社会活动,已经有了几千年的历史。今天,旅游业已成为世界经济中既具综合性又相对独立的最大产业,且仍然保持强劲发展势头,被誉为"朝阳产业"。

我国改革开放以来,旅游业获得了迅猛发展,据有关数据显示,目前我国国内旅游人数和出境旅游人数均居世界第一。与此同时,我国的旅游法律法规也逐步完善,初步形成了较为完整的旅游法规体系。旅游法规也越来越受到重视,不仅成为旅游院校的主干课程之一,也成为全国导游人员资格考试必考的四项笔试内容之一。

本书以现行有效的旅游法规为依据,从旅游从业人员的实际需要出发,选取了与旅游业有密切联系的一些法律法规进行介绍。本书有如下特点:

1. 内容的取舍上注重满足实际需要

本书内容的选择既考虑到了旅游从业者的实际需要,也考虑到了作为旅游者掌握旅游法规知识的需要,同时还参照了全国导游人员资格考试大纲。全书内容涉及旅游法规的含义、构成和适用,宪法的相关知识,旅行社管理法规,导游人员管理法规,旅游消费者权益保护法规,旅游合同法规,旅游交通运输管理法规,食品安全、饭店、娱乐管理法规,旅游者出入境管理法规,旅游资源管理法规,旅游安全法规,旅游纠纷解决法规等,基本涵盖了同类教材的所有内容,能满足学生和考生的学习要求。

2. 突出内容的准确性和新颖性

作为一本旅游法规的教材,与旅游相关的法律、法规的具体规定是本书的基石。本书所有内容均来自现行有效的法律法规,以保证本书内容的准确性。

近几年,旅游法规的变化较大。2015年,《重大旅游安全事故报告制度试行办法》、《重大旅游安全事故处理程序试行办法》、《旅游安全管理暂

行办法实施细则》被废止。《旅游安全管理办法》2016年12月1日起施行后,《旅游安全管理暂行办法》同时废止。2016年,《中华人民共和国旅游法》、《旅行社条例》、《旅行社条例实施细则》等都分别被修订,《导游人员管理实施办法》、《出境旅游领队人员管理办法》被废止,与此同时,导游岗前培训考核制度、计分管理制度、年审管理制度和导游人员资格证3年有效制度等也停止实施,导游自由执业则于2016年5月开始试点。2017年,《航班正常管理规定》开始实施。这些法律法规的变化,要求旅游法规教材也要随之变化。本书作者通过大量的阅读和比较,把新的规定融入教材当中,保证了本教材内容的准确和新颖。

3. 注重全书的可读性,便于学习和掌握

本书使用通俗易懂的语言进行叙述,条理清晰,重点突出。为方便教学和学生自学,正文中设置了许多小栏目,如"补充阅读"、"小思考"、"案例"、"相关链接"等。每一章的后面还设立"思考与练习"栏目,准备了大量的选择题、是非题、简答题、分析题,并提供了答案供师生参考。这些题目紧扣各章内容,可有效帮助学生掌握学习的内容。

本书由深圳信息职业技术学院赵利民主编,东莞市技师学院钟娟芳担任副主编。赵利民负责本书大纲的拟定和全书的统稿定稿,编写了绪论、第一章、第二章、第五章、第六章、第八章、第九章、第十章、第十一章;钟娟芳与赵利民共同编写了第三章、第四章、第七章。

本书在编写过程中,得到了华中科技大学出版社的支持和指导,并参考和借鉴了旅游界、法学界诸多同行和专家的研究成果,在此一并表示感谢!

受时间和编者水平的限制,本书难免有不足之处,敬请专家和读者指正。

编 者

2017年4月

绪论　/1

第一章　宪法基本知识

第一节　概述　/6
第二节　我国的基本制度　/7
第三节　公民的基本权利与义务　/10
第四节　国家机构　/15

第二章　旅行社管理法规

第一节　旅行社的设立　/19
第二节　旅行社的经营　/25
第三节　旅行社的监督管理　/31
第四节　旅行社责任保险　/35

第三章　导游人员管理法规

第一节　概述　/40
第二节　导游人员管理制度　/43
第三节　导游人员的工作规范　/47

第四章　旅游消费者权益保护法规

第一节　旅游消费者权益的保护　/54
第二节　旅游消费者的权利和义务　/58

第五章　旅游合同法规

第一节　旅游合同概述　/66
第二节　旅游合同的订立　/68
第三节　旅游合同的履行　/73
第四节　旅游合同的变更、转让与终止　/76
第五节　违约责任　/78

第六章　旅游交通运输管理法规

第一节　民用航空运输管理法规　/83
第二节　铁路运输管理法规　/89
第三节　公路运输管理法规　/93

第七章　食品安全、饭店、娱乐管理法规

第一节　食品安全管理法规　/98
第二节　旅游饭店管理法规　/104
第三节　娱乐场所管理法规　/110

第八章　旅游者出入境管理法规

第一节　中国公民出境入境管理　/116
第二节　外国人入境出境管理　/120
第三节　我国的出入境检查制度　/123

第九章　旅游资源管理法规

第一节　概述　/127
第二节　旅游景区管理　/131
第三节　风景名胜区的保护与管理　/136
第四节　自然保护区的保护与管理　/141
第五节　文物的保护与管理　/144
第六节　非物质文化遗产的保护　/151

第十章　旅游安全法规

第一节　概述　/157
第二节　旅游安全管理　/158
第三节　旅游经营者的安全责任　/163

第十一章 旅游纠纷解决法规

第一节 旅游纠纷概述 /167
第二节 旅游纠纷的协商、调解与仲裁 /168
第三节 旅游纠纷的诉讼 /172
第四节 审理旅游纠纷案件适用法律的规定 /177
第五节 旅游投诉 /181

思考与练习参考答案 /187
参考文献 /196

绪 论

旅游业是当今世界经济中既具综合性又相对独立的最大产业,同时也是发展势头最为强劲并且持久不衰的产业,在世界经济中扮演着越来越重要的角色。

我国改革开放以后,旅游业获得了迅猛的发展。旅游已日益成为我国人民日常生活当中的重要组成部分,参与旅游活动也成为人们生活质量提高的一种时尚象征。如今,我国已经形成了世界上最大的国内旅游市场,国内旅游人次和国内旅游消费均列世界第一。我国还是全球增长速度最快、影响力最为广泛的新客源输出国,出境游人数和出境旅游消费也都居全球第一。中国也是全球最主要的入境旅游接待国之一,世界旅游组织预测,到2020年,中国将成为世界第一大旅游接待国。

同时,我国的旅游产业不断壮大,成为国民经济的重要组成部分。到2015年,全国有旅行社2.7万家,各类景区景点2万多家,其中,5A级旅游景区超过210家。截至2015年,旅游直接就业2798万人,旅游直接和间接就业7911万人,占全国就业总人口的10.2%,中国旅游产业对GDP的综合贡献达到了10.1%。

随着旅游业的不断发展壮大,我国的旅游法规也在不断地增加和完善,成为旅游业发展的有力保障。旅游法规成为法学界越来越重视的一门学科,旅游法规的相关课程也已成为我国各级各类院校旅游专业的一门重要课程。

一、旅游法规的含义

旅游法规是调整旅游活动领域中各种社会关系的法律规范的总称。

要理解这一含义重要的是把握两点:

(1)旅游法规不是某一种特定的法律或法规、规章,而是一系列的法律规范的总称,它既包括《中华人民共和国旅游法》(2013年4月25日第十二届全国人民代表大会常务委员会第二次会议通过,根据2016年11月7日第十二届全国人民代表大会常务委员会第二十四次会议《关于修改〈中华人民共和国对外贸易法〉等十二部法律的决定》修正,以下简称《旅游法》),也包括国务院及其旅游行政管理部门颁布的旅游行政法规和部门规章等。

(2)旅游法规有特定的调整范围,即调整的是旅游活动中形成的带有旅游或体现旅游活动特点的社会关系(如旅游经营者与旅游者之间的关系等),不属于这一调整范围的法规不是旅游法规。

二、旅游法规的构成

我国的旅游法规主要由以下一些部分构成。

（一）法律

2013年10月1日起施行的《旅游法》是目前唯一的一部由全国人民代表大会常务委员会通过并公布的旅游方面的法律，可以说是"旅游基本法"。

1.《旅游法》的立法目的

《旅游法》是我国目前最重要的一部旅游方面的法律，其立法目的主要有四个方面：

（1）保障旅游者和旅游经营者的合法权益；

（2）规范旅游市场秩序；

（3）保护和合理利用旅游资源；

（4）促进旅游业持续健康发展。

2.《旅游法》的适用范围

《旅游法》在两个范围内适用，一是在我国境内的和在我国境内组织到境外的游览、度假、休闲等形式的旅游活动；二是为旅游活动提供相关服务的经营活动。

3.《旅游法》的原则

根据《旅游法》的规定，《旅游法》的原则可以归纳为下面几项：

（1）发展旅游事业，完善旅游公共服务的原则；

（2）依法保护旅游者在旅游活动中的权利的原则；

（3）社会效益、经济效益和生态效益相统一的原则；

（4）鼓励全社会参与旅游业发展的原则。

> **补充阅读**
>
> **《旅游法》、旅游法规、旅游法**
>
> 《旅游法》、旅游法规、旅游法这三者既有区别又有联系。《旅游法》是《中华人民共和国旅游法》的简称。旅游法规是调整旅游活动领域中各种社会关系的一系列法律规范的总称，包括了《旅游法》，但不限于《旅游法》。旅游法有广义和狭义两种含义，广义的旅游法即旅游法规，狭义的旅游法即指《旅游法》。为避免读者混淆，本书不使用"旅游法"这一说法。

（二）国务院行政法规

调整旅游活动的国务院行政法规目前有三部：《旅行社条例》、《导游人员管理条例》和《中国公民出国旅游管理办法》。

补充阅读

《旅行社条例》、《导游人员管理条例》和《中国公民出国旅游管理办法》这三部行政法规的颁布都有一个演进的过程。

1985年,国务院颁布了《旅行社管理暂行条例》,这是我国旅游法制史上的第一个行政法规。1996年,国务院发布了《旅行社管理条例》。2009年,国务院发布《旅行社条例》取代《旅行社管理条例》,进一步降低了旅游市场的准入门槛,减轻了旅行社的经营负担,同时加大了对旅行社违法经营行为的打击力度。

1987年,经国务院批准,国家旅游局发布了《导游人员管理暂行规定》。1999年,为规范导游活动,保障旅游者和导游人员的合法权益,国务院发布了《导游人员管理条例》,《导游人员管理暂行规定》同时被废止。

1997年,国家旅游局、公安部经国务院批复,联合发布了《中国公民自费出国旅游管理暂行办法》,这标志着我国公民自费出国旅游的开始。2002年,国务院公布了《中国公民出国旅游管理办法》,《中国公民自费出国旅游管理暂行办法》同时被废止。

(三)旅游部门规章

旅游部门规章是由国家旅游行政管理部门制定的规范旅游活动的规定和技术性规范。目前,旅游部门规章主要有《旅行社条例实施细则》、《旅游投诉处理办法》等。

(四)规范性文件

与旅游服务与管理相关的规范性文件包括《国家旅游局关于内地居民赴香港澳门旅游有关问题的通知》、《关于试行新版导游证的通知》、《关于旅行社设立分社有关事宜的通知》等。

(五)国家标准及行业标准

与旅游业相关的国家标准及行业标准有《导游服务质量》(GB/T 15971—1995)、《旅游服务基础术语》(GB/T 16766—1997)、《导游员职业等级标准》(国家旅游局制定)、《旅游饭店星级的划分与评定》(GB/T 14308—2010)、《中国旅游饭店行业规范》(2002年5月1日实施,2009年8月修订)、《旅游区(点)质量等级的划分与评定》(GB/T 17775—2003)等。

(六)地方旅游法规

地方旅游法规是由地方人民代表大会制定的综合性旅游法规。我国第一部地方旅游法规是1995年6月海南省制定的《海南省旅游管理条例》,现在我国的省级行政区大都制定了综合性旅游法规。

三、旅游法规的适用

旅游法规是由一系列的与旅游相关的法律、法规构成的,这些法律、法规的规定可能会

发生冲突。这就涉及法律法规的适用问题。对此,《中华人民共和国立法法》规定了明确的适用标准,旅游法规的适用同样要依照这一标准。

(1) 宪法具有最高的法律效力,一切法律、行政法规、地方性法规、自治条例和单行条例、规章都不得同宪法相抵触。

(2) 法律的效力高于行政法规、地方性法规、规章。

(3) 行政法规的效力高于地方性法规、规章。

(4) 地方性法规的效力高于本级和下级地方政府规章。

(5) 部门规章之间、部门规章与地方政府规章之间具有同等效力,在各自的权限范围内施行。

(6) 同一机关制定的法律、行政法规、地方性法规、自治条例和单行条例、规章,特别规定与一般规定不一致的,适用特别规定;新的规定与旧的规定不一致的,适用新的规定。

(7) 法律、行政法规、地方性法规、自治条例和单行条例、规章不溯及既往,但为了更好地保护公民、法人和其他组织的权利和利益而作的特别规定除外。

例如,现行的旅游法规很多都颁布于《旅游法》之前,这些旅游法规的一些规定很可能会出现与《旅游法》规定不一致的地方,由于法律的效力高于行政法规、地方性法规、规章,因此,当旅游法规的规定与《旅游法》的规定不一致时,应当适用《旅游法》的规定。不仅如此,与《旅游法》的规定不一致的旅游法规还应该做出相应调整以符合《旅游法》的规定。

四、本书的主要内容

旅游法规内容繁杂,本书选取了旅游从业人员需要掌握的、与旅游业关系密切的法律法规进行介绍。全书除了绪论部分外共分为十一章,在内容编排上照顾到各章内容之间的逻辑关系。

第一部分是绪论和第一章,介绍了旅游法规的含义、构成和适用,介绍了宪法的相关知识。

第二部分是第二章至第四章,从旅游法律关系的主体的角度,分别介绍了旅行社管理法规、导游人员管理法规和旅游消费者权益保护法规。

第三部分是第五章至第十章,分别介绍了旅游合同法规,旅游交通运输管理法规,食品安全、饭店、娱乐管理法规,旅游者出入境管理法规,旅游资源管理法规,旅游安全法规。

第四部分是第十一章,介绍了旅游纠纷解决法规,对协商、调解、仲裁、诉讼、旅游投诉这五种旅游纠纷的解决方式作了详细阐述。

《旅游法》的相关规定是本书的重点内容,但考虑到《旅游法》的内容涉及面广、综合性强,为避免出现与其他各章内容重复的情况,本书把《旅游法》相关内容融入各章节中,不设专章介绍《旅游法》。

思考与练习

一、单项选择题

1. 下列各选项中以（　　）的效力最高。
   A. 法律　　　　　B. 行政法规　　　　C. 部门规章　　　　D. 地方旅游法规

2. 《旅游法》于（　　）起施行。
   A. 2008年　　　　B. 2010年　　　　　C. 2013年　　　　　D. 2015年

二、多项选择题（每题有2个或2个以上正确答案）

1. 下列属于国务院行政法规的有（　　）。
   A.《旅游法》　　　　　　　　　　B.《旅行社条例》
   C.《导游人员管理条例》　　　　　D.《旅游投诉处理办法》

2. 我国的旅游法规主要由（　　）等部分构成。
   A. 法律　　　　　　　　　　　　B. 国务院行政法规
   C. 旅游部门规章　　　　　　　　D. 地方旅游法规

三、判断题

1. 行政法规的效力高于地方性法规、规章。　　　　　　　　　　　　　　（　　）
2. 旅游法规就是《旅游法》。　　　　　　　　　　　　　　　　　　　　（　　）

四、简答题

1. 什么是旅游法规？如何理解旅游法规的含义？
2. 旅游法规的适用方面有哪些规定？

五、分析题

1. 如果某一旅游法规的规定出现了与《旅游法》的规定不一致的情况，应如何处理？

2. 在导游证的相关规定方面，《导游人员管理条例》和《旅游法》的规定有不同：《导游人员管理条例》第5条第4款规定，被吊销导游证的不予颁发导游证；《旅游法》第103条规定，违反本法规定被吊销导游证、领队证的导游、领队和受到吊销旅行社业务经营许可证处罚的旅行社的有关管理人员，自处罚之日起未逾三年的，不得重新申请导游证、领队证或者从事旅行社业务。

请问，两个规定有何差别？你认为，被吊销导游证的导游是否还有机会申请导游证？

第一章
宪法基本知识

第一节 概 述

一、宪法的概念

宪法是规定民主制国家的根本制度和根本任务，集中表现各种政治力量对比关系，保障公民基本权利的国家根本大法。

二、宪法的特征

宪法作为国家法律体系中的重要组成部分，具有与行政法、民法、刑法、经济法、诉讼法等一般法律相同的特征，但作为国家的根本大法，宪法又有别于普通法，主要体现在以下几个方面。

（1）在内容上，宪法规定国家最根本、最重要的问题。这些问题包括国家的性质、国家的结构形式、国家的政权组织形式、国家的经济制度、国家机构的组织及职权、公民的基本权利和义务等。而普通法律通常只规定国家社会生活中某一方面的具体问题，如刑法规定定罪量刑方面的内容，诉讼法规定诉讼程序方面的内容。

（2）在法律效力上，宪法的法律效力最高。法律效力是指法律所具有的约束力和强制力。任何法律都有法律效力，但宪法的法律效力高于一般法律，在国家整个法律体系中处于最高地位。这主要体现在两个方面：①一切法律、行政法规和地方性法规都不得同宪法相抵触；②宪法是一切组织和个人的最高行为准则，是人们进行各项活动的依据和基础。

相关链接

《中华人民共和国宪法》在序言中规定，全国各族人民、一切国家机关和武装力量、各政党和各社会团体、各企业事业组织，都必须以宪法为根本的活动准则，并且负有维护宪法尊严、保证宪法实施的职责。

(3) 在制定和修改的程序上，宪法较普通法律更为严格。作为具有最高法律效力的国家根本大法，宪法的制定和修改有更为严格的程序，这是保证宪法权威和尊严的重要环节。制定和修改宪法的机关往往须经特别成立，如我国曾于1953年1月成立宪法起草委员会。通过和批准宪法或宪法修正案的程序也要严于普通法律。在我国，法律和其他议案须由全国人民代表大会全体代表的过半数通过，而宪法的修改，须由全国人民代表大会常务委员会或者1/5以上的全国人民代表大会代表提议，并由全国人民代表大会以全体代表的2/3以上多数通过。

三、我国宪法的历史

从中华人民共和国成立至今，已先后颁布过一个宪法性文件和4部宪法，即新中国成立初期起临时宪法作用的《中国人民政治协商会议共同纲领》、1954年宪法、1975年宪法、1978年宪法和1982年宪法。1954年制定的第一部宪法是一部比较完善的宪法，1975年和1978年的两部宪法限于当时的历史条件都很不完善。1982年12月4日公布施行的现行宪法是新中国成立以来最完善的一部宪法。这部宪法实施以后，全国人民代表大会分别于1988年、1993年、1999年和2004年4次通过宪法修正案，对有关内容进行了适时的修改。

现行的《中华人民共和国宪法》（以下简称《宪法》）由序言、总纲、公民的基本权利和义务、国家机构以及国旗、国歌、国徽、首都等部分构成，共计138条。

我国的现行宪法于1982年12月4日正式实施。为增强全社会的宪法意识，弘扬宪法精神，全面推进依法治国，2014年11月1日，十二届全国人大常委会第十一次会议决定，将每年的12月4日设立为国家"宪法日"。

第二节　我国的基本制度

一、我国的基本政治制度

（一）人民民主专政制度

我国《宪法》第1条规定，中华人民共和国是工人阶级领导的、以工农联盟为基础的人民民主专政的社会主义国家。社会主义制度是中华人民共和国的根本制度。该规定明确了我国的国家性质。

人民民主专政是对人民的民主和对敌人的专政两个方面的有机结合。工人阶级的领导是人民民主专政的根本标志。工农联盟是人民民主专政的阶级基础。

(二) 人民代表大会制度

人民代表大会制度是我国人民民主专政的政权组织形式。

1. 人民代表大会制度的基本内容

人民代表大会制度的基本内容包括以下几个方面。

(1) 国家的一切权力属于人民。人民行使国家权力的机关是全国人民代表大会和地方各级人民代表大会。

(2) 全国人民代表大会和地方各级人民代表大会由民主选举产生,对人民负责,受人民监督。

(3) 国家行政机关、审判机关、检察机关都由人民代表大会产生。

2. 我国的选举制度

依照我国《宪法》和《中华人民共和国全国人民代表大会和地方各级人民代表大会选举法》的规定,我国选举制度的基本原则主要有以下几个。

(1) 选举权的普遍性原则。在我国,凡年满18周岁的公民,除依法被剥夺政治权利的人以外,不分民族、种族、性别、职业、家庭出身、宗教信仰、教育程度、财产状况、居住期限,都有选举权和被选举权。因此,在我国享有选举权的基本条件是:①是中华人民共和国公民;②年满18周岁;③依法享有政治权利。

(2) 选举权的平等性原则。在我国,每一选民在一次选举中只有一个投票权,任何选民都没有选举上的特权。城乡按相同人口比例选举代表,各行政区域不论人口多少,都有相同的基本名额数。人口再少的民族,也都有相应的代表。

(3) 直接选举和间接选举并用的原则。全国人民代表大会的代表,省、自治区、直辖市、设区的市、自治州的人民代表大会的代表,由下一级人民代表大会选举。不设区的市、市辖区、县、自治县、乡、民族乡、镇的人民代表大会的代表,由选民直接选举。

(4) 无记名投票原则。无记名投票也称秘密投票,它与记名投票通过起立、举手、鼓掌等方式投票不同,选民不署自己的姓名,亲自书写选票并投入密封票箱。无记名投票原则有利于选民真实地表达自己的意愿。秘密书写选票、选民不在选票上署名、投票时不用显露选举意向是无记名投票原则的必备条件。

全国人民代表大会和地方各级人民代表大会代表的选举,一律采用无记名投票的方法。而且,在选举时还应设有秘密写票处。选民如果是文盲或者因残疾不能写选票的,可以委托他信任的人代写。

(三) 民族区域自治制度

民族区域自治制度是指在国家统一领导下,以少数民族聚居区为基础,建立相应的自治地方,设立自治机关,行使自治权,使实行区域自治的民族的人民自主地管理本民族内部事务的制度。实行民族区域自治,体现了国家充分尊重和保障各少数民族管理本民族内部事务权利的精神,体现了国家坚持实行各民族平等、团结和共同繁荣的原则。

民族区域自治制度有下列特点:

(1) 各民族自治地方都是中华人民共和国不可分离的部分;

(2) 民族区域自治必须以少数民族聚居区为基础,是民族自治和区域自治的结合;
(3) 根据宪法和法律的规定,民族区域自治地方行使广泛的自治权。

(四) 特别行政区制度

我国《宪法》第 31 条规定,国家在必要时得设立特别行政区。在特别行政区内实行的制度按照具体情况由全国人民代表大会以法律规定。特别行政区是指依据宪法和法律的规定,在我国领土范围内设立的,具有特殊法律地位,实行特别的政治、经济和社会制度的行政区域。其特点如下:
(1) 特别行政区作为国家一个不可分割的地方行政区域,直辖于中央人民政府;
(2) 特别行政区享有高度自治权;
(3) 特别行政区内实行的制度按照具体情况由全国人民代表大会以法律规定。

二、我国的基本经济制度

《宪法》第 6 条第 2 款规定,国家在社会主义初级阶段,坚持公有制为主体、多种所有制经济共同发展的基本经济制度,坚持按劳分配为主体、多种分配方式并存的分配制度。第 15 条规定,国家实行社会主义市场经济。国家加强经济立法,完善宏观调控。国家依法禁止任何组织或者个人扰乱社会经济秩序。

(一) 社会主义公有制是我国经济制度的基础

我国经济制度的基础是生产资料的社会主义公有制,即全民所有制和劳动群众集体所有制。

1. 全民所有制经济

全民所有制经济即国有经济,是由社会主义国家代表全体人民占有生产资料的一种所有制形式。我国《宪法》第 7 条规定,国有经济,即社会主义全民所有制经济,是国民经济中的主导力量。国家保障国有经济的巩固和发展。

在我国,国有企业和国有自然资源是国家财产的主要部分。《宪法》第 9 条第 1 款规定,矿藏、水流、森林、山岭、草原、荒地、滩涂等自然资源,都属于国家所有,即全民所有;由法律规定属于集体所有的森林和山岭、草原、荒地、滩涂除外。第 10 条第 1 款规定,城市的土地属于国家所有。

2. 劳动群众集体所有制经济

劳动群众集体所有制经济是由集体经济组织内的劳动者共同占有生产资料的一种经济形式。其特点是生产资料是集体经济组织的公共财产,劳动者之间存在着互助合作关系。国家保护城乡集体经济组织的合法权利和利益,鼓励、指导和帮助集体经济的发展。

我国《宪法》规定,城镇中的手工业、工业、建筑业、运输业、商业、服务业等行业的各种形式的合作经济,农村中的生产、供销、信用、消费等各种形式的合作经济,都是社会主义劳动群众集体所有制经济。我国《宪法》还规定,农村和城市郊区的土地,除由法律规定属于国家所有的以外,属于集体所有;宅基地和自留地、自留山属于集体所有。

(二) 非公有制经济是社会主义市场经济的重要组成部分

非公有制经济包括个体经济、私营经济和外资经济。在法律规定范围内的个体经济、私营经济等非公有制经济,是社会主义市场经济的重要组成部分。国家保护个体经济、私营经济等非公有制经济的合法权利和利益。国家鼓励、支持和引导非公有制经济的发展,并对非公有制经济依法实行监督和管理。

补充阅读

个体经济是指城乡劳动者依法占有少量生产资料和产品,以自己从事劳动为基础而进行生产经营活动的一种经济形式,如个体工商户。

私营经济是以生产资料私有和雇佣劳动为基础,以取得利润为目的的所有制形式。

外资经济是吸引外资建立起来的一种所有制形式,包括中外合资企业、中外合作企业的境外资本部分和外商独资企业。

(三)以按劳分配为主体的分配制度

我国在社会主义初级阶段,坚持按劳分配为主体、多种分配方式并存的分配制度。

按劳分配是指国家、集体和社会根据公民的劳动数量和质量分配给公民应得的劳动报酬。其他多种分配方式还包括按经营成果的分配,按劳动、资本、技术、土地等生产要素的分配等。坚持按劳分配为主体、多种分配方式并存的分配制度,有利于国家在提倡共同富裕的目标下,允许一部分人通过诚实劳动和合法经营先富起来,也有利于在防止贫富悬殊的前提下,即使劳动者的劳动收入存在合理的差距,又能坚持社会主义共同富裕的方向。

(四)国家对财产权的保护

我国《宪法》规定,社会主义的公共财产神圣不可侵犯。国家保护社会主义的公共财产,禁止任何组织或者个人用任何手段侵占或者破坏国家和集体的财产。

公民合法的私有财产不受侵犯,国家依法保护公民的私有财产权和继承权。为了公共利益的需要,国家可依法对公民的私有财产实行征收或者征用并给予补偿。

第三节 公民的基本权利与义务

一、公民的基本权利与义务的含义

(一)公民的含义

公民是指具有一个国家的国籍的自然人。国籍与公民密不可分。国籍是指一个人隶属于某个国家的法律上的身份。一个人具有某个国家的国籍,通常就被认为是该国的公民,并由此享有该国宪法和法律规定的权利,承担该国宪法和法律规定的义务。

我国《宪法》第33条规定,凡具有中华人民共和国国籍的人都是中华人民共和国公民。因此,自然人要成为我国的公民,除了必须具有我国国籍外,没有其他资格要求。

(二) 权利与义务的含义

权利是指法律对公民在国家和社会生活中能够做出或不做出一定行为,以及要求他人做出或不做出一定行为的许可和保障。义务是公民按法律规定应尽的责任。从这一定义可以看出,权利是可以放弃的,然而义务是必须履行的。

(三) 公民的基本权利与义务的含义

公民的基本权利也称宪法权利,是指由宪法规定的公民享有的主要的、必不可少的权利。公民的权利范围广泛,宪法作为国家的根本法,不可能对公民的各项权利进行详细规定,因此,宪法只确认公民的基本权利。

公民的基本义务也称宪法义务,是指由宪法规定的公民必须遵守和应尽的根本责任。公民的基本义务是国家和社会对公民最起码、最基本的要求,构成了普通法律所规定的义务的基础。

二、我国公民的基本权利

根据《宪法》的规定,我国公民享有以下基本权利。

(一) 平等权

平等权指的是公民依法平等地享有权利和承担义务,不受任何差别对待的权利。《宪法》第33条规定,中华人民共和国公民在法律面前一律平等。这一规定至少有三层含义:一是任何公民都一律平等地享有宪法和法律规定的权利,也平等地履行宪法和法律规定的义务;二是国家机关对公民的合法权益一律平等地保护,对任何公民的违法行为都平等地依法予以追究和制裁;三是所有公民在法律适用上一律平等,任何公民都不得有超越宪法和法律的特权。

(二) 政治权利和自由

政治权利和自由指的是公民依法享有的参与国家政治生活的权利和自由。

1. 选举权和被选举权

选举权是指公民参加选举国家代表机关代表和国家公职人员的权利;被选举权则是指公民被推荐为国家机关代表和国家公职人员的权利。选举权和被选举权通常也被合称为选举权。《宪法》第34条规定,没有被依法剥夺政治权利的年满18周岁的公民,不分民族、种族、性别、职业、家庭出身、宗教信仰、教育程度、财产状况、居住期限,都有选举权和被选举权。

2. 政治自由

政治自由是公民表达个人见解和意愿的自由。《宪法》第35条规定,公民有言论、出版、集会、结社、游行、示威的自由。

(三) 宗教信仰自由

宗教信仰自由是指公民享有选择和保持宗教信仰的自由。具体包括:公民有信教或者

不信教的自由;有信仰这种宗教的自由,也有信仰那种宗教的自由;在同一宗教里,有自由选择教派的自由;有过去不信教而现在信教的自由,也有过去信教而现在不信教的自由。

相关链接

《宪法》第 36 条规定:"中华人民共和国公民有宗教信仰自由。任何国家机关、社会团体和个人不得强制公民信仰宗教或者不信仰宗教,不得歧视信仰宗教的公民和不信仰宗教的公民。国家保护正常的宗教活动。任何人不得利用宗教进行破坏社会秩序、损害公民身体健康、妨碍国家教育制度的活动。宗教团体和宗教事务不受外国势力的支配。"

(四) 人身自由

狭义的人身自由指公民的身体不受非法侵犯,广义的人身自由则还包括人格尊严、住宅不受侵犯和通信自由等。人身自由是公民最重要的基本权利之一,是公民参加社会活动,实现其他权利的前提。具体内容包括以下几个方面。

(1) 公民的人身自由不受侵犯。《宪法》第 37 条规定,任何公民,非经人民检察院批准或者决定或者人民法院决定,并由公安机关执行,不受逮捕;禁止非法拘禁和以其他方法非法剥夺或者限制公民的人身自由,禁止非法搜查公民的身体。

(2) 公民的人格尊严不受侵犯。公民作为平等的人的独立资格应当受到承认和尊重,与人身密切联系的名誉、姓名、肖像、隐私等不容侵犯。我国《宪法》第 38 条规定,禁止用任何方法对公民进行侮辱、诽谤和诬告陷害。

(3) 公民的住宅不受侵犯。住宅是公民居住、生活和休息的场所,住宅安全能否得到保障,直接关系到公民其他权利的实现。《宪法》第 39 条规定,公民的住宅不受侵犯,禁止非法搜查或者非法侵入公民的住宅。

(4) 公民的通信自由和通信秘密受法律保护。通信自由是指公民与其他主体之间传递消息和信息不受非法限制的自由。通信秘密是指公民的通信(含信件、邮件、电话、短信、电报等信息传递方式)受到保护,他人不得拆阅或窃听。《宪法》第 40 条规定,公民的通信自由和通信秘密受法律的保护,除因国家安全或者追查刑事犯罪的需要,由公安机关或者检察机关依照法律规定的程序对通信进行检查外,任何组织或个人不得以任何理由侵犯公民的通信自由和通信秘密。

(五) 社会经济权利

社会经济权利是指公民享有的经济生活和物质利益方面的权利,是公民实现其他权利的物质保证。

(1) 财产权。指公民对其合法的财产享有的不受任何非法侵犯的权利。《宪法》第 13 条第 2 款规定,国家依照法律规定保护公民的私有财产权和继承权。

(2) 劳动权。指有劳动能力的公民有从事工作并获得相应报酬的权利。《宪法》所规定的劳动权既是公民的基本权利,也是公民的基本义务。

> **相关链接**
>
> 《宪法》第42条规定:"中华人民共和国公民有劳动的权利和义务。国家通过各种途径,创造劳动就业条件,加强劳动保护,改善劳动条件,并在发展生产的基础上,提高劳动报酬和福利待遇。劳动是一切有劳动能力的公民的光荣职责。国有企业和城乡集体经济组织的劳动者都应当以国家主人翁的态度对待自己的劳动。国家提倡社会主义劳动竞赛,奖励劳动模范和先进工作者。国家提倡公民从事义务劳动。国家对就业前的公民进行必要的劳动就业训练。"

（3）休息权。指劳动者为保护身体健康、提高劳动效率而享有的休息、休养的权利。《宪法》第43条规定,劳动者有休息的权利,国家发展劳动者休息和休养的设施,规定职工的工作时间和休假制度。

> **相关链接**
>
> **《全国年节及纪念日放假办法》(2014年1月1日起施行)节选**
>
> 第二条　全体公民放假的节日:
> (一) 新年,放假1天(1月1日);
> (二) 春节,放假3天(农历正月初一、初二、初三);
> (三) 清明节,放假1天(农历清明当日);
> (四) 劳动节,放假1天(5月1日);
> (五) 端午节,放假1天(农历端午当日);
> (六) 中秋节,放假1天(农历中秋当日);
> (七) 国庆节,放假3天(10月1日、2日、3日)。
> 第三条　部分公民放假的节日及纪念日:
> (一) 妇女节(3月8日),妇女放假半天;
> (二) 青年节(5月4日),14周岁以上的青年放假半天;
> (三) 儿童节(6月1日),不满14周岁的少年儿童放假1天;
> (四) 中国人民解放军建军纪念日(8月1日),现役军人放假半天。
> 第六条　全体公民放假的假日,如果适逢星期六、星期日,应当在工作日补假。部分公民放假的假日,如果适逢星期六、星期日,则不补假。

（4）退休人员的生活保障权。《宪法》第44条规定,国家依照法律规定实行企业事业组织的职工和国家机关工作人员的退休制度。退休人员的生活受到国家和社会的保障。

（5）物质帮助权。公民在丧失劳动能力而不能获得必要的物质生活资料时,有从国家和社会获得物质帮助的权利。

相关链接

《宪法》第45条规定，中华人民共和国公民在年老、疾病或者丧失劳动能力的情况下，有从国家和社会获得物质帮助的权利。国家发展为公民享受这些权利所需要的社会保险、社会救济和医疗卫生事业。国家和社会保障残废军人的生活，抚恤烈士家属，优待军人家属。国家和社会帮助安排盲、聋、哑和其他有残疾的公民的劳动、生活和教育。

（六）文化教育的权利与自由

文化教育的权利与自由包含两方面的内容，一是公民有受教育的权利，二是公民有进行科学研究、文学艺术创作和其他文化活动的自由。其中，接受教育既是公民的权利，同时也是公民的义务。

（七）监督权和获得国家赔偿权

监督权是宪法赋予公民监督国家机关及其工作人员的活动的权利。《宪法》第41条规定，中华人民共和国公民对于任何国家机关和国家工作人员，有提出批评和建议的权利；对于任何国家机关和国家工作人员的违法失职行为，有向有关国家机关提出申诉、控告或者检举的权利。

由于国家机关和国家工作人员侵犯公民权利而受到损失的人，公民有权依照法律规定取得赔偿。

（八）特定主体的权利

特定主体的权利是指法律规定应受到特别保护的群体所享有的权利，包括以下几个方面。

（1）妇女的权利。《宪法》第48条规定，中华人民共和国妇女在政治的、经济的、文化的、社会的和家庭的生活等各方面享有同男子平等的权利。国家保护妇女的权利和利益，实行男女同工同酬，培养和选拔妇女干部。

（2）婚姻、家庭、母亲、儿童和老人的权利。《宪法》第49条规定，婚姻、家庭、母亲和儿童受国家的保护。父母有抚养教育未成年子女的义务，成年子女有赡养扶助父母的义务。禁止破坏婚姻自由，禁止虐待老人、妇女和儿童。

（3）华侨、归侨和侨眷的权利。华侨是居住在外国的中国公民，归侨是已经回国定居的华侨，侨眷是华侨在国内的亲属。《宪法》第50条规定，国家保护华侨的正当的权利和利益，保护归侨和侨眷的合法的权利和利益。

三、我国公民的基本义务

根据《宪法》的规定，我国公民的基本义务主要有以下几个方面：

（1）维护国家统一和各民族团结；

（2）遵守宪法和法律，保守国家秘密，爱护公共财产，遵守劳动纪律，遵守公共秩序，尊重社会公德；

（3）维护祖国的安全、荣誉和利益；

（4）保卫祖国、依法服兵役和参加民兵组织；

（5）依法纳税；

（6）其他基本义务，如劳动的义务、受教育的义务等。

第四节 国家机构

一、国家机构及其组成部分

国家机构是国家为实现其职能而建立起来的国家机关的总和。

根据我国《宪法》的规定，我国的国家机构可分为国家权力机关、国家元首、国家行政机关、国家军事机关、国家审判机关和检察机关。

二、全国人民代表大会

（一）性质和地位

全国人民代表大会是最高国家权力机关，全国人民代表大会常务委员会是全国人民代表大会的常设机关，对全国人民代表大会负责并报告工作。全国人民代表大会、全国人民代表大会常务委员会行使国家立法权。

（二）组成和任期

全国人民代表大会由省、自治区、直辖市、特别行政区和军队选出的代表组成。各少数民族都应当有适当名额的代表。

全国人民代表大会每届任期五年。全国人民代表大会任期届满的两个月以前，全国人民代表大会常务委员会必须完成下届全国人民代表大会代表的选举。

（三）主要职权

根据《宪法》的规定，全国人民代表大会的主要职权可归纳为如下6个方面：

（1）修改宪法和监督宪法的实施；

（2）制定和修改刑事、民事、国家机构的和其他的基本法律；

（3）选举、决定和罢免国家机关的重要领导人；

（4）决定国家重大问题；

（5）享有最高监督权；

（6）应当由最高国家权力机关行使的其他职权。

三、中华人民共和国主席

中华人民共和国主席是我国国家机构的重要组成部分,对外代表国家。《宪法》第79条规定,中华人民共和国主席、副主席由全国人民代表大会选举。有选举权和被选举权的年满四十五周岁的中国公民可以被选为中华人民共和国主席、副主席。中华人民共和国主席、副主席每届任期同全国人民代表大会每届任期相同,连续任职不得超过两届。

四、国务院

中华人民共和国国务院即中央人民政府,是最高国家权力机关的执行机关,是最高国家行政机关。

国务院由下列人员组成:总理、副总理若干人、国务委员若干人、各部部长、各委员会主任、审计长、秘书长。国务院实行总理负责制,各部、各委员会实行部长、主任负责制。总理领导国务院的工作,副总理、国务委员协助总理工作。国务院总理的人选由国家主席提名,全国人民代表大会决定。

国务院对全国人民代表大会负责并报告工作,在全国人民代表大会闭会期间,对全国人民代表大会常务委员会负责并报告工作。

国务院每届任期同全国人民代表大会每届任期相同。总理、副总理、国务委员连续任职不得超过两届。

五、中央军事委员会

《宪法》第93条规定,中华人民共和国中央军事委员会领导全国武装力量。因此,中央军事委员会是全国武装力量的最高领导机关。中央军事委员会由主席、副主席若干人和委员若干人组成,实行主席负责制。

中央军事委员会主席由全国人民代表大会选举产生,对全国人民代表大会和全国人民代表大会常务委员会负责。中央军事委员会每届任期同全国人民代表大会每届任期相同。

六、地方各级人民代表大会和地方各级人民政府

《宪法》第95条规定,省、直辖市、县、市、市辖区、乡、民族乡、镇设立人民代表大会和人民政府。

(一)地方各级人民代表大会

地方各级人民代表大会是地方国家权力机关,每届任期五年。本级的地方国家行政机关、审判机关、检察机关都由人民代表大会选举产生。

(二)地方各级人民政府

地方各级人民政府是地方各级国家权力机关的执行机关,是地方各级国家行政机关,实行省长、市长、县长、区长、乡长、镇长负责制,每届任期同本级人民代表大会每届任期相同。

地方各级人民政府对本级人民代表大会负责并报告工作。县级以上的地方各级人民政府在本级人民代表大会闭会期间,对本级人民代表大会常务委员会负责并报告工作。同时,

地方各级人民政府对上一级国家行政机关负责并报告工作。全国地方各级人民政府都是国务院统一领导下的国家行政机关,都服从国务院。

七、民族自治地方的自治机关

《宪法》第112条规定,民族自治地方的自治机关是自治区、自治州、自治县的人民代表大会和人民政府。

民族自治地方的自治机关行使宪法规定的地方国家机关的职权,并依照法律规定的权限行使自治权,根据本地方实际情况贯彻执行国家的法律、政策。

自治区、自治州、自治县的人民代表大会常务委员会中应当有实行区域自治的民族的公民担任主任或者副主任。自治区主席、自治州州长、自治县县长由实行区域自治的民族的公民担任。

八、人民法院和人民检察院

(一)人民法院

人民法院是国家的审判机关,依照法律规定独立行使审判权,不受行政机关、社会团体和个人的干涉。

我国设立最高人民法院、地方各级人民法院和军事法院等专门人民法院。最高人民法院是最高审判机关,对全国人民代表大会和全国人民代表大会常务委员会负责。最高人民法院院长每届任期同全国人民代表大会每届任期相同,连续任职不得超过两届。地方各级人民法院对产生它的国家权力机关负责。

最高人民法院监督地方各级人民法院和专门人民法院的审判工作,上级人民法院监督下级人民法院的审判工作。

(二)人民检察院

人民检察院是国家的法律监督机关,依照法律规定独立行使检察权,不受行政机关、社会团体和个人的干涉。

我国设立最高人民检察院、地方各级人民检察院和军事检察院等专门人民检察院。最高人民检察院是最高检察机关,对全国人民代表大会和全国人民代表大会常务委员会负责。最高人民检察院检察长每届任期同全国人民代表大会每届任期相同,连续任职不得超过两届。地方各级人民检察院对产生它的国家权力机关和上级人民检察院负责。

最高人民检察院领导地方各级人民检察院和专门人民检察院的工作,上级人民检察院领导下级人民检察院的工作。

一、单项选择题

1. 宪法的修改,须由全国人民代表大会常务委员会或者1/5以上的全国人民代表大会代表提议,并由全国人民代表大会以全体代表的( )以上通过。

A. 1/2 B. 2/3 C. 3/4 D. 4/5

2. 现行的《中华人民共和国宪法》是( )年公布施行的。

A. 1954 B. 1975 C. 1978 D. 1982

3. 全国人民代表大会每届任期( )年。

A. 3 B. 4 C. 5 D. 6

二、多项选择题(每题有2个或2个以上正确答案)

1. ( )既是公民的权利也是公民的义务。

A. 休息 B. 接受教育 C. 劳动 D. 获得物质帮助

2. ( )的人民代表大会的代表,由选民直接选举。

A. 市 B. 市辖区 C. 县 D. 乡

3. 在我国享有选举权的基本条件是( )。

A. 是中华人民共和国公民 B. 年满14周岁

C. 依法享有政治权利 D. 具有初中以上文化程度

4. ( )都不属于无记名投票。

A. 记名投票 B. 通过起立的方式投票

C. 通过举手的方式投票 D. 通过鼓掌的方式投票

5. 非公有制经济包括( )。

A. 个体经济 B. 私营经济 C. 外资经济 D. 集体所有制经济

三、判断题

1. 人民法院是国家的法律监督机关。 ( )
2. 在我国,每一选民在一次选举中只有一个投票权。 ( )
3. 国务院是最高国家权力机关。 ( )
4. 权利是可以放弃的,然而义务是必须履行的。 ( )

四、简答题

1. 宪法作为国家的根本大法,与普通法的区别主要体现在哪些方面?
2. 我国公民的基本权利有哪些?
3. 公民的人身自由包含哪些内容?
4. 全国人民代表大会有哪些主要职权?

五、分析题

如何理解公民的平等权?

第二章
旅行社管理法规

旅行社是旅游业重要的组成部分之一,与旅游饭店和旅游交通一起被称为旅游业的三大支柱。我国目前涉及旅行社经营管理方面的法律法规主要有《旅游法》、《旅行社条例》(国务院 2009 年 2 月 20 日公布,2009 年 5 月 1 日起施行,根据 2016 年 2 月 6 日中华人民共和国国务院令第 666 号《国务院关于修改部分行政法规的决定》修正)、《旅行社条例实施细则》(国家旅游局 2009 年 4 月 3 日公布,2009 年 5 月 3 日起施行,2016 年 12 月 12 日修订)等。

第一节　旅行社的设立

一、旅行社的含义和特征

根据《旅行社条例》的规定,旅行社是指从事招徕、组织、接待旅游者等活动,为旅游者提供相关旅游服务,开展国内旅游业务、入境旅游业务或者出境旅游业务的企业法人。

旅行社有两大特征,即旅行社是企业法人和旅行社从事的是旅游业务。

(一) 旅行社是企业法人

企业法人指具有符合国家法律规定的资金数额、企业名称、组织章程、组织机构、住所等法定条件,能够独立承担民事责任,经主管机关核准登记取得法人资格的社会经济组织。其主要特点可归纳为以下三点:

(1) 经核准登记成立;

(2) 从事营利性生产经营活动;

(3) 能独立承担民事责任。

因此,作为企业法人的旅行社都可独立承担民事责任,这个责任也被称为"有限责任"。具体来说,旅行社对外承担责任的方式是有限的,仅以旅行社的全部资产为限,超过旅行社资产总额的债务将不再清偿。

（二）旅行社从事的是旅游业务

旅行社与其他法人企业的最大不同是从事的业务不同，旅行社从事的是旅游业务，包括招徕、组织、接待旅游者，为旅游者提供相关旅游服务，开展国内旅游业务、入境旅游业务或者出境旅游业务。

根据《旅行社条例实施细则》的规定，旅行社招徕、组织、接待旅游者，为旅游者提供相关旅游服务包括下列服务。

(1) 安排交通、住宿、餐饮服务；
(2) 安排观光游览、休闲度假等服务；
(3) 安排导游、领队服务；
(4) 提供旅游咨询、旅游活动设计服务；
(5) 提供委托代办服务：①接受旅游者的委托，代订交通客票、代订住宿和代办出境、入境、签证手续等；②接受机关、事业单位和社会团体的委托，为其差旅、考察、会议、展览等公务活动代办交通、住宿、餐饮、会务等事务；③接受企业委托，为其各类商务活动、奖励旅游等代办交通、住宿、餐饮、会务、观光游览、休闲度假等事务。

《旅行社条例实施细则》还对国内旅游业务、入境旅游业务、出境旅游业务进行了明确解释。

国内旅游业务是指旅行社招徕、组织和接待中国内地居民在境内旅游的业务。

入境旅游业务是指旅行社招徕、组织、接待外国旅游者来我国旅游，香港特别行政区、澳门特别行政区旅游者来内地旅游，台湾地区居民来大陆旅游，以及招徕、组织、接待在中国内地的外国人，在内地的香港特别行政区、澳门特别行政区居民和在大陆的台湾地区居民在境内旅游的业务。

出境旅游业务是指旅行社招徕、组织、接待中国内地居民出国旅游，赴香港特别行政区、澳门特别行政区和台湾地区旅游，以及招徕、组织、接待在中国内地的外国人、在内地的香港特别行政区、澳门特别行政区居民和在大陆的台湾地区居民出境旅游的业务。

二、旅行社的设立条件

新设立旅行社，只能申请设立经营国内旅游业务和入境旅游业务的旅行社。旅行社开始经营以后，满足了一定的条件后才能申请出境旅游业务。

根据《旅游法》和《旅行社条例》，新设立旅行社应具备下列条件：

(1) 有固定的经营场所；
(2) 有必要的营业设施；
(3) 有不少于30万元的注册资本；
(4) 有必要的经营管理人员和导游。

《旅行社条例实施细则》对经营场所和营业设施进行了细化：

(1) 就营业场所来说，可以是申请者拥有产权的营业用房，也可以是申请者租用的、租期不少于一年的营业用房。营业场所的面积没有具体要求,大小应能满足申请者业务经营的需要。

(2) 就营业设施来说,至少应有两部以上的直线固定电话,有传真机和复印机,有具备与旅游行政管理部门及其他旅游经营者联网条件的计算机。

此外,根据《国家旅游局关于执行〈旅游法〉有关规定的通知》(旅发〔2013〕280号),必要的经营管理人员是指具有旅行社从业经历或者相关专业经历的经理人员和计调人员;必要的导游是指有不低于旅行社在职员工总数20%且不少于3名、与旅行社签订固定期限或者无固定期限劳动合同的持有导游证的导游。

一个旅行社取得经营许可满两年后,才可申请经营出境旅游业务。根据《旅行社条例》第8条的规定,旅行社要申请经营出境旅游业务应具备下列条件:

(1) 取得经营许可满两年;
(2) 未因侵害旅游者合法权益受到行政机关罚款以上处罚。

补充阅读

1985—1996年期间,我国的旅行社划分为三类,即一类旅行社、二类旅行社和三类旅行社。1996年10月,国务院发布的《旅行社管理条例》取消了原有的一类、二类、三类社的划分,并规定我国的旅行社分为国际旅行社和国内旅行社两大类。国际旅行社是指经营入境旅游业务、出境旅游业务和国内旅游业务的旅行社。国内旅行社是指专门经营国内旅游业务的旅行社。

2009年2月20日,国务院颁布了《旅行社条例》,不再把旅行社分为国际旅行社和国内旅行社,所有旅行社从开始营业起就可以经营国内旅游业务和入境旅游业务。

三、设立旅行社的程序

根据《旅行社条例》的规定,申请人要设立旅行社时,应先向旅游行政主管部门申请颁发旅行社业务经营许可证,然后,申请人持旅行社业务经营许可证向工商行政管理部门办理注册登记,领取营业执照。2015年5月19日,国家旅游局下发《关于落实简政放权和行政审批工商登记制度改革有关规定的通知》(旅发〔2015〕96号),根据通知,申请人要设立旅行社时,应先向工商行政管理部门申请颁发营业执照,再凭营业执照等材料向旅游行政主管部门申请颁发旅行社业务经营许可证。

因此,设立旅行社一般应经过下列三个程序。

(一) 申请营业执照

申请人要设立旅行社,应先向工商行政管理部门申请颁发营业执照。

（二）申请旅行社业务经营许可证

取得旅行社业务经营许可证是旅行社开展经营活动的必要前提。申请人在取得营业执照后，还得申请旅行社业务经营许可证才能开展旅行社业务。

1. 提交相关证明文件提出申请

新设立旅行社，申请人应当向所在地省、自治区、直辖市旅游行政管理部门或者其委托的设区的市级旅游行政管理部门提出申请，并提交相关证明文件。

补充阅读

> 根据《旅行社条例实施细则》的规定，申请旅行社业务经营许可证应提交下列文件：
> （1）设立申请书，内容包括申请设立的旅行社的中英文名称及英文缩写，设立地址，企业形式、出资人、出资额和出资方式，申请人、受理申请部门的全称、申请书名称和申请的时间；
> （2）法定代表人履历表及身份证明；
> （3）企业章程；
> （4）经营场所的证明；
> （5）营业设施、设备的证明或者说明；
> （6）工商行政管理部门出具的《企业法人营业执照》。
> 旅行社申请出境旅游业务的，应当向国务院旅游行政主管部门提交经营旅行社业务满两年，且连续两年未因侵害旅游者合法权益受到行政机关罚款以上处罚的承诺书和经工商行政管理部门变更经营范围的《企业法人营业执照》。

2. 审查

旅游行政管理部门通过查看企业章程、在企业信用信息公示系统查询等方式，对旅行社认缴的出资额进行审查，以确认其达到规定的最低注册资本限额要求。旅游行政管理部门也可以对申请人的经营场所、营业设施、设备进行现场检查。旅游行政管理部门还要查看《企业法人营业执照》中所列经营范围是否包括边境旅游业务、出境旅游业务，包括相关业务的，旅游行政管理部门应当告知申请人变更经营范围。

3. 发证

旅游行政管理部门应当自受理申请之日起20个工作日内做出许可或者不予许可的决定。予以许可的，向申请人颁发旅行社业务经营许可证；不予许可的，书面通知申请人并说明理由。

旅行社申请经营出境旅游业务也要换发旅行社业务经营许可证。此时应当向国务院旅游行政主管部门或者其委托的省、自治区、直辖市旅游行政管理部门提出申请。旅游行政管理部门应当自受理申请之日起20个工作日内做出许可或者不予许可的决定。予以许可的，向申请人换发旅行社业务经营许可证。

目前,有许多企业通过网络经营旅行社业务,这些企业也应该依法取得旅行社业务经营许可证。我国《旅游法》第48条规定,通过网络经营旅行社业务的,应当依法取得旅行社业务经营许可,并在其网站主页的显著位置标明其业务经营许可证信息。

补充阅读

> 当旅行社变更名称、经营场所、法定代表人等登记事项或者终止经营时,应当到工商行政管理部门办理相应的变更登记或者注销登记,并在登记办理完毕之日起10个工作日内,向原许可的旅游行政管理部门备案,换领或者交回旅行社业务经营许可证。

(三)办理税务登记

旅行社正式成立后,申请人还应该到当地税务部门办理税务登记。

四、旅行社分社、旅行社服务网点、外商投资旅行社的设立

(一)旅行社分社的设立

1. 旅行社分社的含义

旅行社分社是指旅行社设立的不具备独立法人资格、以设立社的名义开展旅游业务经营活动的分支机构。

2. 旅行社分社的特点

(1)不具有法人资格。旅行社分社不具有法人资格,以设立分社的旅行社(简称设立社,下同)的名义从事经营活动,其经营活动的责任和后果,由设立社承担。设立社应当对分社实行统一的人事、财务、招徕、接待制度规范。

(2)无地域和数量限制。旅行社分社的设立没有地域限制,既可以在设立社所在行政区域内设立,也可以在全国范围内设立,也没有数量上的限制,旅行社可根据经营的需要自行决定分社的数量。

(3)经营范围受限于设立社的经营范围。旅行社分社的经营范围不得超出设立社的经营范围。因此,经营国内旅游业务和入境旅游业务的旅行社只能设立经营国内旅游业务和入境旅游业务的分社。经营出境旅游业务的旅行社可以根据市场发展需要来设立分社,既可设立只经营国内旅游业务和入境旅游业务的分社,也可以设立只经营出境旅游业务的分社,还可以设立经营国内旅游业务、入境旅游业务和出境旅游业务的分社。

3. 分社的设立程序

旅行社设立分社,应当向分社所在地的工商行政管理部门办理设立登记,并自设立登记之日起3个工作日内,持分社的《营业执照》等文件,向分社所在地与工商登记同级的旅游行政管理部门备案(没有同级的旅游行政管理部门的,向上一级旅游行政管理部门备案)。受理备案的旅游行政管理部门应当向旅行社颁发《旅行社分社备案登记证明》。

(二) 旅行社服务网点的设立

1. 旅行社服务网点的含义

旅行社服务网点是指旅行社设立的,为旅行社招徕旅游者,并以旅行社的名义与旅游者签订旅游合同的门市部等机构。

2. 旅行社服务网点的特点

服务网点有下面几个特点:

(1) 不具有法人资格。服务网点以设立社的名义从事经营活动,不具有独立的法人资格,其经营活动的责任和后果由设立社承担。设立社应该对服务网点实行统一管理、统一财务、统一招徕和统一咨询服务规范。

(2) 在规定的区域内设立。服务网点应当在设立社所在地的省、自治区、直辖市行政区划内设立。设立社在其所在地的省、自治区、直辖市行政区划外设立分社的,可以在该分社所在地设区的市的行政区划内设立服务网点。

(3) 经营范围有限。服务网点的经营范围仅限于招徕旅游者和提供旅游咨询服务,不能从事招徕、咨询以外的活动,更不能自行组团旅游。

(4) 无数量限制。

3. 旅行社服务网点的设立

旅行社设立服务网点,应当向工商行政管理部门办理设立登记手续,并向所在地的旅游行政管理部门备案。受理备案的旅游行政管理部门将向旅行社颁发《旅行社服务网点备案登记证明》。

(三) 外商投资旅行社的设立

外商投资旅行社包括中外合资经营旅行社、中外合作经营旅行社和外资旅行社。

设立外商投资旅行社,应先经商务部门审批,审批通过后再向工商行政管理部门办理注册登记,领取工商营业执照。然后向旅游行政主管部门申请领取旅行社业务经营许可证。

在申请旅行社业务经营许可证时,应当向所在地省、自治区、直辖市旅游行政管理部门提出申请,并提交相关证明文件。省、自治区、直辖市旅游行政管理部门应当自受理申请之日起30个工作日内审查完毕。予以许可的,颁发旅行社业务经营许可证。

补充阅读

根据《旅行社条例》第23条的规定,外商投资旅行社不得经营中国内地居民出国旅游业务以及赴香港特别行政区、澳门特别行政区和台湾地区旅游的业务,但是国务院决定或者我国签署的自由贸易协定和内地与香港、澳门关于建立更紧密经贸关系的安排另有规定的除外。

第二节 旅行社的经营

一、旅行社的经营原则

《旅行社条例》第4条规定,旅行社在经营活动中应当遵循自愿、平等、公平、诚信的原则,提高服务质量,维护旅游者的合法权益。自愿、平等、公平和诚信是旅行社应遵循的经营原则。

二、旅行社经营中享有的权利

(一)自主经营权

作为企业法人,旅行社具有自主经营权,包括内部机构设置权、生产经营决策权、产品定价权、广告宣传权、产品销售权、服务采购权、资产处置权、劳动用工权、拒绝摊派权等。

(二)收费权

作为自负盈亏的企业,收取服务费用是旅行社生存的前提。旅行社在向旅游者提供旅游服务时,有权按规定向旅游者收取服务费。

(三)要求旅游者正确履行合同义务的权利

旅行社在经营过程中,有权利要求旅游者正确履行其合同规定的义务。包括如下内容:
(1)旅行社有权要求旅游者如实提供旅游所必需的个人信息,按时提交相关证明文件;
(2)旅行社有权要求旅游者遵守旅游合同约定的旅游行程安排,妥善保管随身物品;
(3)出现突发公共事件或者其他危急情形,以及旅行社因违反旅游合同约定采取补救措施时,旅行社有权要求旅游者配合处理以防止损失扩大;
(4)旅行社有权拒绝旅游者提出的超出旅游合同约定的不合理要求;
(5)旅行社有权制止旅游者违背旅游目的地的法律、风俗习惯的言行。

(四)特别情况下调整行程安排的权利

在旅游过程中,当发生不可抗力,危及旅游者人身、财产安全,或者非旅行社责任造成的意外情形时,旅行社有权调整或者变更旅游合同约定的行程安排,但应当在事前向旅游者做出说明;确因客观情况无法在事前说明的,应当在事后做出说明。

不可抗力是指不能预见、不能避免并不能克服的客观情况。不可抗力的范围主要包括3类:
(1)自然灾害,如地震、台风、洪水、海啸等;
(2)政府行为,如政府颁布新的政策、法律和行政措施等;
(3)社会异常事件,如战争、罢工、骚乱等。

> **案 例**
>
> 某旅行社组织一批游客在北京旅游,根据旅游合同的约定,在行程的最后一天将安排游览长城。但在去长城的前一天,北京全市下了大雪,导致长城临时关闭,旅行社因此无法安排游客游长城。请问,旅行社可以调整行程安排吗?
>
> 提示:天降大雪导致长城关闭是不可抗力,旅行社可以调整行程安排。

(五) 申诉和索赔的权利

旅行社对旅游行政管理部门做出的行政决定和处罚,有权向上一级主管部门提出申诉,并有权向法院提出行政诉讼。当旅游者违约时,旅行社有权要求旅游者支付违约金。如果因旅游者的过错而给旅行社带来损失,旅行社有权要求旅游者赔偿。

三、旅行社经营中应履行的义务

根据《旅游法》、《旅行社条例》和《旅行社条例实施细则》的规定,旅行社经营中应履行的义务主要有下列一些方面。

(一) 经营范围符合规定

旅行社应当按照核定的经营范围开展经营活动。下列行为均属于超范围经营:

(1) 未取得相应的旅行社业务经营许可,经营国内旅游业务、入境旅游业务、出境旅游业务;

(2) 未取得经营出境旅游业务许可的旅行社开展出境游业务或者为旅游者提供出境、签证手续等服务;

(3) 分社超出设立分社的旅行社的经营范围经营旅游业务;

(4) 旅行社服务网点从事招徕、咨询以外的旅行社业务经营活动。

此外,具有经营出境旅游业务资格的旅行社也不能组织旅游者到国务院旅游行政主管部门公布的中国公民出境旅游目的地之外的国家和地区旅游。

(二) 经营内容符合规定

旅行社为旅游者安排或者介绍的旅游活动不得含有违反有关法律、法规规定的内容。根据《旅行社条例实施细则》第30条的规定,旅行社不得安排的活动主要包括:

(1) 含有损害国家利益和民族尊严内容的;

(2) 含有民族、种族、宗教歧视内容的;

(3) 含有淫秽、赌博、涉毒内容的;

(4) 其他含有违反法律、法规规定内容的。

(三) 合法聘用旅行社的工作人员

旅行社聘用的导游应当持有国家规定的导游证。旅行社组织中国内地居民出境旅游的,应当为旅游团队安排领队全程陪同。旅行社在聘用导游和领队时,应当与他们签订劳动合同,为他们缴纳社会保险费用,并向他们支付不低于当地最低工资标准的报酬。

旅行社不得要求导游和领队接待不支付费用或所付费用低于接待成本的旅游团队,更不得要求导游和领队承担接待旅游团队的相关费用。

(四)依法诚信服务旅游者

1. 向旅游者提供真实信息

旅行社向旅游者提供的旅游服务信息应做到真实、准确,不得进行虚假宣传,误导旅游者。旅行社所做广告应当符合国家有关法律、法规的规定,严禁旅行社进行超出核定经营范围的广告宣传。

旅行社以互联网形式经营旅行社业务的,其网站首页应清晰载明旅行社的名称、法定代表人、许可证编号和业务经营范围,还应有旅游行政管理部门的投诉电话。

2. 对旅游业务进行妥善委托

旅行社需要对旅游业务做出委托的,应当委托给具有相应资质的旅行社,征得旅游者的同意,并与接受委托的旅行社就接待旅游者的事宜签订委托合同,确定接待旅游者的各项服务安排及其标准,并向接受委托的旅行社支付不低于接待和服务成本的费用。

接受委托的旅行社违约,造成旅游者合法权益受到损害的,做出委托的旅行社应当承担相应的赔偿责任。做出委托的旅行社赔偿后,可以向接受委托的旅行社追偿。接受委托的旅行社故意或者重大过失造成旅游者合法权益损害的,应当承担连带责任。

3. 诚实报价

旅行社应当遵守商业道德,不得以低于旅游成本的报价招徕旅游者。未经旅游者同意,旅行社不得在旅游合同约定之外提供其他有偿服务。

补充阅读

根据《国家旅游局关于打击组织"不合理低价游"的意见》(旅发〔2015〕218号),有下列行为之一的,可被认定为"不合理低价":一是旅行社的旅游产品价格低于当地旅游部门或旅游行业协会公布的诚信旅游指导价30%以上的;二是组团社将业务委托给地接社履行,不向地接社支付费用或者支付的费用低于接待和服务成本的;三是地接社接待不支付接待和服务费用或者支付的费用低于接待和服务成本的旅游团队的;四是旅行社安排导游领队为团队旅游提供服务,要求导游领队垫付或者向导游领队收取费用的;五是法律、法规规定的旅行社损害旅游者合法权益的其他"不合理低价"行为。

《国家旅游局关于打击组织"不合理低价游"的意见》还规定,各级旅游部门按以下标准依法对"不合理低价游"违法行为进行处罚处理。

(1) 对旅行社的处罚处理:一是没收违法所得,责令停业整顿3个月,情节严重的,吊销旅行社业务经营许可证;二是处30万元罚款,违法所得30万元以上的,处违法所得5倍罚款;三是列入旅游经营服务不良信息,并转入旅游经营服务信用档案,向社会予以公布。

(2) 对旅行社相关责任人的处罚处理:一是对直接负责主管人员和其他直接责

任人员,没收违法所得,处2万元罚款;二是被吊销旅行社业务经营许可证的旅行社法人代表和主要管理人员,自处罚之日起未逾3年的,不得从事旅行社业务;三是列入旅游经营服务不良信息,并转入旅游经营服务信用档案,向社会予以公布。

4. 信息保密

旅行社对其在经营活动中知悉的旅游者个人信息,应当予以保密,不得向其他经营者或者个人泄露。对超过保存期限的旅游者个人信息资料应当予以销毁。

(五)严格履行合同

旅行社为旅游者提供服务,应当与旅游者签订旅游合同,并对旅游合同的具体内容做出真实、准确、完整的说明。

旅游合同签订后应严格履行。除不可抗力外,旅行社不能改动或降低服务内容。旅行社及其委派的导游和领队的下列行为均属于改动或降低服务内容:减少游览项目;缩短游览时间;增加或者变更旅游项目;增加购物次数或者延长购物时间。

1. 旅游合同的内容

根据《旅游法》的规定,旅游合同应载明下列事项:

(1) 旅行社、旅游者的基本信息;

(2) 旅游行程安排;

(3) 旅游团成团的最低人数;

(4) 交通、住宿、餐饮等旅游服务安排和标准;

(5) 游览、娱乐等项目的具体内容和时间;

(6) 自由活动时间安排;

(7) 旅游费用及其交纳的期限和方式;

(8) 违约责任和解决纠纷的方式;

(9) 法律、法规规定和双方约定的其他事项。

旅行社在签订旅游合同时,有义务提醒游客注意下列事项:旅游者不适合参加旅游活动的情形;旅游活动中的安全注意事项;旅行社依法可以减免责任的信息;旅游者应当注意的旅游目的地相关法律、法规和风俗习惯、宗教禁忌,依照中国法律不宜参加的活动等。

根据《旅行社条例实施细则》(2016年12月12日修订)的规定,同一旅游团队中,旅行社不得由于下列因素,提出与其他旅游者不同的合同事项:

(1) 旅游者拒绝参加旅行社安排的购物活动或者需要旅游者另行付费的旅游项目的;

(2) 旅游者存在的年龄或者职业上的差异,但旅行社提供了与其他旅游者相比更多的服务,或者旅游者主动要求的除外。

2. 旅行社可以单方解除合同的情况

在下列情况下,旅行社可以单方面解除合同:

(1) 没有达到合同约定的成团最低人数,此时旅行社可以解除合同,并向游客退还已收取的全部费用,但必须提前通知游客,境内旅游应当至少提前 7 日通知旅游者,出境旅游应当至少提前 30 日通知旅游者;

(2) 旅游者患有传染病等疾病,可能危害其他旅游者健康和安全;

(3) 旅游者携带危害公共安全的物品且不同意交有关部门处理;

(4) 旅游者从事违法或者违反社会公德的活动;

(5) 旅游者从事严重影响其他旅游者权益的活动,且不听劝阻、不能制止。

旅行社因后面 4 种原因解除合同的,应当在扣除必要的费用后,将余款退还旅游者。

3. 旅游者对合同的转让和解除

根据《旅游法》的规定,旅游行程开始前,旅游者可以将旅游合同中自身的权利义务转让给第三人,旅行社没有正当理由不得拒绝,因此增加的费用由旅游者和第三人承担。

旅游者在旅游行程结束前也可以解除合同,旅行社不得拒绝,但有权从游客所交的团款中扣除必要的费用,只将余款退还游客。

(六) 保障游客的人身财产安全

旅行社组织旅游,应当保证所提供的服务符合保障旅游者人身、财物安全的要求。对旅游中可能危及旅游者人身、财产安全的事项,应当向旅游者做出真实的说明和明确的警示。对旅游地可能引起旅游者误解或产生冲突的法律规定、风俗习惯、宗教信仰等,应当事先给旅游者以明确的说明和忠告。组织、接待老年人、未成年人、残疾人等旅游者,应当采取相应的安全保障措施。

相关链接

> 根据《旅游法》的规定,旅游经营者应当就旅游活动中的下列事项,以明示的方式事先向旅游者做出说明或者警示:
> (1) 正确使用相关设施、设备的方法;
> (2) 必要的安全防范和应急措施;
> (3) 未向旅游者开放的经营、服务场所和设施、设备;
> (4) 不适宜参加相关活动的群体;
> (5) 可能危及旅游者人身、财产安全的其他情形。

当发生危及旅游者人身安全的情形时,旅行社及其委派的导游人员、领队人员应当采取必要的处置措施并及时报告旅游行政管理部门;在境外发生的,还应当及时报告我国驻该国使领馆、相关驻外机构、当地警方。

（七）购物与自费项目的安排应符合规定

在旅行社的经营中，购物与自费项目的安排经常带来争议。《旅游法》对购物与自费项目的安排有了更明确的规定。

（1）旅行社不得以不合理的低价组织旅游活动，诱骗旅游者，并通过安排购物或者另行付费旅游项目获取回扣等不正当利益。"不合理的低价"指的是低于接待和服务费用的价格或者行业公认的合理价格，且无正当理由。

（2）旅行社组织、接待旅游者，不得指定具体购物场所，不得安排另行付费旅游项目。但是，经双方协商一致或者旅游者要求，且不影响其他旅游者行程安排的除外。如果旅游者不同意参加旅行社指定的具体购物场所或者另行付费旅游项目活动的，旅行社及其从业人员不得因此拒绝订立旅游合同，也不得提高旅游团费或者另行收取费用。

根据《旅游法》的规定，旅行社如果违反了前条规定，旅游者有权在旅游行程结束后30日内，要求旅行社为其办理退货并先行垫付退货货款，或者退还另行付费旅游项目的费用。

相关链接

"欺骗、强制旅游购物"行为的认定

欺骗、强制旅游购物的行为严重损害了旅游者的权益。根据《国家旅游局关于打击旅游活动中欺骗、强制购物行为的意见》（旅发〔2015〕217号），下列行为可以被认定为"欺骗、强制旅游购物"：

（1）旅行社未经旅游者书面同意，安排购物；

（2）旅行社、导游领队对旅游者进行人身威胁、恐吓等行为强迫旅游者购物；

（3）旅行社、导游领队安排的购物场所属于非法营业或者未向社会公众开放的场所；

（4）旅行社、导游领队安排的购物场所销售商品掺杂、掺假，以假充真、以次充好，以不合格产品冒充合格产品；

（5）旅行社、导游领队明知或者应知安排的购物场所的经营者有严重损害旅游者权益的记录；

（6）旅行社、导游领队收取购物场所经营者回扣等不正当利益；

（7）购物场所经营者存在《消费者权益保护法》第56条规定情形；

（8）法律、法规规定的旅行社、导游领队及购物场所经营者通过安排购物损害旅游者合法权益的其他行为。

（八）引导文明旅游

在旅游行程中，旅行社及其委派的导游人员、领队人员应当向旅游者附送文明旅游宣传材料，向旅游者讲清楚文明旅游的要求，提示旅游者遵守文明旅游公约和礼仪。

相关链接

文明旅游十大提醒语

2014年1月,国家旅游局向社会发布"文明旅游十大提醒语",以进一步加大面向公众的文明旅游宣传引导,发动全社会力量,共同提示纠正旅游活动中的不良陋习。

提醒树立文明旅游意识的普遍性提示:
1. 文明是最美的风景
2. 旅途漫漫 文明相伴
3. 旅游美时美刻 文明随时随地
4. 文明游天下 快乐你我他
5. 一花一木皆是景,一言一行要文明

针对具体不文明旅游行为的提示:
1. 游遍天下山川 只留脚印一串(用于提醒保护生态环境)
2. 出游讲礼仪 入乡要随俗(用于提醒尊重别人权利)
3. 垃圾不乱扔 举止显文明(用于提醒维护环境卫生)
4. 多看美景 不刻美名(用于提醒保护生态环境和文物古迹)
5. 平安是福 文明是金(用于提醒出游安全)

第三节 旅行社的监督管理

一、旅游行政部门对旅行社的管理

国务院旅游行政主管部门负责全国旅行社的监督管理工作,县级以上地方人民政府管理旅游工作的部门负责本行政区域内旅行社的监督管理工作。

旅游行政管理部门有权对旅行社及其分社的旅游合同、服务质量、对外报价、资产状况、旅游安全、财务账簿等情况进行监督检查。旅行社应当妥善保存招徕、组织、接待旅游者的各类合同及相关文件、资料(保存期应当不少于2年),以备县级以上旅游行政管理部门核查。旅行社及其分社有义务按照国家有关规定向旅游行政管理部门报送经营和财务信息等统计资料,不得提供虚假数据或伪造统计报表。

> **相关链接**
>
> 根据《旅行社条例实施细则》第53条的规定,旅行社应当按年度将下列经营和财务信息等统计资料,在次年4月15日前,报送原许可的旅游行政管理部门:
> (1) 旅行社的基本情况,包括企业形式、出资人、员工人数、部门设置、分支机构、网络体系等;
> (2) 旅行社的经营情况,包括营业收入、利税等;
> (3) 旅行社组织接待情况,包括国内旅游、入境旅游、出境旅游的组织、接待人数等;
> (4) 旅行社安全、质量、信誉情况,包括投保旅行社责任保险、认证认可和奖惩等。
> 对上述资料中涉及旅行社商业秘密的内容,旅游行政管理部门应当予以保密。

县级以上旅游行政管理部门对旅行社及其分支机构实施监督检查时,可以进入其经营场所进行检查,但应当由两名以上持有旅游行政执法证件的执法人员进行,否则,旅行社及其分支机构有权拒绝检查。

二、旅行社业务经营许可证管理制度

旅行社业务经营许可证(以下简称许可证)是旅游主管部门颁发的、证明持证人具有从事旅游业务经营资格的凭证。

取得许可证是旅行社从事业务的前提。旅行社业务经营许可证及副本,由国务院旅游行政主管部门制定统一样式,国务院旅游行政主管部门和省级旅游行政管理部门分别印制。旅行社取得许可证后,应当将其与营业执照一起,悬挂在经营场所的显要位置。许可证及副本损毁或者遗失的,应当向原许可的旅游行政管理部门申请换发或者补发。在申请换发或补发前,旅行社应当通过本省、自治区、直辖市范围内公开发行的报刊,或者省级以上旅游行政管理部门网站,刊登损毁或者遗失作废声明。

旅行社业务经营许可证不得转让、出租或者出借。下列行为都属于转让、出租或者出借旅行社业务经营许可证的行为:
(1) 旅行社准许或者默许其他企业、团体或者个人,以自己的名义从事旅行社业务经营活动;
(2) 旅行社准许其他企业、团体或者个人,以部门或者个人承包、挂靠的形式经营旅行社业务。

三、旅游服务质量保证金制度

我国《旅游法》第31条规定,旅行社应当按照规定交纳旅游服务质量保证金。
旅游服务质量保证金是由旅行社在指定银行缴存或由银行担保提供的一定数额用于旅

游服务质量赔偿支付和团队旅游者人身安全遇有危险时紧急救助垫付的资金。

《旅行社条例》、《旅行社条例实施细则》和《旅游服务质量保证金存取管理办法》(国家旅游局 2013 年 9 月 26 日颁布)等对旅游服务质量保证金制度进行了明确而具体的规定。

(一) 保证金的缴纳方式

旅游服务质量保证金的缴纳有两种方式,一是缴存现金,二是提供银行担保。旅行社应当自取得旅行社业务经营许可证之日起 3 个工作日内,在国务院旅游行政主管部门指定的银行开设专门的质量保证金账户,存入质量保证金,或者向做出许可的旅游行政管理部门提交依法取得的担保额度不低于相应质量保证金数额的银行担保。

> **相关链接**
>
> 根据《旅游服务质量保证金存取管理办法》的规定,存缴保证金的旅行社须与银行签订《旅游服务质量保证金存款协议书》。银行按照不少于 1 年定期、到期自动结息转存方式管理保证金,中途提取部分改按活期结算利息。为防止保证金存单质押,银行应在存单上注明"专用存款不得质押"字样。

(二) 保证金的缴纳标准

经营国内旅游业务和入境旅游业务的旅行社,应当存入的旅游服务质量保证金数额是 20 万元。申请设立具有出境游业务的旅行社,应当增存旅游服务质量保证金 120 万元。

旅行社设立分社同样要增存旅游服务质量保证金。其中,每设立一个经营国内旅游业务和入境旅游业务的分社,应增存旅游服务质量保证金 5 万元;每设立一个经营出境旅游业务的分社,应增存旅游服务质量保证金 30 万元;每设立一个经营国内旅游业务、入境旅游业务和出境旅游业务的分社,应增存旅游服务质量保证金 35 万元。

关于旅游服务质量保证金的缴纳标准如表 2-1 所示。

表 2-1　旅游服务质量保证金的缴纳标准

适 用 情 况	缴 纳 标 准
申请设立具有国内游、入境游业务的旅行社	交存 20 万元
申请设立具有出境游业务的旅行社	增存 120 万元
申请设立 1 个经营国内游、入境游业务的分社	增存 5 万元
申请设立 1 个经营出境游业务的分社	增存 30 万元
申请设立 1 个经营国内游、入境游和出境游业务的分社	增存 35 万元

相关链接

《关于旅行社设立分社有关事宜的通知》(国家旅游局2010年4月26日)第3条规定,经营出境旅游业务的旅行社可以根据市场发展需要来设立分社,即既可设立只经营国内旅游业务和入境旅游业务的分社,也可以设立只经营出境旅游业务的分社,还可以设立经营国内、入境和出境旅游业务的分社,增存的质量保证金分别为5万元、30万元、35万元。

(三)保证金的管理

1. 质量保证金的所有权归属

旅游服务质量保证金属于缴纳保证金的旅行社所有,保证金的利息也属于旅行社所有。

2. 质量保证金的退还

旅行社自交纳或者补足质量保证金之日起3年内未因侵害旅游者合法权益受到行政机关罚款以上处罚的,旅游行政管理部门应当将旅行社质量保证金的交存数额降低50%。旅行社可凭省级旅游主管部门出具的凭证减少其质量保证金。

如果旅行社不再从事旅游业务,可以凭旅游行政管理部门出具的凭证,向银行取回全部的质量保证金。

3. 质量保证金的补足

旅行社使用质量保证金进行赔偿后,或者在依法减少质量保证金后,因侵害旅游者合法权益受到行政机关罚款以上处罚的,应当在收到补交质量保证金的通知之日起5个工作日内补足质量保证金。

(四)保证金的使用

在下列情况下,旅游行政管理部门可以使用旅行社的旅游服务质量保证金。

(1)旅行社违反旅游合同约定,侵害旅游者合法权益,且经旅游行政管理部门查证属实。

(2)旅行社因解散、破产或者其他原因(如旅行社恶意卷款而逃等)造成旅游者预交的旅游费用出现损失。

(3)需要垫付旅游者人身安全遇有危险时紧急救助的费用。《国家旅游局关于执行〈旅游法〉有关规定的通知》(旅发〔2013〕280号)对此有更详细的规定:旅游者人身安全遇有危险时,旅行社无力垫付紧急救助费用的,由旅行社提出申请,经对旅行社做出许可的旅游主管部门同意后,可使用旅游服务质量保证金垫付;旅行社拒不垫付的,由对旅行社做出许可的旅游主管部门决定。

此外,人民法院判决、裁定及其他生效法律文书认定旅行社损害旅游者合法权益,旅行社拒绝或者无力赔偿的,人民法院可以从旅行社的质量保证金账户上划拨赔偿款。

第四节　旅行社责任保险

组织或接待游客旅游出行是旅行社的主要业务,而旅游总是伴随着风险,这也使得旅行社在经营当中不可避免地承担着风险。《旅行社条例》第38条规定,旅行社应当投保旅行社责任险。显然,投保旅行社责任保险能降低旅行社的经营风险,更好地保障旅游者的合法权益。目前,《旅行社责任保险管理办法》(国家旅游局、中国保险监督管理委员会2010年11月25日公布,2011年2月1日施行)是规范旅行社投保旅行社责任保险的主要依据。

一、旅行社责任保险的含义和特征

旅行社责任保险是指以旅行社因其组织的旅游活动对旅游者和受其委派并为旅游者提供服务的导游或者领队人员依法应当承担的赔偿责任为保险标的的保险,旅行社责任保险有如下几个特征。

(一)属于强制保险

保险可以分为强制保险和自愿保险。凡是国家强制规定予以保险的称为强制保险,当事人出于自己的意愿订立的保险为自愿保险。旅行社责任保险是《旅行社条例》规定必须投保的,因此属于强制保险。《旅行社责任保险管理办法》第2条也规定,在中华人民共和国境内依法设立的旅行社,应当依照《旅行社条例》和本办法的规定,投保旅行社责任保险。

(二)投保人和被保险人都是旅行社

在旅行社责任保险当中,与保险公司签订保险合同并支付保险费的是旅行社,享有保险金请求权的也是旅行社,因此,旅行社责任保险的投保人和被保险人都是旅行社。旅行社投保旅行社责任保险,可以依法自主投保,也可以有组织地统一投保。

> **补充阅读**
>
> **投保人、保险人、被保险人、受益人**
>
> 投保人、保险人、被保险人和受益人都是保险合同的当事人和关系人。
>
> 投保人和保险人是保险合同的当事人,即订立保险合同并享有和承担保险合同所确定的权利、义务的人。被保险人和受益人是保险合同的关系人,即是指在保险事故或者保险合同约定的条件满足时,对保险人享有保险金给付请求权的人。
>
> 具体来说,投保人是指与保险人订立保险合同,并按照合同约定负有支付保险费义务的人。保险人即承保人,是指与投保人订立保险合同,并按照合同约定承担赔偿或者给付保险金责任的保险公司。被保险人是指其财产或者人身受保险合同

保障，享有保险金请求权的人。被保险人可以是投保人，也可以是投保人以外的第三人。受益人是指人身保险合同中由被保险人或者投保人指定的享有保险金请求权的人。投保人、被保险人都可以为受益人。

（三）保障范围是旅行社应当承担的责任

旅行社责任保险当中，保险公司只对保险合同中约定的、旅行社在从事旅游业务经营活动中应由旅行社承担的责任负责，即旅行社责任保险的保障范围仅限于旅行社应当承担的责任。

二、旅行社责任保险的内容

（一）保险责任范围

旅行社责任保险的保险责任范围包括以下两个部分：

（1）旅行社在组织旅游活动中依法对旅游者的人身伤亡、财产损失承担的赔偿责任；

（2）旅行社依法对受旅行社委派并为旅游者提供服务的导游或者领队人员的人身伤亡承担的赔偿责任。

从以上的保险责任范围可以看出，旅行社责任保险只对旅行社应承担的责任负责。如果在旅游过程中，游客因自身原因造成伤害，由于不是旅行社的责任，所以不适用旅行社责任保险进行赔偿。但游客可以通过事先购买旅游意外保险获得赔偿。

相关链接

建议游客购买旅游意外保险也是旅行社的义务。《旅行社条例实施细则》第46条规定，为减少自然灾害等意外风险给旅游者带来的损害，旅行社在招徕、接待旅游者时，可以提示旅游者购买旅游意外保险。鼓励旅行社依法取得保险代理资格，并接受保险公司的委托，为旅游者提供购买人身意外伤害保险的服务。

（二）保险责任的赔偿情形

保险责任的赔偿情形具体包括下列情形：

（1）因旅行社疏忽或过失应当承担赔偿责任的；

（2）因发生意外事故旅行社应当承担赔偿责任的；

（3）国家旅游局会同中国保险监督管理委员会规定的其他情形。

（三）保险期间

《旅行社责任保险管理办法》第15条规定，旅行社责任保险的保险期间为1年，即旅行社投保旅行社责任保险后，在1年的保险期间内，如果发生投保范围内的赔偿责任，保险公司就应赔偿。1年的保险合同即将期满时,旅行社应当及时续保。

(四) 保险费

旅行社责任保险的投保人是旅行社,保险费自然也应由旅行社承担。保险费具体数额的多少由旅行社与保险公司通过订立书面保险合同来约定,费率应遵循市场化原则,并且要与旅行社经营风险相匹配。旅行社交费后,保险公司应及时向旅行社签发保险单或者其他保险凭证,并在保险单等保险凭证中载明双方约定的合同内容,同时按照约定的时间开始承担保险责任。

(五) 保险责任限额

保险责任限额是保险人承担赔偿或者给付保险金责任的最高限额。根据《旅行社责任保险管理办法》的规定,保险责任限额可以根据旅行社业务经营范围、经营规模、风险管控能力、当地经济社会发展水平和旅行社自身需要,由旅行社与保险公司协商确定,但每人人身伤亡责任限额不得低于20万元人民币。

> **小思考**
>
> 如果旅行社应该赔偿的金额超过了保险责任限额怎么办?
>
> (提示:如果旅行社应赔偿的金额超过保险责任限额,超过部分由旅行社自行承担。)

三、旅行社责任保险的赔偿

(一) 索赔

旅行社组织的旅游活动中发生保险事故,旅行社应通知保险公司。旅行社请求保险公司赔偿保险金时,应当向保险公司提供与确认保险事故的性质、原因、损失程度等有关的证明和资料。保险公司认为有关的证明和资料不完整的,应当及时一次性通知旅行社补充提供。旅行社对旅游者、导游或者领队人员应负的赔偿责任确定的,保险公司应当根据旅行社的请求直接向受害的旅游者、导游或者领队人员赔偿保险金。如果旅行社怠于请求,受害的旅游者、导游或者领队人员有权直接向保险公司请求赔偿保险金。

(二) 核定

保险公司收到赔偿保险金的相关证明、资料后,应当及时做出核定。情形复杂的,应当在30日内做出核定(合同另有约定的除外)。保险公司应当将核定结果通知旅行社以及受害的旅游者、导游和领队人员。

(三) 赔偿

对经核定属于保险责任的,保险公司应该在与旅行社达成赔偿保险金的协议后10日内,履行赔偿保险金的义务。

《旅行社责任保险管理办法》还规定,因抢救受伤人员需要保险公司先行赔偿保险金用

于支付抢救费用的,保险公司在接到旅行社或者受害的旅游者、导游、领队人员通知后,经核对属于保险责任的,可以在责任限额内先向医疗机构支付必要的费用。

(四)代位求偿

因第三者损害而造成保险事故的,保险公司自直接赔偿保险金或者先行支付抢救费用之日起,在赔偿、支付金额范围内有权代位行使对第三者的请求赔偿权。旅行社以及受害的旅游者、导游或者领队人员有义务向保险公司提供必要的文件和所知道的有关情况。

一、单项选择题

1. 旅行社的注册资本应不少于(　　)万元。

A. 20　　　　B. 30　　　　C. 200　　　　D. 300

2. 旅行社应当妥善保存招徕、组织、接待旅游者的各类合同及相关文件、资料,保存期应当不少于(　　)。

A. 6个月　　　B. 1年　　　C. 2年　　　　D. 5年

3. 旅行社责任保险的被保险人是(　　)。

A. 保险公司　　B. 旅游者　　C. 导游　　　　D. 旅行社

4. 旅行社责任保险的保障范围是(　　)应当承担的责任。

A. 保险公司　　B. 旅游者　　C. 导游　　　　D. 旅行社

5. 旅行社责任保险的保险期间为(　　)。

A. 1个月　　　B. 半年　　　C. 1年　　　　D. 整个旅游期间

二、多项选择题(每题有2个或2个以上正确答案)

1. 下列关于旅行社分社的说法正确的有(　　)。

A. 不具有法人资格

B. 分社的设立没有地域限制

C. 分社的设立没有数量上的限制

D. 旅行社分社的经营范围不得超出设立社的经营范围

2. 下列关于旅行社服务网点的说法正确的有(　　)。

A. 不具有法人资格

B. 服务网点的设立没有地域限制

C. 服务网点的设立没有数量上的限制

D. 服务网点的经营范围不得超出设立社的经营范围

3. 旅行社在经营活动中应当遵循(　　)的原则,遵守商业道德。

A. 自愿　　　　B. 平等　　　C. 公平　　　　D. 诚信

4. 旅行社以互联网形式经营旅行社业务的,其网站首页应清晰载明(　　)。

A. 旅行社的名称　　　　　　B. 许可证编号

C. 业务经营范围　　　　　　　　D. 旅游行政管理部门的投诉电话

三、判断题

1. 目前所有的旅行社都可以经营出境旅游业务。　　　　　　　　　　　　（　）
2. 申请人要设立旅行社时,应先向工商行政管理部门申请颁发营业执照,再凭营业执照等材料向旅游行政主管部门申请颁发旅行社业务经营许可证。　　（　）
3. 旅行社不一定都能独立承担民事责任。　　　　　　　　　　　　　　　（　）
4. 通过网络经营旅行社业务的企业也应该依法取得旅行社业务经营许可证。（　）
5. 旅行社责任保险是属于强制保险。　　　　　　　　　　　　　　　　　（　）

四、简答题

1. 什么是旅行社?
2. 旅行社可以从事哪些旅游业务?
3. 新设立旅行社应具备哪些条件?
4. 旅行社应当按照核定的经营范围开展经营活动,不能超范围经营。请问旅行社的哪些行为属于超范围经营?
5. 旅游合同至少应载明哪些事项?
6. 在什么情况下,旅行社可以单方面解除合同?
7. 什么是旅行社业务经营许可证?
8. 在什么情况下,旅游行政管理部门可以使用旅行社的旅游服务质量保证金?

五、分析题

1. 一家具有出境游业务资格的旅行社,设立了一个经营国内旅游业务、入境旅游业务和出境旅游业务的分社,这家旅行社应该总共缴纳多少旅游服务质量保证金?
2. 旅行社为旅游者提供服务,应当与旅游者签订旅游合同。旅游行程开始后,应根据旅游合同约定的行程安排旅游活动,除非有特殊情况发生。你认为什么情况下旅行社有调整行程安排的权利?应履行什么样的程序?
3. 旅行社组织旅游,应当保证所提供的服务符合保障旅游者人身、财物安全的要求。在这一方面,你认为旅行社有哪些工作要做?
4.《旅游法》颁布后,有旅行社就认为,今后在团队行程中不能安排游客购物和参加自费项目了。这种看法对吗?

第三章
导游人员管理法规

　　导游人员处在旅游接待工作的第一线,是导游服务的直接提供者,加强对导游的管理对旅游服务的整体质量提升有着重要的意义。目前我国涉及导游人员管理的法律和法规主要有《旅游法》、《导游人员管理条例》(国务院1999年5月14日颁布,1999年10月1日起施行)和《导游人员等级考核评定管理办法(试行)》(国家旅游局2005年6月3日颁布,2005年7月3日起施行)等。

第一节 概　　述

一、导游人员的概念

　　人们通常理解的"导游"就是从事向导、讲解的人员,其实这只说对了一半。《导游人员管理条例》规定,导游人员是指依照规定取得导游证,接受旅行社委派,为旅游者提供向导、讲解及相关旅游服务的人员。

二、导游人员的分类

　　导游的分类可以采取多种标准,常见的如按职业性质分类、按使用的语言分类、按技术等级分类、按业务范围分类等。

(一) 按职业性质分类

　　按导游的职业性质,可将导游人员分为专职导游和兼职导游。专职导游是指以导游工作为主要职业的人员。兼职导游是指不以导游工作为主要职业,而是利用业余时间从事导游工作的人员,也称业余导游。

(二) 按使用的语言分类

　　按使用的语言,可将导游人员分为中文导游和外语导游。中文导游是指能熟练地使用普通话、地方话或少数民族语言从事导游业务的人员。外语导游是指能熟练地使用外语从事导游业务的人员。

(三) 按技术等级分类

按技术等级,可将导游人员分为初级导游、中级导游、高级导游和特级导游。

(四) 按业务范围分类

按业务范围,可将导游人员分为地陪、全陪和领队。

(1) 地陪。地陪的全称是地方陪同导游人员,指的是受接待社委派,代表接待社,实施接待计划,为旅游团(者)提供当地旅游活动安排、讲解或翻译等服务的导游人员。

(2) 全陪。全陪的全称是全程陪同导游人员,指的是受组团旅行社委派,作为组团社的代表,在领队和地方陪同导游人员的配合下实施接待计划,为旅游团提供全程陪同服务的导游人员。

(3) 领队。领队即出境旅游领队人员,指的是接受具有出境旅游业务经营权的旅行社的委派,从事出境旅游领队业务的导游人员。其主要工作是协助旅游者办理出入境手续,协调、监督境外负责接待的旅行社及从业人员履行合同,维护旅游者的合法权益。

补充阅读

> 景区(点)讲解员是专门负责在特定景区(点)和博物馆、自然保护区、纪念馆、名人故居等处提供引导和讲解的人员。有人把景区(点)讲解员也作为按业务范围分类的导游的一种。但准确地说,景区(点)讲解员不能算作导游人员,因为他们既不用取得导游证,也不用受雇于旅行社。

三、从事导游工作的条件

根据《旅游法》和《导游人员管理条例》的规定,从事导游工作必须具备下面两个条件。

(一) 取得导游证

取得导游证是导游人员从事导游工作的前提。《导游人员管理条例》第4条规定,在中华人民共和国境内从事导游活动,必须取得导游证。国家规定导游从业人员必须具有导游证,是为了维护旅游业的声誉,保证导游服务质量,便于旅游行政管理人员监督检查。而要取得导游证,就必须参加导游人员资格考试,取得导游人员资格证,并与旅行社订立劳动合同或者在相关旅游行业组织注册,才可以申请取得导游证。

(二) 接受旅行社委派

我国《旅游法》第40条规定,导游和领队为旅游者提供服务必须接受旅行社委派,不得私自承揽导游和领队业务。《导游人员管理条例》第9条规定,导游人员进行导游活动,必须经旅行社委派。导游人员不得私自承揽或者以其他任何方式直接承揽导游业务,进行导游活动。因此,导游人员应在旅行社委派下从事导游业务,不得私自承揽业务。

四、从事领队业务的条件

《旅游法》第39条对导游从事领队业务有更具体的规定，即从事领队业务，应当取得导游证，具有相应的学历、语言能力和旅游从业经历，并与委派其从事领队业务的取得出境旅游业务经营许可的旅行社订立劳动合同。结合《国家旅游局关于执行〈旅游法〉有关规定的通知》（旅发〔2013〕280号），从事领队业务应具备三个条件。

（1）取得导游证。

（2）具有相应的学历、语言能力和旅游从业经历。相应的学历，是指大专以上学历；相应的语言能力，是指与出境旅游目的地国家（地区）相对应的语言能力；相应的旅游从业经历，是指2年以上旅行社相关岗位从业经历。

（3）与委派其从事领队业务的取得出境旅游业务经营许可的旅行社订立劳动合同，即只有在旅行社工作的专职导游才可从事领队业务。

不具备领队条件的，不得从事领队业务，领队也不得委托他人代为提供领队服务。根据《旅行社条例实施细则》（2016年12月12日修订）的规定，领队从事领队业务，应当接受与其订立劳动合同的取得出境旅游业务许可的旅行社委派，并携带导游证、佩戴导游身份标识。旅行社应当将本单位领队信息及变更情况，报所在地设区的市级旅游行政管理部门备案。领队备案信息包括：身份信息、导游证号、学历、语种、语言等级（外语导游）、从业经历、所在旅行社、旅行社社会保险登记证号等。

补充阅读

过去，从事领队业务的人员不用取得导游证，但必须取得领队证。2002年10月28日，国家旅游局颁布实施了《出境旅游领队人员管理办法》，对领队证的取得和领队人员的管理做出了具体的规定。

2016年11月7日，第十二届全国人民代表大会常务委员会第二十四次会议通过了《关于修改〈中华人民共和国对外贸易法〉等十二部法律的决定》，其中对《旅游法》的修改主要体现在"领队证"上，旅游法全文不再出现"领队证"三字，这也意味着，我国实施多年的领队证审批正式被取消，领队证从此退出我国旅游行业的历史舞台。

2016年12月12日，国家旅游局下发《关于修改〈旅行社条例实施细则〉和废止〈出境旅游领队人员管理办法〉的决定》，对《旅行社条例实施细则》（国家旅游局第30号令）部分条款进行了修改，并废止了《出境旅游领队人员管理办法》（国家旅游局第18号令）。

五、导游自由执业试点

为全面推进导游体制改革，拓宽导游执业渠道，推动旅游服务"供给侧改革"，国家旅游局于2016年5月正式启动在江浙沪三省市、广东省的线上导游自由执业试点工作，和在吉林长白山、湖南长沙和张家界、广西桂林、海南三亚、四川成都的线上线下导游自由执业试点工作,并下发了《导游自由执业试点实施方案》和《导游自由执业试点管理办法(试行)》。

根据《导游自由执业试点管理办法(试行)》,导游自由执业试点是指在国家旅游局确定的试点区域内,开展导游自由执业,包括线上导游自由执业和线下导游自由执业两种方式。线上导游自由执业是指导游向通过网络平台预约其服务的消费者提供单项讲解或向导服务,并通过第三方支付平台收取导游服务费的执业方式。线下导游自由执业是指导游向通过旅游集散中心、旅游咨询中心、A级景区游客服务中心等机构预约其服务的消费者提供单项讲解或向导服务,并通过第三方支付平台收取导游服务费的执业方式。

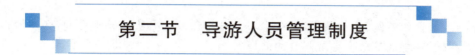

第二节　导游人员管理制度

一、导游资格考试制度

要从事导游工作必须取得导游人员资格证,这一资格证表明持证人具备了从事导游职业的资格。而要取得导游人员资格证必须参加导游资格考试。《导游人员管理条例》第3条规定,国家实行全国统一的导游人员资格考试制度。

(一)导游资格考试的报名条件

不是所有的人都可参加导游资格考试,根据《导游人员管理条例》的规定,具备下列条件的人员方可参加导游资格考试。

1. 中华人民共和国公民

公民是指具有一个国家的国籍,并根据该国宪法和法律的规定享受权利和承担义务的自然人。我国《宪法》规定,凡具有中华人民共和国国籍的人都是中华人民共和国公民。参加导游资格考试的必须是我国公民。外国人、无国籍的人不得参加我国的导游资格考试。

2. 具有高级中学、中等专业学校或者以上学历

导游工作是一项知识性、技能性很强的工作,对导游从业者规定最低的学历标准有利于保证导游从业者的素质。

3. 身体健康

导游工作不仅是一项脑力劳动,也是一项体力劳动,要求导游人员有一个健康的体魄,将有利于导游工作的开展。

4. 具有适应导游需要的基本知识和语言表达能力

导游人员应具有较广泛的基本知识,尤其是政治、经济、历史、地理以及风土人情、民俗等方面的知识。导游人员必须具备一定的语言表达能力和技巧,通过语言表达,向旅游者传达各种信息。

(二)导游资格考试的内容

导游人员资格考试由国家旅游局及各省、自治区、直辖市旅游行政管理部门统一命题并组织考试。从2016年起,全国导游人员资格考试暂定于每年的11月举行,每年一次。考试科目为"政策与法律法规"、"导游业务"、"全国导游基础知识"、"地方导游基础知识"和"导游服务能力"五科。其中"导游服务能力"为现场考试,其他科目为笔试。

(三)导游人员资格证书的发放

经考试合格的,由国务院旅游行政部门或者国务院旅游行政部门委托省、自治区、直辖市人民政府旅游行政部门颁发导游人员资格证书。导游人员资格证书由国家旅游局统一制证,统一编号。

二、执业证书制度

《导游人员管理条例》第4条规定,在中华人民共和国境内从事导游活动,必须取得导游证。因此,取得导游证是从事导游职业的前提。

(一)导游证的取得条件

根据《旅游法》、《导游人员管理条例》的规定,取得导游证应具备3个条件:一是要考取导游人员资格证;二是要与旅行社订立劳动合同或者在相关旅游行业组织注册;三是向省一级的旅游行政部门提出申请。

与旅行社订立劳动合同或者在相关旅游行业组织注册,是取得导游人员资格证的人员要获取导游证的两种途径。

1. 与旅行社订立劳动合同

劳动合同是指劳动者与用人单位确定劳动关系,明确双方权利和义务关系的协议。导游与旅行社订立劳动合同,既可以订立固定期限的劳动合同,也可以订立无固定期限的劳动合同。

2. 在相关旅游行业组织注册

根据《导游人员管理条例》的规定,没有与旅行社订立劳动合同的人员,在导游服务公司登记后也可申请导游证。但《旅游法》对这一问题有了新的规定:与旅行社订立劳动合同或者在相关旅游行业组织注册的人员,可以申请取得导游证。也就是说,未与旅行社订立劳动合同的人员,也可通过在相关旅游行业组织注册这一途径申请导游证。根据《国家旅游局关于执行〈旅游法〉有关规定的通知》(旅发〔2013〕280号),这里的"相关旅游行业组织"是指设区的市级以上地方依法成立的导游协会、旅游协会成立的导游分会或者内设的相应工作部门。

相关链接

《导游人员管理条例》第4条规定,取得导游人员资格证书的,经与旅行社订立劳动合同或者在导游服务公司登记,方可持所订立的劳动合同或者登记证明材料,向省、自治区、直辖市人民政府旅游行政部门申请领取导游证。

《旅游法》第37条规定,参加导游资格考试成绩合格,与旅行社订立劳动合同或者在相关旅游行业组织注册的人员,可以申请取得导游证。

(二) 导游证的颁发

申请人向省一级的旅游行政部门提出申请后,旅游行政部门经审核认为申请人符合条件的,应当在收到申请之日起 15 日内颁发导游证。对不符合条件不予颁发导游证的,应当书面通知申请人。

(三) 不得颁发导游证的情形

根据《导游人员管理条例》规定,申请人如果存在下列情形,将不予颁发导游证。

1. 申请人为无民事行为能力或者限制民事行为能力人

民事行为能力是指公民通过自己的行为取得民事权利和承担民事义务的资格。当一个人达到一定的年龄并能对自己的行为和行为可能产生的后果具有分辨能力后才具有相应的民事行为能力。无民事行为能力人或者限制民事行为能力人都不能独立进行民事活动,或只能进行有限的民事活动,他们都不可能取得导游证。

> **相关链接**
>
> 《中华人民共和国民法通则》第 11 条规定,十八周岁以上的公民是成年人,具有完全民事行为能力,可以独立进行民事活动,是完全民事行为能力人。十六周岁以上不满十八周岁的公民,以自己的劳动收入为主要生活来源的,视为完全民事行为能力人。第 12 条规定,十周岁以上的未成年人是限制民事行为能力人,可以进行与他的年龄、智力相适应的民事活动;其他民事活动由他的法定代理人代理,或者征得他的法定代理人的同意。不满十周岁的未成年人是无民事行为能力人,由他的法定代理人代理民事活动。第 13 条规定,不能辨认自己行为的精神病人是无民事行为能力人,由他的法定代理人代理民事活动。不能完全辨认自己行为的精神病人是限制民事行为能力人,可以进行与他的精神健康状况相适应的民事活动。

2. 申请人患有传染性疾病

申请人如果患有肺结核、麻风、天花、伤寒、病毒性肝炎、SARS、性病等传染性疾病,将不予颁发导游证。

3. 申请人受过刑事处罚的(过失犯罪的除外)

申请人如果是指因其行为触犯了刑法而受到刑罚制裁的人,也将不予颁发导游证,但因过失犯罪而受到刑罚处罚的人仍然可申请导游证。过失犯罪不是有意犯罪,其主观恶性和社会危害性方面,相对于故意犯罪都要低。

> **相关链接**
>
> 《中华人民共和国刑法》第 15 条规定,应当预见自己的行为可能发生危害社会的结果,因为疏忽大意而没有预见,或者已经预见而轻信能够避免,以致发生这种结果的,是过失犯罪。

4. 申请人被吊销导游证后3年内又重新申请导游证

被吊销导游证导游，自处罚之日起未逾3年的，不得重新申请导游证。即使申请，也将不予颁发导游证。

三、等级考核制度

《导游人员管理条例》第7条规定，国家对导游人员实行等级考核制度。2005年6月3日，国家旅游局颁布了《导游人员等级考核评定管理办法（试行）》，于2005年7月3日起施行。对导游人员实行等级考核，有利于导游人员不断提高自身业务素质和职业技能，有利于客观、公正地评价和选拔导游人才。

（一）考核评定机构

国家旅游局负责导游人员等级考核评定标准、实施细则的制订工作，负责对导游人员等级考核评定工作进行监督检查。国家旅游局组织设立全国导游人员等级考核评定委员会，组织实施全国导游人员等级考核评定工作。

（二）导游人员等级划分

导游人员等级分为初级、中级、高级、特级4个等级。

（三）等级考核评定的程序

1. 自愿申报

导游人员自主决定是否参加等级考核评定，自愿申报，但应遵循由低到高，逐级晋升的原则。

2. 考核方式

（1）笔试的方式。中级和高级导游员的考核采取笔试方式。中级导游员的考核分为中文导游员和外语导游员两种。中文导游员的考试科目为"导游知识专题"和"汉语言文学知识"；外语导游员的考试科目为"导游知识专题"和"外语"。高级导游员的考试科目为"导游案例分析"和"导游词创作"。

（2）论文答辩的方式。特级导游员的考核采取论文答辩方式。

> **相关链接**
>
> 根据《导游人员等级考核评定管理办法（试行）》第9条规定，参加省部级以上单位组织的导游技能大赛获得最佳名次的导游人员，报全国导游人员等级考核评定委员会批准后，可晋升一级导游人员等级。一人多次获奖只能晋升一次，晋升的最高等级为高级。

3. 发证

经考核评定合格者，颁发相应的导游员等级证书。导游员等级证书由全国导游人员等级考核评定委员会统一印制。导游人员获得中级、高级、特级导游员证书后，可通过省级旅游行政管理部门申请办理相应等级的导游证。

补充阅读

《导游人员管理实施办法》(国家旅游局2001年公布、2005年修正)曾是导游人员管理的一部重要的旅游部门规章,规定了导游岗前培训考核制度、计分管理制度、年审管理制度和导游人员资格证3年有效制度等一系列关于导游管理的制度。为贯彻实施《旅游法》,进一步推进简政放权、优化公共服务、激发市场活力,2016年9月27日,国家旅游局公布《关于废止〈导游人员管理实施办法〉的决定》,废止了《导游人员管理实施办法》,与此同时,导游岗前培训考核制度、计分管理制度、年审管理制度和导游人员资格证3年有效制度等也停止实施。

第三节　导游人员的工作规范

一、导游人员的权利

(一)人格尊严和人身安全不受侵犯

人格权是以权利人自身的人身、人格利益为客体的民事权利,包括生命健康权、身体权、姓名权、自由权、名誉权、肖像权、荣誉权、名称权、生活秘密权等。《导游人员管理条例》第10条规定,导游人员进行导游活动时,其人格尊严应当受到尊重,其人身安全不受侵犯。导游人员有权拒绝旅游者提出的侮辱其人格尊严或者违反其职业道德的不合理要求。

补充阅读

导游专座

"导游专座"是指旅游客运车辆在提供旅游服务时,为导游人员设置的专用座位。为保障导游安全执业,国家旅游局、交通运输部于2016年4月11日下发《关于进一步规范导游专座等有关事宜的通知》(旅发〔2016〕51号),对导游专座的设置和使用进行了规范。

(1)导游专座应设置在旅游客运车辆前乘客门侧第一排乘客座椅靠通道侧位置。

(2)旅游客运企业在旅游服务过程中,应配备印有"导游专座"字样的座套。

(3)游客与导游总人数不得超过车辆核定乘员数。

同时,为保障导游的安全,《关于进一步规范导游专座等有关事宜的通知》还要求导游应自觉系好安全带,避免站立讲解。

(二)有权与旅行社签订劳动合同并获得相应的工资报酬

与旅行社签订劳动合同,是导游人员的权利。同时,与受聘导游签订合同也是旅行社应该履行的义务。导游人员与旅行社订立劳动合同,有利于保护导游的合法权益,也有利于构建和发展和谐、稳定的劳动关系。

导游也有权获得不低于当地最低工资标准的工资报酬,并有权要求旅行社缴纳相应的社会保险费用。而且,旅行社不得要求导游人员和领队人员承担接待旅游团队的相关费用,比如要求导游垫付旅游接待费用,或者要求导游为接待旅游团队向旅行社支付费用等,也不得要求导游人员和领队人员接待不支付接待费用或者支付的费用低于接待成本的旅游团队。

> **相关链接**
>
> 《旅游法》第38条规定,旅行社应当与其聘用的导游依法订立劳动合同,支付劳动报酬,缴纳社会保险费用。《旅行社条例》第32条规定,旅行社聘用导游人员、领队人员应当依法签订劳动合同,并向其支付不低于当地最低工资标准的报酬。《旅行社条例》第34条规定,旅行社不得要求导游人员和领队人员接待不支付接待和服务费用或者支付的费用低于接待和服务成本的旅游团队,不得要求导游人员和领队人员承担接待旅游团队的相关费用。

(三)有在特定情况下调整或变更接待计划的权利

根据《导游人员管理条例》、《旅行社条例实施细则》的规定,导游人员在满足下列特定条件的情况下可以调整或者变更接待计划。

(1)在引导旅游者旅游的过程中,事情的"突发性"是导游人员调整或者变更接待计划的前提,即只有在旅游活动开始后,出现不利于旅游活动正常进行的紧急情况时,导游人员才可行使这一权利。如果紧急情形在旅游活动开始之前就已经出现,则应由旅行社与旅游者协商调整接待计划。

(2)发生了不可抗力,危及旅游者人身、财产安全,或者非旅行社责任造成的意外情形,导游不得不调整或者变更旅游合同约定的行程安排。

(3)向旅游者做出说明。调整或者变更接待计划应当在事前向旅游者做出说明,如果因客观情况限制无法在事前说明的,应当在事后做出说明。

> **相关链接**
>
> 《导游人员管理条例》第13条第2款规定,导游人员在引导旅游者旅行、游览过程中,遇有可能危及旅游者人身安全的紧急情形时,经征得多数旅游者的同意,可以调整或者变更接待计划,但是应当立即报告旅行社。

> 《旅行社条例实施细则》(2016年12月12日修订)第43条规定,在旅游行程中,当发生不可抗力,危及旅游者人身、财产安全,或者非旅行社责任造成的意外情形,旅行社不得不调整或者变更旅游合同约定的行程安排时,应当在事前向旅游者做出说明;确因客观情况无法在事前说明的,应当在事后做出说明。

(四)申请行政复议和提起行政诉讼的权利

导游人员认为旅游行政机关的具体行政行为侵犯其合法权益时,有权向旅游行政机关申请行政复议。具体来说,导游人员对旅游行政机关的下列行政行为不服时,可以申请行政复议:

(1)对旅游行政机关做出的警告、罚款、没收违法所得、暂扣或者吊销导游证(含导游资格证)、责令改正等行政处罚决定不服的;

(2)对旅游行政机关做出的有关导游证、导游资格证等证书变更、中止、撤销的决定不服的;

(3)认为符合法定条件,申请旅游行政机关颁发导游资格证、导游证,或者申请旅游行政机关审批、登记有关事项,旅游行政机关没有依法办理的;

(4)认为旅游行政机关违法要求导游人员履行义务的;

(5)认为旅游行政机关的其他具体行政行为侵犯其合法权益的。

依法提起行政诉讼是公民的权利。导游人员认为旅游行政机关及其工作人员的具体行政行为侵犯其合法权益时,有权向法院提起行政诉讼。

(五)其他权利

如参加培训和获得晋级的权利等。

二、导游人员的工作规范

(一)自觉维护国家利益和民族尊严

导游人员进行导游活动时,应当自觉维护国家利益和民族尊严,不得有损害国家利益和民族尊严的言行。

(二)不断提高自身的业务素质和职业技能

导游人员的服务水平直接影响导游服务质量。而且,旅游业是一个飞速发展的行业,即使是一个合格的导游人员也要不断学习,提高自身业务素质和职业技能。

(三)遵守职业道德规范,着装整洁,言行文明

导游从事的是服务接待工作,面对的是来自世界各地、全国各地的游客,在从事接待工作时,应当遵守导游职业道德规范,着装整洁,言行文明,礼貌待人,尊重旅游者的宗教信仰、民族风俗和生活习惯。应当向旅游者讲解旅游地点的人文和自然情况,介绍风土人情和习

俗。但是，不得迎合个别旅游者的低级趣味，在讲解、介绍中掺杂庸俗下流的内容。

（四）引导旅游者健康、文明旅游

在旅行游览过程当中，导游和领队人员应当向旅游者告知和解释旅游文明行为规范，引导旅游者健康、文明旅游，劝阻旅游者违反社会公德的行为。

根据2015年5月1日起实施的旅游行业标准《导游领队引导文明旅游规范》（LB/T 039—2015），导游领队人员对旅游者健康、文明旅游的引导主要包括下列内容。

（1）法律法规。导游领队人员应将我国和旅游目的地国家和地区文明旅游的有关法律规范和相关要求向旅游者进行提示和说明，避免旅游者出现触犯法律的不文明行为。引导旅游者爱护公物、文物，遵守交通规则，尊重他人权益。

（2）风俗禁忌。导游领队人员应主动提醒旅游者尊重当地风俗习惯、宗教禁忌。在有支付小费习惯的国家和地区，应引导旅游者以礼貌的方式主动向服务人员支付小费。

（3）绿色环保。导游领队人员应向旅游者倡导绿色出游、节能环保，宜将具体环保常识和方法向旅游者进行说明。引导旅游者爱护旅游目的地自然环境，保持旅游场所的环境卫生。

（4）礼仪规范。导游领队人员应提醒旅游者注意基本的礼仪规范，仪容整洁，遵序守时，言行得体。提醒旅游者不在公共场合大声喧哗、违规抽烟，提醒旅游者依序排队、不拥挤争抢。

（5）诚信善意。导游领队人员应引导旅游者在旅游过程中保持良好心态，尊重他人、遵守规则、恪守契约、包容礼让，展现良好形象，通过旅游提升文明素养。

相关链接

《导游领队引导文明旅游规范》对出行前、登机（车、船）与出入口岸、乘坐公共交通工具、住宿、餐饮、游览、娱乐、购物、如厕等阶段的具体文明旅游规范进行了列举，下面分别以住宿、餐饮和游览阶段为例进行说明。

在住宿阶段，导游和领队人员在引导游客文明旅游时应做到：

（1）提醒旅游者尊重服务人员，服务人员问好时要友善回应。

（2）指引旅游者爱护和正确使用住宿场所设施设备，注意维护客房和公用空间的整洁卫生，提醒旅游者不在酒店禁烟区域抽烟。

（3）引导旅游者减少一次性物品的使用，减少环境污染，节水节电。

（4）提醒旅游者在客房区域举止文明，如在走廊等公共区域衣着得体，出入房间应轻关房门，不吵闹喧哗，宜调小电视音量，以免打扰其他客人休息。

（5）提醒旅游者在客房内消费的，应在离店前主动声明并付费。

在餐饮阶段，导游和领队人员在引导游客文明旅游时应做到：

（1）提醒旅游者注意用餐礼仪，有序就餐，避免高声喧哗干扰他人。

（2）引导旅游者就餐时适量点用，避免浪费。

（3）提醒旅游者自助餐区域的食物、饮料不能带离就餐区。

(4)集体就餐时,应提醒旅游者正确使用公共餐具。

(5)旅游者如需在就餐时抽烟,应指示旅游者到指定抽烟区域就座,如就餐区禁烟的,应遵守相关规则。

(6)就餐环境对服装有特殊要求的,应事先告知旅游者,以便旅游者准备。

(7)在公共交通工具或博物馆、展览馆、音乐厅等场所,应遵守相关规则,勿违规饮食。

在游览阶段,导游和领队人员在引导游客文明旅游时应做到:

(1)将文明旅游的内容融合在讲解词中,进行提醒和告知。

(2)提醒旅游者遵守游览场所规则,依序文明游览。

(3)在自然环境中游览时,应提示旅游者爱护环境、不攀折花草、不惊吓伤害动物,不进入未开放区域。

(4)观赏人文景观时,应提示旅游者爱护公物、保护文物,不攀登骑跨或胡写乱划。

(5)在参观博物馆、教堂等室内场所时,应提示旅游者保持安静,根据场馆要求规范使用摄影摄像设备,不随意触摸展品。

(6)游览区域对旅游者着装有要求的(如教堂、寺庙、博物馆、皇宫等),应提前一天向旅游者说明,提醒准备。

(7)提醒旅游者摄影摄像时先后有序,不妨碍他人。如需拍摄他人肖像或与他人合影,应征得同意。

(五)保障旅游者的人身、财物安全

导游人员应采取相应的措施保障旅游者的人身、财物安全。在引导旅游者旅行、游览的过程中,导游人员应当就可能发生危及旅游者人身、财物安全的情况,向旅游者做出真实说明和明确警示,并按照旅行社的要求采取防止危害发生的措施。

导游应熟悉旅游行程计划,在车辆启动之前与司机充分沟通行车路线、停靠站点等,避免在行车过程中影响司机正常驾驶。在旅游车上,导游还应配合司机督促游客系好安全带。

(六)严格执行接待计划

导游人员应当严格按照旅行社确定的接待计划,安排旅游者的旅行、游览活动,不得擅自增加、减少旅游项目或者中止导游活动。

(七)不向旅游者兜售或购买物品,不索要小费

导游人员在进行导游活动时,不得向旅游者兜售物品或者购买旅游者的物品。导游是具有特定身份的旅游服务的提供者,在工作中导游向游客兜售物品或者向游客购买物品,极易造成交易上的不公平,也容易给游客带来误解,有损导游的职业形象。

导游不得以明示或者暗示的方式向旅游者索要小费。这里要注意区分小费与导游服

费。小费是旅游者因对导游服务满意而自愿给予导游的奖励,而导游服务费是旅行社支付给导游的劳动报酬。导游服务费是旅游团费的组成部分,必须在包价旅游合同中列明,由旅行社向旅游者收取。

补充阅读

我国法律法规禁止导游向旅游者索取小费,但并没有禁止游客主动给予导游小费。境外有一些国家(地区)存在向导游、司机等旅游从业人员支付小费的习惯,这些小费收入构成了他们劳动报酬的一部分,有时甚至是其劳动报酬的主要来源,通常必须支付。出于对当地的风俗习惯、文化传统的尊重,遇到这种特殊情况,旅行社可将这一费用直接包含在旅游团费中事先向旅游者收取,也可在签订合同时专门向旅游者详细说明后另行收取,但不得由导游、领队直接收取,这样可避免被认为是在索要小费。

(八) 不诱导、欺骗、胁迫、强迫旅游者消费

导游人员在进行导游活动时,不得诱导、欺骗、胁迫、强迫或者变相强迫旅游者购物或者参加另行付费旅游项目。欺骗是指导游人员或者导游人员与经营者串通起来,故意告知旅游者虚假情况,或者故意隐瞒真实情况,诱使旅游者做出消费决定的行为。胁迫是指以给旅游者及其亲友的生命健康、名誉、荣誉、财产等造成损害为要挟,迫使旅游者做出违背真实消费意思表示的行为。强迫是指向旅游者施加压力,使之进行非自愿的消费行为。

(九) 工作时佩戴导游证

导游人员在进行导游活动时,必须佩戴导游证。这样做的目的,一是便于旅游者识别导游,及时得到导游的帮助和服务;二是便于旅游行政管理部门的监督检查;三能增强导游的工作责任感。

一、单项选择题

1. 从事领队工作的人应具备( )以上学历。
A. 中学　　　　　B. 中专　　　　　C. 大专　　　　　D. 本科

2. ( )导游员的考核采取论文答辩方式。
A. 初级　　　　　B. 中级　　　　　C. 高级　　　　　D. 特级

3. 旅游行政部门经审核认为申请人符合条件的,应当在收到申请之日起( )日内颁发导游证。
A. 5　　　　　　B. 15　　　　　　C. 20　　　　　　D. 30

4. 被吊销导游证导游,自处罚之日起未逾( )年的,不得重新申请导游证。

A. 3　　　　　　B. 5　　　　　　C. 8　　　　　　D. 10

二、多项选择题（每题有2个或2个以上正确答案）

1. 从事导游工作和领队工作都应取得（　　）。
   A. 导游资格证　　B. 导游证　　C. 领队证　　D. 讲解员证
2. 下面的哪些行为不符合导游的工作规范？（　　）
   A. 向旅游者兜售物品　　　　　　B. 购买旅游者的物品
   C. 索要小费　　　　　　　　　　D. 诱导旅游者购物
3. 按导游的职业性质，可将导游人员可分为（　　）。
   A. 初级导游　　B. 高级导游　　C. 专职导游　　D. 兼职导游
4. （　　）是取得导游员资格证的人员要获取导游证的两种途径。
   A. 在导游服务公司登记　　　　　B. 与旅行社订立劳动合同
   C. 在相关旅游行业组织注册　　　D. 担任景区讲解员

三、判断题

1. "导游"就是从事向导、讲解的人员。　　　　　　　　　　　　　　（　　）
2. 按使用的语言，可将导游人员分为中文导游和外语导游。　　　　　（　　）
3. 只有与旅行社订立了劳动合同的人才可申领导游证。　　　　　　　（　　）
4. 导游被吊销导游证后将不再有机会担任导游。　　　　　　　　　　（　　）
5. 导游人员自主决定是否参加等级考核评定，自愿申报，遵循由低到高，逐级晋升的原则。　　　　　　　　　　　　　　　　　　　　　　　　　　　　　　（　　）
6. 导游服务费就是小费。　　　　　　　　　　　　　　　　　　　　（　　）
7. 申请人受过刑事处罚的将不予颁发导游证。　　　　　　　　　　　（　　）

四、简答题

1. 导游人员的定义是什么？
2. 领队的定义是什么？
3. 从事导游工作必须具备哪两个条件？
4. 从事领队业务应具备哪些条件？
5. 具备什么条件的人员方可参加导游资格考试？
6. 申请人在什么情况下将不予颁发导游证？
7. 导游人员有哪些权利？
8. 你认为导游人员可从哪些方面对游客的健康、文明旅游进行引导？

五、分析题

1. 导游在带团过程中侵犯了游客的权益，旅行社是否要承担责任？
2. 在旅游过程中，导游人员是否有权调整或变更接待计划？请根据相关法律法规进行说明。

第四章
旅游消费者权益保护法规

我们每个人都有可能成为旅游者和消费者。相对于旅游企业而言,旅游消费者往往处于弱势地位,其合法权益容易受到侵害。学习旅游消费者权益保护法规,有助于旅游者了解自身权益和旅游企业的义务,更好地维护自身利益。同时,作为旅游业从业者,掌握旅游消费者权益保护法规,有助于维护旅游消费者的正当权益,更好地履行工作职责。

目前,我国涉及旅游消费者权益保护的法律主要有《旅游法》和《中华人民共和国消费者权益保护法》(1993年10月31日颁布,2009年8月27日第1次修正,2013年10月25日第2次修正,以下简称《消费者权益保护法》)。

第一节　旅游消费者权益的保护

一、旅游者与消费者

(一) 消费者的含义

根据《消费者权益保护法》,消费者是指为满足生活消费的需要而购买、使用商品或者接受服务的个人或单位。

这个定义至少包含下面几层含义:
(1) 消费者的消费目的是满足生活上的需要,而不是生产上的需要;
(2) 消费者的消费内容可以是购买商品、使用商品,也可以是接受某项服务;
(3) 消费者不一定是个人,也可以是单位。

(二) 旅游者与消费者的关系

通常认为,旅游者是指任何一个离开常住地到异地,进行游览、度假、休闲、娱乐、探亲、访友或其他形式的旅游活动,连续停留时间不超过12个月,并且其主要目的不是通过所从事的活动获取报酬的人。显然,旅游者购买、使用商品或接受旅游服务是为满足个人生活上

的需要,因此,旅游者是消费者的一种,受到《消费者权益保护法》的保护。但旅游者又是一种比较特殊的消费者,具体表现在:

(1)旅游者购买的产品很特殊,它往往是一种综合性的服务产品,通常包括吃、住、行、游、购、娱等各个方面。

(2)旅游者购买旅游产品的付款方式很特殊,往往是先付费、后享用产品,与一般消费者"一手交钱、一手交货"的消费方式大不相同。

(3)旅游消费具有异地性特征,这使得旅游者对产品了解不多,与旅游产品提供者相比处于明显的信息弱势。

(4)旅游者的旅游消费过程往往长达几天,与可即时结清的消费相比有很大的差别,这也增加了旅游者在消费上的复杂性。

二、国家对旅游消费者合法权益的保护

相对于经营者,消费者往往处于弱者的地位,这主要是由两方面原因决定的。一方面,消费者对经营者提供的产品或服务缺乏明确而深刻的认识,从而导致消费者与经营者之间对产品的信息把握严重不对称,消费者权益因此极易受损。另一方面,消费者是分散的个人,而经营者大多是拥有专业知识、实力雄厚的经济组织,相比较而言,消费者较难主张和实现自己的权利。正因为如此,国家对消费者的合法权益给予特别的保护。作为消费者中的一部分,旅游消费者的合法权益同样受到国家的特别保护。

(一)立法保护

立法保护即国家通过制定相关法律法规来保护旅游消费者的合法权益。这些法律法规包括《旅游法》、《消费者权益保护法》,也包括《中华人民共和国民法通则》(以下简称《民法通则》)、《旅行社条例》、《中华人民共和国合同法》(1999年3月15日颁布,1999年10月1日起施行,以下简称《合同法》)等。

(二)行政保护

在保护消费者权益方面,国家行政机关担负着法定的重要职责。《消费者权益保护法》第32条规定,各级人民政府工商行政管理部门和其他有关行政部门应当依照法律、法规的规定,在各自的职责范围内,采取措施,保护消费者的合法权益。具体来说,国家行政机关在保护消费者权益方面主要承担下列工作:

(1)听取消费者和消费者协会等组织对经营者交易行为、商品和服务质量问题的意见,及时调查处理。

(2)在各自的职责范围内,定期或不定期地对经营者提供的商品和服务进行抽查检验,并及时向社会公布抽查检验结果。如果发现并认定经营者提供的商品或者服务存在缺陷,有危及人身、财产安全危险的,应当立即责令经营者采取停止销售、警示、召回、无害化处理、销毁、停止生产或者服务等措施。

(3)依照法律、法规的规定,惩处经营者在提供商品和服务中侵害消费者合法权益的违法犯罪行为。

（三）司法保护

旅游消费者对损害其合法权益的经营者，可以向人民法院提起诉讼，要求人民法院判决经营者承担民事责任。如果经营者侵害旅游者合法权益的行为情节严重，构成犯罪的，人民检察院可以对该经营者提起公诉。

人民法院应当采取措施，方便消费者提起诉讼。对符合起诉条件的消费者权益争议，应及时受理和审理。

三、社会对旅游消费者合法权益的保护

《消费者权益保护法》第6条规定，保护消费者的合法权益是全社会的共同责任。国家鼓励、支持一切组织和个人对损害消费者合法权益的行为进行社会监督。大众传播媒介应当做好维护消费者合法权益的宣传，对损害消费者合法权益的行为进行舆论监督。

在社会对消费者合法权益的保护方面，消费者协会等消费者组织起着重要的作用。消费者协会是依法成立的对商品和服务进行社会监督的保护消费者合法权益的社会组织。由于消费者协会是非营利性的、公益性的社会组织，因此它不得从事商品经营和营利性服务，不得以收取费用或者其他谋取利益的方式向消费者推荐商品和服务。

相关链接

根据《消费者权益保护法》第37条的规定，消费者协会主要履行下列公益性职责：

（1）向消费者提供消费信息和咨询服务，提高消费者维护自身合法权益的能力，引导文明、健康、节约资源和保护环境的消费方式；

（2）参与制定有关消费者权益的法律、法规、规章和强制性标准；

（3）参与有关行政部门对商品和服务的监督、检查；

（4）就有关消费者合法权益的问题，向有关部门反映、查询，提出建议；

（5）受理消费者的投诉，并对投诉事项进行调查、调解；

（6）投诉事项涉及商品和服务质量问题的，可以委托具备资格的鉴定人鉴定，鉴定人应当告知鉴定意见；

（7）就损害消费者合法权益的行为，支持受损害的消费者提起诉讼或者依照本法提起诉讼；

（8）对损害消费者合法权益的行为，通过大众传播媒介予以揭露、批评。

四、损害赔偿主体的确定

在解决旅游消费者权益争议的过程中，首先遇到的问题是如何确定赔偿主体。例如，旅游者在跟团旅游过程中受到伤害，他是找组团社赔偿还是地接社赔偿？依据《旅游法》、《消费者权益保护法》等的规定，旅游消费者通常可通过下列方式确定损害赔偿主体。

(一)向销售者索赔

消费者在购买、使用商品时,合法权益受到损害的,可以向销售者要求赔偿。销售者赔偿后,属于生产者的责任或者属于向销售者提供商品的其他销售者的责任的,销售者有权向生产者或者其他销售者追偿。

(二)向销售者、生产者索赔

消费者或者其他受害人因商品缺陷造成人身、财产损害的,可以向销售者要求赔偿,也可以向生产者要求赔偿。属于生产者责任的,销售者赔偿后,有权向生产者追偿。属于销售者责任的,生产者赔偿后,有权向销售者追偿。这一规定显然对消费者索赔有利,因为要让消费者去证明到底是生产环节还是销售环节出了问题显然不现实。因此,法律规定,因商品缺陷导致消费者受到人身财产损害,消费者可选择销售者、生产者中的任何一个进行索赔。

(三)向服务提供者索赔

消费者在接受服务时,其合法权益受到损害的,可以向服务提供者索要赔偿。旅游过程涉及食、住、行、游、购、娱等多个环节,旅游者在接受服务时其合法权益受到损害的,可以向各个环节的服务者要求赔偿。很多情况下,旅行社往往先向旅游者承担责任,再向有责任的经营者追偿。

(四)向营业执照的使用者或持有者索赔

企业使用他人的营业执照进行违法经营,提供商品或者服务,损害消费者合法权益的,消费者既可以向营业执照的使用者要求赔偿,也可以向营业执照的持有者要求赔偿。

(五)向变更后的企业索赔

消费者在购买、使用商品或者接受服务时,其合法权益受到损害,若原企业分立、合并,消费者可以向变更后承受其权利、义务的企业要求赔偿。

(六)向展销会的举办者、柜台的出租者索赔

消费者在展销会、租赁柜台购买商品或者接受服务,合法权益受到损害的,可以向销售者或服务者要求赔偿。展销会结束或者柜台租赁期满后,也可以向展销会的举办者、柜台的出租者要求赔偿。展销会的举办者、柜台的出租者赔偿后,有权向销售者或者服务者追偿。

(七)向网络交易平台的提供者索赔

近年来,通过网络交易平台购买商品或者接受服务的人越来越多。修改后的《消费者权益保护法》对网上交易时消费者合法权益受到损害的赔偿主体进行了明确:消费者通过网络交易平台购买商品或者接受服务,合法权益受到损害的,可以向销售者或者服务者要求赔偿。但如果网络交易平台不能提供销售者或者服务者的真实名称、地址和有效联系方式,消费者也可以向网络交易平台的提供者要求赔偿。网络交易平台提供者赔偿后,有权向销售者或者服务者追偿。如果网络交易平台明知或者应知销售者或者服务者利用其平台侵害消费者合法权益而不采取必要措施,将与销售者或者服务者承担连带责任。

(八)向广告经营者、发布者索赔

经营者利用虚假广告或者其他虚假宣传方式提供商品或者服务,使消费者合法权益受

到损害的,可以向经营者要求赔偿,并可请求行政主管部门对发布虚假广告的经营者、发布者予以惩处。如果广告经营者、发布者不能提供经营者的真实名称、地址和有效联系方式,消费者可要求广告经营者、发布者承担赔偿责任。

广告经营者、发布者设计、制作、发布关系消费者生命健康商品或者服务的虚假广告,造成消费者损害的,应当与提供该商品或者服务的经营者承担连带责任。社会团体或其他组织、个人在关系消费者生命健康的商品或服务的虚假广告或者其他虚假宣传中向消费者推荐商品或者服务,造成消费者损害的,应当与提供该商品或者服务的经营者承担连带责任。

第二节 旅游消费者的权利和义务

一、旅游消费者的权利

根据我国《旅游法》、《消费者权益保护法》的规定,参照《旅游者的主要权利和义务指南》(国家旅游局 2013 年 9 月 10 日公布)的相关内容,旅游消费者的主要权利包括以下几个方面。

(一) 安全保障权

安全保障权是指旅游消费者在购买、使用旅游商品或者接受旅游服务时,依法享有的人身、财产安全不受侵害的权利。安全保障权是旅游者享有的最基本权利,包含两个方面的内容,一是人身财产安全不受侵害;二是有权请求救助和保护。

《消费者权益保护法》第 7 条规定,消费者在购买、使用商品和接受服务时享有人身、财产安全不受损害的权利。消费者有权要求经营者提供的商品和服务,符合保障人身、财产安全的要求。《旅游法》第 12 条规定,旅游者在人身、财产安全遇有危险时,有请求救助和保护的权利。这里的救助机构,既可以是旅游经营者,也可是当地政府和相关机构。如果旅游者在境外陷于困境,有权请求我国驻当地机构在其职责范围内给予协助和保护。

为避免危险的发生,旅游者有权要求旅游经营者就正确使用相关设施设备的方法、必要的安全防范和应急措施等事项,以明示的方式事先做出说明或者警示。

(二) 知悉真情权

知悉真情权又称知情权,是指旅游消费者享有的知悉其购买、使用的旅游商品或者接受的旅游服务的真实情况的权利。

《旅游法》第 9 条第 2 款规定,旅游者有权知悉其购买的旅游产品和服务的真实情况。依据《旅游者的主要权利和义务指南》,具体来说,旅游者有权要求旅行社在旅游行程开始前提供旅游行程单,并且有权就下列事项要求旅游企业作详细说明:

(1) 包价旅游合同中的行程安排、成团最低人数、服务项目的具体内容和标准、自由活动时间安排、旅行社责任减免信息；

(2) 旅游者应当注意的旅游目的地相关法律、法规和风俗习惯、宗教禁忌等；

(3) 依照中国法律不宜参加的活动。

（三）自主选择权

自主选择权是指旅游消费者享有的自主选择旅游商品和接受旅游服务的权利。《旅游法》第 9 条第 1 款规定，旅游者有权自主选择旅游产品和服务。结合《消费者权益保护法》的规定，旅游者的自主选择产品和服务包括下列内容：

(1) 旅游消费者有权根据自己的经验、喜好、判断，自主选择提供旅游商品或旅游服务的经营者；

(2) 旅游消费者有权自主选择旅游商品品种或者服务方式；

(3) 旅游消费者有权自主决定购买或者不购买任何一种旅游商品、接受或者不接受任何一项旅游服务；

(4) 旅游消费者在自主选择旅游商品或者旅游服务时，有权进行比较、鉴别和挑选。

（四）公平交易权

公平交易权是指旅游消费者在购买旅游商品或者接受旅游服务时所享有的获得质量保障、价格合理、计量正确等公平交易条件，拒绝经营者的强制交易行为的权利。公平交易权的实现与否是衡量旅游消费者合法权益是否得到保障的重要标志。《旅游法》第 9 条第 1 款同时规定，旅游者有权拒绝旅游经营者的强制交易行为。

实践中，旅行社未与旅游者协商一致或未经旅游者要求，指定购物场所、安排旅游者参加另行付费项目，或者旅行社的导游、领队强迫或变相强迫旅游者购物、参加另行付费的项目等都是强制交易行为，旅游者有权拒绝，或者可以在旅游行程结束后 30 日内，要求旅行社为其办理退货并先行垫付退货货款、退还另行付费项目的费用。

（五）损害赔偿请求权

损害赔偿请求权是指旅游消费者在因购买、使用旅游商品或者接受旅游服务而受到人身、财产损害时，依法享有的获得赔偿的权利。《旅游法》第 12 条规定，旅游者人身、财产受到侵害的，有依法获得赔偿的权利。《消费者权益保护法》第 11 条规定，消费者因购买、使用商品或者接受服务受到人身、财产损害的，享有依法获得赔偿的权利。

（六）受尊重权

受尊重权是指旅游消费者在购买、使用旅游商品和接受旅游服务时，享有人格尊严、民族风俗习惯得到尊重的权利，享有个人信息依法得到保护的权利。法律给予旅游者获得尊重权不仅是社会文明进步的表现，同时也是使旅游者达到旅游效果、真正获得身体和心理上放松的一种保障。

旅游者的受尊重权包含三个方面的内容：

(1) 旅游者的人格尊严得到尊重；

(2) 旅游者的民族风俗习惯和宗教信仰得到尊重；

(3) 旅游者的个人信息得到保护。

相关链接

《旅游法》第10条规定,旅游者的人格尊严、民族风俗习惯和宗教信仰应当得到尊重。第52条规定,旅游经营者对其在经营活动中知悉的旅游者个人信息,应当予以保密。《消费者权益保护法》第14条规定,消费者在购买、使用商品和接受服务时,享有人格尊严、民族风俗习惯得到尊重的权利,享有个人信息依法得到保护的权利。第29条第2款规定,经营者及其工作人员对收集的消费者个人信息必须严格保密,不得泄露、出售或者非法向他人提供。经营者应当采取技术措施和其他必要措施,确保信息安全,防止消费者个人信息泄露、丢失。在发生或者可能发生信息泄露、丢失的情况时,应当立即采取补救措施。

(七) 特殊群体获得便利优惠权

《旅游法》第11条规定,残疾人、老年人、未成年人等旅游者在旅游活动中依照法律、法规和有关规定享受便利和优惠。残疾人、老年人、未成年人等都是应当受到特殊照顾的群体,为这些群体提供便利和优惠,是社会文明的体现和要求。并且,应当给予便利和优惠的并不限于残疾人、老年人、未成年人,实践当中,各地方、各景区对在校学生、现役军人、教师等给予的便利和优惠也受到认可。

(八) 投诉举报权

投诉举报权是指旅游者享有的对旅游商品和服务,以及保护消费者合法权益工作进行投诉举报的权利。旅游者与旅游经营者发生纠纷时,有权向相关主管部门或旅游投诉受理机构投诉、申请调解或仲裁,也可以向人民法院提起诉讼;旅游者发现旅游经营者有违法行为时,有权向旅游、工商、价格、交通、质监、卫生等相关主管部门举报。旅游者也有权检举、控告侵害消费者权益的行为,并有权对保护消费者权益工作提出批评与建议。

二、旅游消费者的义务

根据《旅游法》的规定,旅游消费者应该承担的主要义务有以下几个方面。

(一) 文明旅游的义务

这一义务在《旅游法》的第13条中有明确的规定。根据这一规定,旅游者在旅游活动中应当遵守社会公共秩序和社会公德,尊重当地的风俗习惯、文化传统和宗教信仰,爱护旅游资源,保护生态环境,遵守旅游文明行为规范。

相关链接

根据国家旅游局2016年5月26日颁发的《国家旅游局关于旅游不文明行为记录管理暂行办法》(旅办发〔2016〕139号),旅游者的下列行为是旅游不文明行为,将被纳入"旅游不文明行为记录"。主要包括:

> (1) 扰乱航空器、车船或者其他公共交通工具秩序;
> (2) 破坏公共环境卫生、公共设施;
> (3) 违反旅游目的地社会风俗、民族生活习惯;
> (4) 损毁、破坏旅游目的地文物古迹;
> (5) 参与赌博、色情、涉毒活动;
> (6) 不顾劝阻、警示从事危及自身以及他人人身财产安全的活动;
> (7) 破坏生态环境,违反野生动植物保护规定;
> (8) 违反旅游场所规定,严重扰乱旅游秩序;
> (9) 国务院旅游主管部门认定的造成严重社会不良影响的其他行为。
> 因监护人存在重大过错导致被监护人发生旅游不文明行为,将监护人纳入"旅游不文明行为记录"。

(二) 不损害他人合法权益的义务

《旅游法》第14条规定,旅游者在旅游活动中或者在解决纠纷时,不得损害当地居民的合法权益,不得干扰他人的旅游活动,不得损害旅游经营者和旅游从业人员的合法权益。因此,旅游者在游览过程中"不损害他人合法权益"的行为包括三个方面的内容:

(1) 不损害当地居民的权益;
(2) 不干扰其他游客的旅游活动;
(3) 不损害旅游经营者和旅游从业人员的合法权益。

(三) 个人健康信息告知的义务

《旅游法》第15条第1款规定,旅游者购买、接受旅游服务时,应当向旅游经营者如实告知与旅游活动相关的个人健康信息。旅游活动对旅游者的身体条件有一些特别要求,旅游者如实告知自己的健康情况,有利于旅游经营者合理安排行程,同时这也是旅游者对自己和其他游客的健康负责的表现。

(四) 安全配合的义务

根据《旅游法》第15条的规定,旅游者应遵守旅游活动中的安全警示规定,对国家应对重大突发事件暂时限制旅游活动的措施以及有关部门、机构或者旅游经营者采取的安全防范和应急处置措施,应当予以配合,否则应承担相应责任。

旅游者在接受相关组织或者机构的救助后,应当支付应由个人承担的费用。

(五) 遵守出入境管理的义务

根据《旅游法》第16条的规定,旅游者遵守出入境管理的义务包含两个方面,一是出境旅游者不得在境外非法滞留,随团出境的旅游者不得擅自分团、脱团;二是入境旅游者不得在境内非法滞留,随团入境的旅游者不得擅自分团、脱团。

旅游经营者组织、接待出入境旅游活动时,发现旅游者从事违法活动或者有非法滞留等情形的,应当及时向公安机关、旅游主管部门或者我国驻外机构报告。

三、旅游经营者的义务

旅游经营者的义务和旅游者的权利往往是相对应的,旅游经营者的义务往往是旅游者的权利。我们依据《旅游法》和《消费者权益保护法》等的规定,归纳了旅游经营者的义务,以进一步说明旅游者所拥有的权利。

(一)依法或依约履行义务

旅游经营者向旅游者提供服务或商品,应当按照法律法规的规定履行义务。如果旅游经营者与旅游者事先有约定,旅游经营者应当按照约定的内容履行义务,前提是双方的约定不得违背法律、法规的规定。

(二)保障旅游者人身和财产安全

旅游经营者应当保证其提供的商品或者服务符合保障人身、财产安全的要求。为此,旅游经营者应做到以下几个方面。

(1)取得相应许可。旅游经营者经营高空、高速、水上、潜水、探险等高风险旅游项目,应当按照国家有关规定取得经营许可。旅游经营者取得相关质量标准等级的,其设施和服务不得低于相应标准;未取得质量标准等级的,不得使用相关质量等级的称谓和标识。

(2)开展培训和检查。旅游经营者应当对直接为旅游者提供服务的从业人员开展经常性的应急救助技能培训,对提供的产品和服务进行安全检验和评估。

(3)及时进行处置。旅游经营者发现其提供的服务或商品存在严重缺陷,危及旅游者的人身、财产安全时,应当立即向有关行政部门报告和告知消费者,并采取停止销售、警示、召回、无害化处理、销毁、停止生产或者服务等措施。突发事件或者旅游安全事故发生后,旅游经营者应当立即采取必要的救助和处置措施,对旅游者做出妥善安排。

(三)尊重旅游者的人身权

旅游经营者不得对旅游者进行侮辱、诽谤,不得搜查旅游者的身体及其携带的物品,不得侵犯旅游者的人身自由。

补充阅读

人身权是民事主体依法享有的与其人身不可分离而无直接财产内容的民事权利。人身权是民事主体依法享有的最基本的民事权利,也是现代文明社会人们赖以生存的必不可少的社会条件。一个人可能因某种原因不享有某些具体的财产权,却不可能不享有人身权。

人身权分为人格权和身份权,其中人格权包括生命健康权、身体权、姓名权、自由权、名誉权、肖像权、荣誉权、名称权、婚姻自由权等,身份权包括监护权、亲属权、配偶权等。

(四) 提供真实的产品和服务信息

旅游经营者应当提供真实的产品和服务信息,具体要求是:

(1) 旅游经营者提供的商品或者服务应当明码标价;

(2) 旅游经营者应当向旅游消费者提供有关商品或者服务的质量、性能、用途、有效期限等方面的真实、全面的信息,不做虚假或者引人误解的宣传;

(3) 对旅游者就商品或者服务的质量和使用方法等问题提出的询问,旅游经营者应当做出真实、明确的答复。

如果旅游经营者提供的产品和服务信息虚假,构成了欺诈旅游者的行为,将受到严厉处罚。《消费者权益保护法》第 55 条规定,经营者提供商品或者服务有欺诈行为的,应当按照消费者的要求增加赔偿其受到的损失,增加赔偿的金额为消费者购买商品的价款或者接受服务的费用的三倍;增加赔偿的金额不足五百元的,为五百元。

> **小思考**
>
> 2013 年 10 月 25 日修正前的《消费者权益保护法》第 49 条是这样规定的:"经营者提供商品或者服务有欺诈行为的,应当按照消费者的要求增加赔偿其受到的损失,增加赔偿的金额为消费者购买商品的价款或者接受服务的费用的一倍。"比较一下,这一规定和修正后的规定有什么不同?

(五) 保证商品和服务的质量

旅游经营者应当保证在正常使用商品或者接受服务的情况下,其提供的商品或者服务应当具有的质量、性能、用途和有效期限(除非旅游者在购买该商品或者接受该服务前已经知道其存在瑕疵,且存在该瑕疵不违反法律强制性规定)。旅游经营者以广告、产品说明、实物样品或者其他方式表明商品或者服务的质量状况的,应当保证其提供的商品或者服务的实际质量与表明的质量状况相符。

(六) 出具发票等服务单据

旅游经营者提供商品或者服务,应当按照国家有关规定或者商业惯例向旅游者出具发票等购货凭证或者服务单据。旅游者索要这些凭证或单据的,旅游经营者必须出具。

(七) 提供良好售后服务的义务

1. 产品或服务有质量问题时的退货、更换、修理

《消费者权益保护法》对经营者的售后服务提出了明确具体的要求,这些要求同样适用于旅游经营企业。依据《消费者权益保护法》,如果旅游经营者提供的商品或者服务不符合质量要求,旅游者可以依照国家规定或当事人之间的约定要求退货,或者要求更换、修理。即使没有规定和约定,旅游者也可以自收到商品之日起 7 日内退货。7 日后符合法定解除合同条件的,旅游者可以及时退货;不符合法定解除合同条件的,可以要求经营者履行更换、修理等义务。上述因退货、更换、修理而产生的运输等必要费用由经营者承担。

旅游法规常识

2. 远程购物的无理由退货

旅游经营者采用网络、电视、电话、邮购等方式销售商品,除了一些特定商品外,旅游者都可以在收到商品之日起 7 日内退货,且无须说明理由,但应保持退货商品的完好。在双方无约定的情况下,退回商品的运费由旅游者承担。

相关链接

这里所说的特定商品,是指不宜退货的商品,根据《消费者权益保护法》第 25 条的规定,下列商品不适用 7 日内无理由退货:

(1) 消费者定做的商品;
(2) 鲜活易腐的商品;
(3) 在线下载或者消费者拆封的音像制品、计算机软件等数字化商品;
(4) 交付的报纸、期刊。

此外,其他根据商品性质并经消费者在购买时确认不宜退货的商品,不适用无理由退货。

小思考

消费者直接到商店购买的物品,是否适用无理由退货?
(提示:不适用。7 天无理由退货只适用于旅游经营者采用网络、电视、电话、邮购等方式销售商品的情况,不适用于现场购物。)

思考与练习

一、单项选择题

1. 消费者的消费目的是满足(　　)上的需要。
   A. 生产　　　　B. 学习　　　　C. 生活　　　　D. 心理

2. 消费者因商品缺陷造成人身、财产损害的,(　　)要求赔偿。
   A. 可以向销售者或者生产者　　　　B. 只可以向销售者
   C. 只可以向生产者　　　　　　　　D. 应向消费者协会

3. 不属于旅游者的受尊重权的是(　　)。
   A. 旅游者的人格尊严得到尊重
   B. 旅游者的民族风俗习惯和宗教信仰得到尊重
   C. 旅游者的个人信息得到保护

D. 旅游者有权拒绝经营者的强制交易行为

二、多项选择题（每题有2个或2个以上正确答案）

1. 消费者协会是（　　）的社会组织。
   A. 非营利性　　　B. 营利性　　　C. 公益性　　　D. 非公益性
2. 旅游者有权就（　　）事项要求旅游企业作详细说明。
   A. 包价旅游合同中的行程安排　　　B. 自由活动时间安排
   C. 旅行社责任减免信息　　　D. 服务项目的具体内容和标准
3. 旅游消费者在自主选择旅游商品或者旅游服务时，有权进行（　　）。
   A. 拆分　　　B. 比较　　　C. 鉴别　　　D. 挑选
4. 旅游经营者经营（　　）等高风险旅游项目，应当按照国家有关规定取得经营许可。
   A. 高空　　　B. 高速　　　C. 水上　　　D. 潜水

三、判断题

1. 旅游者在接受相关组织或者机构的救助后，应当支付应由个人承担的费用。（　　）
2. 随团出境的旅游者和随团入境的旅游者都不得擅自分团、脱团。（　　）
3. 旅游者就是消费者，消费者也是旅游者。（　　）
4. 旅游经营者应当对所有从业人员开展经常性的应急救助技能培训。（　　）
5. 特定情况下，旅游经营者可以搜查旅游者的身体及其携带的物品。（　　）

四、简答题

1. 什么是消费者？
2. 消费者在网上交易时合法权益受到损害该向谁索赔？
3. 旅游消费者有哪些权利？
4. 旅游消费者有哪些义务？
5. 旅游经营者有哪些义务？

五、分析题

1. 一家旅行社提供的"二日游"旅游产品存在明显的欺骗旅游者的行为，假定这个旅游产品的价格为500元，请问，旅游者最多可得到多少钱的赔偿？
2. 近年来，消费者通过网络、电视、电话、邮购等"远程购物"方式购买商品越来越普遍。《消费者权益保护法》第25条规定，经营者采用网络、电视、电话、邮购等方式销售商品，消费者有权自收到商品之日起7日内退货，且无须说明理由（但有些不宜退货的商品，不适用无理由退货的规定）。请问，这一规定有何意义？这一规定适用于旅游企业与旅游者之间吗？

第五章 旅游合同法规

我们的生活离不开合同,旅游业同样也离不开合同。现在,旅游交易的法制化、合同化越来越成为一种趋势,这一趋势对规范旅游交易、减少旅游纠纷、提高旅游服务质量有着重大意义。

第一节 旅游合同概述

一、合同

(一)合同的含义

根据《中华人民共和国合同法》(以下简称《合同法》)的规定,合同指的是平等主体的自然人、法人、其他组织之间设立、变更、终止民事权利义务关系的协议。

从这一定义可以看出,合同是一种协议,但不是所有的协议都是合同。合同有下面几个特征:

(1)合同是平等主体之间的民事法律行为;
(2)合同是双方或多方意思表示一致的民事法律行为;
(3)合同的目的是设立、变更或终止民事权利、义务关系;
(4)合同是合法的行为,不合法的合同没有法律约束力。

(二)合同的分类

在我们的生活中,合同无处不在,其数量非常惊人,因此有必要对合同进行分类。目前合同的分类方法很多,主要有以下几种:

(1)根据合同双方权利、义务的分担方式,可将合同分为双务合同和单务合同;
(2)根据双方当事人权利的取得是否付出相应代价,可将合同分为有偿合同和无偿合同;

(3）根据合同的具体内容，可将合同分为租赁合同、买卖合同、借贷合同、承揽合同、运输合同、保险合同、委托合同、旅游合同等。

二、旅游合同

旅游合同是旅游者与旅游经营者及旅游经营者之间设立、变更、终止民事权利、义务关系的协议。旅游合同是合同的一种，但不是所有的合同都是旅游合同，旅游合同有下列特点：

（1）旅游合同的一方当事人可以是任何一个旅游者或旅游经营者，但合同的另一方只能是旅行社；

（2）旅游合同的标的是旅游产品，即旅游经营者凭借旅游吸引物和旅游设施，向旅游者提供用以满足其旅游活动需求的全部服务。

我国《合同法》中并没有针对旅游合同做出特别的规定，但《旅游法》中对"旅游服务合同"、"包价旅游合同"等都有具体的规定，因此，要了解旅游合同，主要是了解《合同法》和《旅游法》中关于合同的一些相关规定。

包价旅游合同是典型的旅游合同之一。《旅游法》对包价旅游合同进行了明确规定，其第111条规定，包价旅游合同，是指旅行社预先安排行程，提供或者通过履行辅助人提供交通、住宿、餐饮、游览、导游或者领队等两项以上旅游服务，旅游者以总价支付旅游费用的合同。

三、合同订立和履行的基本原则

我国《合同法》在总则中规定了合同订立和履行的一些基本原则，这些原则又被称为合同法的基本原则，它们既是合同当事人应当遵守的基本准则，也是人民法院、仲裁机构在审理、仲裁合同纠纷时应当遵循的原则。

（一）平等原则

平等原则即合同当事人在合同法律关系中的地位是平等的，包括以下三个方面的内容：

（1）订立合同时平等，任何一方不能把自己的意志强加给另一方；

（2）履行合同时是平等的，任何一方不得擅自变更或解除合同；

（3）承担合同责任时双方法律地位是平等的，谁违约谁担责。

（二）合同自由原则

合同自由原则即合同当事人享有自愿订立合同的权利，任何单位和个人不得非法干预。这一自由原则体现在当事人有权依照自己的意志自主决定订立或不订立某一合同，有权选择另一方当事人，有权决定合同内容，有权依约变更或解除合同，有权选择合同方式，有权选择解决合同纠纷的方式等。

（三）公平原则

公平原则即合同当事人应公平地确定各方的权利和义务，不能明显地有利于一方或明显地不利于一方。

（四）诚实信用原则

诚实信用原则简称诚信原则，要求人们在行使权利、履行义务时，讲究信用，恪守诺言，诚实不欺。

（五）合法性原则

当事人订立、履行合同，应当遵守法律、行政法规，尊重社会公德，不得扰乱社会经济秩序，损害社会公共利益。

（六）依合同履行义务的原则

依法成立的合同，对当事人具有法律约束力。当事人应当按照约定履行自己的义务，不得擅自变更或者解除合同。

第二节　旅游合同的订立

一、合同主体的订约资格

旅游合同的主体是旅游企业和旅游者。依法成立的旅游企业都有订立合同的能力，前提是合同的内容不能超越自己的经营范围。但并不是所有的旅游者都能成为合同主体。旅游者要成为旅游合同的主体，必须具有相应的民事权利能力和民事行为能力。

（一）民事权利能力

民事权利能力是指法律赋予民事主体从事民事活动，从而享受民事权利和承担民事义务的资格。根据《民法通则》第9条的规定，公民从出生时起到死亡时止，具有民事权利能力，依法享有民事权利，承担民事义务。第10条规定，公民的民事权利能力一律平等。因此，民事权利能力不会对旅游者的订约资格带来影响。

（二）民事行为能力

真正给旅游者的订约资格带来影响的是旅游者的民事行为能力。

民事行为能力是指民事主体能以自己的行为取得民事权利、承担民事义务的资格。不同的人，其民事行为能力是不一样的。根据我国《民法通则》的规定，自然人的民事行为能力分为三种情况。

（1）完全民事行为能力人。18周岁以上的公民是成年人，只要不属于不能辨认自己行为的精神病人，都具有完全民事行为能力，可以独立进行民事活动，是完全民事行为能力人。16周岁以上不满18周岁且精神状态正常的公民，以自己的劳动收入为主要生活来源的，视为完全民事行为能力人。

（2）限制民事行为能力人。10周岁以上的未成年人和不能完全辨认自己行为的精神病人是限制民事行为能力人,可以进行与其年龄、智力、精神健康状况相适应的民事活动;其他民事活动由其法定代理人代理,或者征得其法定代理人的同意。

(3) 无民事行为能力人。不满 10 周岁的未成年人和不能辨认自己行为的精神病人是无民事行为能力人,由其法定代理人代理民事活动。

在上述三种情况中,只有完全民事行为能力人才有独立订立旅游合同的主体资格。

二、旅游合同的形式

合同的形式是指体现合同内容的方式。并不是只有纸质的合同才是合同,纸质合同只是最重要的一种合同形式,除此之外,合同还有口头形式、推定形式两种形式。

(一) 书面形式

1. 书面形式的含义

书面形式是指合同书、信件和数据电文(电子邮件、短信、电报、电传、传真等)等可以有形地表现所载内容的形式。

2. 书面形式的优缺点

书面形式有下列优点:

(1) 权利义务清晰,有据可查;

(2) 发生纠纷后易于举证、便于分清责任。

但书面形式也有缺点,比如其签订程序较为复杂,需要花费较多的时间和精力。

3. 书面合同的应用

考虑到书面形式的优点和缺点,那些重要的合同、关系复杂的合同、金额大的合同、不能立即履行的合同最好采取书面形式。双方当事人约定采用书面形式的,应当采用书面形式。我国法律、行政法规还规定某些合同应当采取书面形式。如我国《旅游法》第 58 条就规定包价旅游合同应当采用书面形式。

但是,如果一个合同本应该采用书面形式却没有采用,是不是就无效呢?不是的。我国《合同法》第 36 条规定,法律、行政法规规定或者当事人约定采用书面形式订立合同,当事人未采用书面形式但一方已经履行主要义务,对方接受的,该合同成立。以包价旅游合同为例,如果旅游者与旅行社没有签订书面合同,但旅行社履行了主要义务,游客也已接受(或者旅游者履行了主要义务,旅行社也已接受),此包价旅游合同同样成立。

(二) 口头形式

口头形式指当事人双方只用语言而不用文字来表达合同内容的形式。以口头形式订立合同既方便又快捷,有利于减少交易成本,因此,在我们的日常生活当中,口头形式的合同可以说无处不在,菜场买菜、商场购物等都可以说是通过口头合同完成的交易。

尽管口头合同方便快捷,但旅游合同一般不宜使用口头形式的合同,因为这种合同无文字依据,难以明确权利义务划分,一旦发生纠纷,举证困难,不易分清责任。但对于那些关系简单、涉及金额小、能即时履行的合同,采用口头形式订立合同也是不错的选择。

(三) 推定形式

推定形式又称行为默示形式,指合同当事人以某种表明法律意图的行为间接地表示合

同内容的形式。例如，游客本来在酒店只住一晚，但第二天游客续交房费，酒店收受了房费，这可推定酒店方面已同意延长与客人的住宿合同。又如，某旅行社在街头招揽一日游游客，某游客交了费直接上了旅游车，这也可视为推定形式订立的一日游合同。

三、旅游合同的条款

（一）旅游合同的基本条款

合同的条款是指合同当事人协商一致的合同内容，具体规定着当事人的权利和义务。我国《合同法》第12条规定，合同的内容由当事人约定，一般包括以下基本条款。

（1）当事人的名称或者姓名和住所。名称是指旅游企业或其他旅游经营者的名称，姓名是旅游者的姓名。对企业来说，住所是其注册登记地。对旅游者来说，住所是其户籍所在地或长期生活与活动的处所。

补充阅读

> 现在，人口的流动加大了确定公民住所的难度，但公民住所的确定又非常重要。根据我国法律的有关规定，公民住所的确定应遵循以下原则：①公民以其户籍所在地的居住地为住所；②经常居住地与住所不一致的，将经常居住地视为住所，所谓经常居住地，是指公民离开住所地最后连续居住1年以上的地方，但住院治病的除外；③公民由其户籍所在地迁出后至迁入另一地前，无经常居住地的，仍以其原户籍所在地为住所。

（2）标的。即合同当事人权利、义务一致指向的对象。旅游合同的标的一般是能满足旅游者需要的旅游服务行为。

（3）数量。指合同标的的多少，是标的的具体化，如旅游的天数、景点的多少等。

（4）质量。是标的的质的规定性，也是标的的具体化，如餐饮的标准、所住饭店的星级等。

（5）价款或者报酬。

（6）履行期限、地点和方式。

（7）违约责任。违约责任是指当事人一方或者双方由于自己的过错，造成合同不能履行或者不能完全履行时，按照法律的规定或合同的约定所承担的民事责任。

（8）解决争议的方法。

上述8项内容既是合同的主要条款，也是旅游合同所应具备的基本条款。但这些条款不是每个合同都具备的，也不一定是每一合同的所有条款，各旅游合同的条款可以不同，只要双方当事人认可即可。但为避免纠纷，我国《旅游法》对旅游合同条款还是有明确的规定，如《旅游法》第58条规定，包价旅游合同应当采用书面形式，包括下列内容：

（1）旅行社、旅游者的基本信息；

（2）旅游行程安排；

（3）旅游团成团的最低人数；
（4）交通、住宿、餐饮等旅游服务安排和标准；
（5）游览、娱乐等项目的具体内容和时间；
（6）自由活动时间安排；
（7）旅游费用及其交纳的期限和方式；
（8）违约责任和解决纠纷的方式；
（9）法律、法规规定和双方约定的其他事项。

而且，《旅游法》还规定旅行社应当在旅游行程开始前向旅游者提供旅游行程单，使之成为包价旅游合同的组成部分。

（二）旅游合同的格式条款

如果合同的每一项条款都要经过双方当事人协商往往很麻烦，其实，我们看到的大部分合同都事先把条款拟好了，我们称这些条款为"格式条款"。

格式条款是合同当事人为了重复使用而预先拟定，并在订立合同时未与对方协商的条款。格式条款的好处很多，如可以节省时间，减少麻烦，而且国家还可通过标准合同，规定一些合同的必备条款，以保护当事人的利益。旅游合同中的条款基本上都是格式条款，它帮助旅游经营者将一些普遍问题用相同的标准固定下来，而不必与每一个订约者进行磋商，节省了大量的人力、物力。

但是，格式条款也有负面影响，提供商品或服务的一方在拟定合同条款时，很可能会利用其优越的经济地位，制定有利于自己而不利于消费者的条款。为避免这一情况的出现，我国《合同法》《消费者权益保护法》对格式条款的使用有一些特别的限制。

（1）提供格式条款的一方应遵循公平原则确定当事人之间的权利与义务。经营者不得以格式条款、通知、声明、店堂告示等方式，做出排除或者限制消费者权利、减轻或者免除经营者责任、加重消费者责任等对消费者不公平、不合理的规定，不得利用格式条款并借助技术手段强制交易。

（2）格式条款中若有免除或者限制对方责任的条款，提供格式条款的一方应采取合理的方式提请对方注意，并做出必要的说明。

（3）提供格式条款的一方有意免除自身责任、加重对方责任、排除对方主要权利的条款无效。

（4）对格式条款的理解发生争议的，应当按照通常的理解予以解释。对格式条款有两种以上的解释的，应当做出不利于提供格式条款一方的解释。格式条款和非格式条款不一致的，应当采用非格式条款。

（三）合同示范文本

《合同法》第12条规定，当事人可以参照各类合同的示范文本订立合同。合同示范文本有很强的规范性和指导性，能有效地维护合同当事人的合法权益。旅游合同就广泛使用合同示范文本。目前，有国家旅游局和国家工商行政管理总局联合发布的2014年版的合同示范文本《团队境内旅游合同（示范文本）》《团队出境旅游合同（示范文本）》等。

四、旅游合同订立的程序

合同订立的过程实际上是合同当事人协商一致的过程，这一过程可以归纳为要约和承

诺两个阶段。

(一) 要约

1. 什么是要约

要约是希望和他人订立合同的意思表示。发出要约的当事人为要约人,受领要约的当事人为受要约人。要约仅仅是一种意思表示,光有要约不能成立合同。生活中要约的例子随处可见,如超市里贴着价格标签的商品、自动售货机的设置、悬赏广告等都是要约。

2. 要约应具备的条件

要约应具备两个条件,即内容具体确定及对要约人有约束性。

(1) 内容具体确定。即要约的内容必须使受要约人足以了解将要签订的合同的主要内容。

(2) 对要约人有约束性。要约一旦生效,要约人就不得随意撤回或变更要约。要约经受要约人承诺后,对要约人立刻产生约束力。

3. 要约邀请

不具备上述这两个条件的意思表示不是要约,往往是要约邀请。要约邀请是希望他人向自己发出要约的意思表示。生活中这样的例子也很多,如寄送的价目表、拍卖公告、招标公告等都是要约邀请。

对一个旅游合同来说,旅行社发出的产品宣传单、发布的广告都是要约邀请,但旅行社提供的内容具体确定、已盖有旅行社公章的格式合同则是要约。

4. 要约的生效、撤回、撤销与失效

(1) 要约的生效。要约到达受要约人时生效。

(2) 要约的撤回。要约可以撤回,但前提是撤回要约的通知应当在要约到达受要约人之前或者与要约同时到达受要约人。

(3) 要约的撤销。要约也可以撤销,撤销要约的通知应当在受要约人发出承诺通知之前到达受要约人。但是,有下列情形之一的,要约不得撤销:要约人确定了承诺期限或者以其他形式明示要约不可撤销;受要约人有理由认为要约是不可撤销的,并已经为履行合同作了准备工作。

(4) 要约的失效。在下列情况下,要约失效:拒绝要约的通知到达要约人;要约人依法撤销要约;承诺期限届满,受要约人未做出承诺;受要约人对要约的内容做出实质性变更。

(二) 承诺

1. 什么是承诺

承诺是受要约人同意要约的意思表示。承诺一旦到达要约人,合同便告成立。

2. 承诺的生效条件

一项有效的承诺,必须满足以下条件:

(1) 由受要约人向要约人做出;

(2) 对要约明确表示同意;

(3) 在要约有效期内做出;

(4) 承诺的内容与要约的内容一致。如果承诺的内容对要约内容进行了实质性变更,这就不是承诺了,而是新的要约。

3. 承诺的生效和撤回

(1)承诺的生效。承诺通知到达要约人时生效。承诺不需要通知的,根据交易习惯或者要约的要求做出承诺的行为时生效。

(2)承诺的撤回。承诺也可以撤回,撤回承诺的通知应当在承诺通知到达要约人之前或者与承诺通知同时到达要约人。

旅游合同的签订不仅要经历要约和承诺阶段,而且往往经历一次要约和承诺是不够的,如果受要约人对要约的内容做出实质性变更,这样承诺就没有完成,而是产生了一个新的要约。旅游合同的签订往往要经历多次这样的反复。

第三节　旅游合同的履行

一、旅游合同的效力

(一)旅游合同的生效

根据《合同法》的规定,依法成立的合同,自成立时生效。附生效条件的合同,自条件成就时生效。附生效期限的合同,自期限届至时生效。

限制民事行为能力人订立的合同,经法定代理人追认后,该合同有效,但纯获利益的合同或者与其年龄、智力、精神健康状况相适应而订立的合同,不必经法定代理人追认。

小思考

某旅行社与一个14岁的小孩订立了某地的三日游旅游合同,收了该小孩的旅游费。下面回答这几个问题:

(1)这个合同是否有效?

(2)如果小孩的父母签字同意了,这个合同是否有效?

(3)如果旅行社不是与这个小孩签订旅游合同,而是赠送了景区门票,请问这个合同是否有效?旅行社能否追回门票?

提示:(1)因该小孩不到18岁,属于限制民事行为能力人,不能独立签订旅游合同,因此这个合同无效。

(2)小孩的父母是小孩的法定代理人,如果小孩的父母签字同意了,此合同有效。

(3)赠送门票对小孩子来说是纯获利益的合同,不必经法定代理人追认即可认为有效,旅行社不能追回门票。

（二）旅游合同的无效

并非所有成立的合同都有效，具有下列情况之一的合同都是无效的。

（1）一方以欺诈、胁迫的手段订立合同，损害国家利益。

（2）恶意串通，损害国家、集体或者第三人利益。

（3）以合法形式掩盖非法目的。

（4）损害社会公共利益。

（5）违反法律、行政法规的强制性规定。

此外，即使合同有效，但其中的某些条款可能无效。如《合同法》第 53 条规定，造成对方人身伤害的、因故意或者重大过失造成对方财产损失的免责条款无效。

（三）旅游合同的变更或撤销

1. 可变更或撤销的法定情形

根据《合同法》第 54 条的规定，对下列合同，当事人有权请求人民法院或者仲裁机构变更或撤销（当事人请求变更的，人民法院或者仲裁机构不得撤销）。

（1）因重大误解订立的合同。产生误解的原因既可能是当事人缺乏必要的知识、技能和信息，也可能是当事人缺乏必要的交易经验或能力。误解直接影响了当事人应享受的权利和承担的义务，因此，法律规定因重大误解订立的合同属于可变更或撤销的合同。

（2）显失公平的合同。显失公平的合同指的是合同中双方当事人的权利与义务明显不对等，使一方遭受重大不利的合同。

（3）一方以欺诈、胁迫的手段或者乘人之危，使对方在违背真实意思的情况下订立的合同。

2. 撤销权的丧失

具有撤销权的人应及时行使自己的权利，否则可能丧失这一权利。根据《合同法》第 55 条的规定，下列情况下撤销权将丧失。

（1）具有撤销权的当事人自知道或者应当知道撤销事由之日起一年内没有行使撤销权。

（2）具有撤销权的当事人知道撤销事由后明确表示或者以自己的行为放弃撤销权。

（四）合同无效或被撤销的法律后果

无效的合同或者被撤销的合同自始没有法律约束力。但如果合同只是部分无效，并且不影响其他部分效力的，其他部分仍然有效。

根据《合同法》的规定，合同无效或者被撤销的法律后果有三种情况，一是返还财产或折价补偿，二是赔偿损失，三是追缴财产。

二、旅游合同的履行

旅游合同的履行是订立旅游合同的最终目的，对维护合同当事人的合法权益有着重要的意义。

(一)合同履行的原则

1. 全面履行原则

是指履行主体按照合同规定的标的、质量、数量,在约定的履行期限、履行地点,以约定的履行方式全面完成合同规定的义务。

补充阅读

全面履行原则不同于实际履行。例如,一家旅行社组织游客在桂林游玩了三天,完成了旅游合同的实际履行。但这种履行行为不一定是全面履行行为,因为桂林三日游还存在交通工具、住宿和餐饮条件、游览景点、导游讲解质量等的差异。只有这些具体细节都符合合同要求才叫全面履行。

2. 诚实信用原则

在合同履行过程中,当事人应当遵循诚实信用原则,根据合同的性质、目的和交易习惯履行通知、协助、保密等义务。例如,一方当事人因客观原因不能及时履行合同时,应该立即告知对方,并积极采取措施加以补救;一方因他方违反合同受到损失时,应积极采取措施防止损失扩大。

(二)合同约定不明的补救与处理

由于受主客观因素的影响,合同经常会出现条款约定不明的情况,给合同的履行带来不小的障碍。

1. 合同约定不明的补救

在履行合同的过程中,当遇到条款内容约定不明时,应先与对方协商,采取通过签订补充协议等方式将条款明确。如果双方协议不成,可以按照合同有关条款或者交易习惯确定。

2. 合同约定不明的处理

如果协商无果,也无法按合同有关条款或者交易习惯确定合同内容,则可以按下面的规则进行处理。

(1)质量约定不明时。根据《合同法》的规定,质量约定不明的,按国家标准、行业标准执行;没有国家标准、行业标准的,按照通常标准或者符合合同目的的特定标准执行。

补充阅读

这里说的通常标准,应该指的是中等质量标准,或者说是平均标准。比如,一个旅游合同没有约定住宿酒店的星级,游客是否可以要求住最高星级的酒店呢?显然不能,这要根据旅游者所交费用情况(如普通团还是豪华团等)和同类型旅游团队的通常住宿情况进行判定。

(2)履行地点约定不明时。合同中约定的履行地点不明确的,应根据合同的性质、标的的种类和法律规定来确定。《合同法》规定,履行地点不明确,给付货币的,在接受货币一方所在地履行;交付不动产的,在不动产所在地履行;其他标的,在履行义务一方所在地履行。对旅游合同来说,主要的履行地是履行义务一方所在地,也即旅行社的所在地。

(3) 履行期限约定不明时。《合同法》规定,履行期限不明确的,债务人可以随时履行,债权人也可以随时要求履行,但应当给对方必要的准备时间。具体到旅游合同,付款期限不明的,旅游者可以随时向旅游经营者支付费用,旅游经营者也可以随时要求旅游者支付费用,但要给旅游者必要的准备时间;旅游经营者履行义务的期限不明的,旅游经营者可以随时履行义务,旅游者也可以随时要求旅游经营者履行义务,但要给旅游经营者必要的准备时间。

(4) 履行方式约定不明时。《合同法》规定,履行方式不明确的,按照有利于实现合同目的的方式履行。

(5) 履行费用的承担约定不明时。《合同法》规定,履行费用的负担不明确的,由履行义务一方负担。比如,旅游合同中如果没有约定车费、景点门票费、餐费等由谁承担,那么显然这些费用只能由旅行社承担,因为旅行社是负有履行义务的一方。

第四节 旅游合同的变更、转让与终止

一、旅游合同的变更

(一) 合同变更的含义

合同变更是指有效成立的合同在尚未履行或未履行完毕之前,由于当事人协商一致或一定的法律事实的出现而使合同内容发生改变。旅游合同签订以后,经常会出现需要对合同内容加以变更的情况,如增加或减少参观景点、延长或缩短旅游日期、改变旅游路线等。

(二) 旅游合同变更的条件

1. 协议变更

当事人协商一致可以变更合同,但是应明确约定变更的内容,如果双方对变更的内容约定不明确,就推定为未变更。

2. 单方变更

旅游合同的某一方在具备法律规定的条件时,也可以单方变更合同内容。比如,因重大误解订立的合同,受损害方有权请求人民法院或者仲裁机构变更或撤销。

二、旅游合同的转让

合同转让是指合同当事人一方将其合同的权利或义务全部或部分转移给第三人。与合

同的变更改变合同的内容有所不同,合同的转让不改变合同的具体内容,只是改变了合同当事人。

合同转让可以分为合同权利(债权)转让、合同义务(债务)移转、债权债务的概括转让3种情况。无论哪一种情况,转让方都应当及时通知对方或征得对方同意。

(1) 债权转让。债权人转让权利时应当及时通知债务人,如果不通知,这种转让对债务人不产生法律效力。而且,债权人转让的权利应该是允许转让的权利,如果根据合同的性质、法律的规定或者当事人的约定,该债权是不能转让的,那么这种转让行为也是无效的。

(2) 债务移转。债务人将合同的义务全部或部分转移给第三人时应当经债权人同意,不能仅仅是"通知"。《旅游法》第63条第2款规定,因未达到约定人数不能出团的,组团社经征得旅游者书面同意,可以委托其他旅行社履行合同。组团社对旅游者承担责任,受委托的旅行社对组团社承担责任。旅游者不同意的,可以解除合同。

(3) 债权债务的概括转让。合同一方当事人经对方同意,可以将自己在合同中的权利和义务一并转让给第三人。《旅游法》第64条规定,旅游行程开始前,旅游者可以将包价旅游合同中自身的权利义务转让给第三人,旅行社没有正当理由的不得拒绝,因此增加的费用由旅游者和第三人承担。

三、旅游合同的终止

合同的终止是指因具备法定或约定的情形,使合同的权利义务关系消灭。旅游合同终止的情况有以下几种。

(一) 债务已经按照约定履行

债务已经按照约定履行,合同当事人的利益要求已得到满足,合同目的已经实现,合同当然也就终止了。

(二) 合同解除

合同解除是指合同成立后,没有履行或没有履行完毕之前,双方当事人通过协议或者一方行使解除权的方式,使合同关系提前消灭。合同解除的情况有以下两种。

1. 约定解除

合同双方可以通过协议的方式解除合同,也可以约定好一方可解除合同的条件,当这一条件成立时,解除权人可以解除合同。例如,《旅游法》第63条第1款规定,旅行社招徕旅游者组团旅游,因未达到约定人数不能出团的,组团社可以解除合同。这说明旅行社可与游客事先约定好成团人数,如果未能达到相应人数,旅行社可解除合同。

2. 法定解除

《合同法》规定,在一些特定情况出现时,当事人一方也可以行使解除权使合同消灭。这些情况主要包括:

(1) 因不可抗力致使不能实现合同目的;
(2) 在履行期限届满之前,当事人一方明确表示或者以自己的行为表明不履行主要债务;
(3) 当事人一方迟延履行主要债务,经催告后在合理期限内仍未履行;

(4) 当事人一方迟延履行债务或者有其他违约行为致使不能实现合同目的。

一游客参加某旅行社组织的一日游,没有按旅行社的要求事先付款。游完1个景点后,导游催促游客付款,该游客拒绝,坚持游完所有行程后付款。这种情况下,旅行社是否可解除合同?属于合同解除的哪一种情况?

(分析:该旅游者延迟履行主要债务,经催告后在合理期限内仍未履行,旅行社可以解除合同,并可要求他赔偿损失。属于合同的法定解除。)

(三) 债务相互抵消

合同双方互相有到期债务,且该债务的标的物种类、品质相同的,任何一方可以将自己的债务与对方的债务抵消(除非法律规定或按合同性质不得抵消)。如果债务的标的物种类、品质不相同,双方可协商抵消。

(四) 债务人依法将标的物提存

债务人在清偿债务过程中,可能会发生一些特殊情况,使债务人不能向债权人交付标的物(如债权人拒绝受领、债权人下落不明等),此时债务人可通过提存(债务人将标的物交给提存部门)的方式代替清偿,至合同终止。

(五) 其他情况

其他导致旅游合同终止的情况还有债权人免除债务、债权债务同归于一人以及法律规定或者当事人约定终止的其他情形。

第五节 违约责任

一、违约责任的构成要件

违约责任是指合同当事人不履行合同义务或者履行合同义务不符合约定时所应承担的法律后果。设立违约责任制度,有利于弥补因违约给对方造成的损失,促进合同的正确履行,维护正常的社会经济秩序。

违约责任的构成有两大要件:一是当事人有违约行为;二是不存在法定和约定的免责事由。

二、合同履行中的免责事由

在合同履行过程中,造成违约的行为有很多种,如当事人拒绝履行合同、无法履行合同、迟延履行合同、履行不符合约定的标准等,但并不是所有的违约行为都要担责,下面介绍几种主要的不必承担责任的情况。

(一) 不可抗力

不可抗力,是指不能预见、不能避免并不能克服的客观情况。因不可抗力不能履行合同的,根据不可抗力的影响,部分或全部免除责任:

(1) 如果不可抗力已使合同的履行成为不可能,则应免除违约方的责任;

(2) 如果不可抗力只造成部分合同无法履行,则应免除违约方的部分责任;

(3) 如果不可抗力只是造成债务人暂时履约困难,则可要求债务人迟延履行,免除其迟延履行的责任。

但是,在不可抗力发生前,债务人就因自身的原因迟延履行合同,这时债务人不能因不可抗力免除责任。

案 例

某旅行社组织一个旅游团赴某风景区旅游,合同约定行程的第一天是漂流,但因旅行社的问题,漂流被安排到了最后一天。但就在行程的最后一天,风景区突降暴雨,导致山洪暴发,这时候去漂流将会非常危险。旅行社决定取消预定的漂流,并退还旅游者有关漂流的费用。请问,这种情况下旅行社要不要承担违约责任?

提示:暴雨和山洪暴发属于不可抗力,旅行社为旅游者安全着想取消预定的漂流,本来是不必承担违约责任的,但在本案中,旅行社在不可抗力发生前,因自身的原因改变了行程,推迟了漂流的开展,因此,旅行社不能因不可抗力免除责任。

(二) 法律的特别规定

除了不可抗力之外,法律还规定了一些特别的免责条件,满足这些条件的违约可不担责。如《合同法》规定,符合法律和合同规定条件下的运输,由于货物本身的自然性质或合理损耗的原因造成货物灭失、短少、变质、污染、损坏的,承运人不承担责任。

(三) 合同中约定的免责事由出现

如果合同双方当事人在合同中约定了一定的免责事由或条件,当违约原因符合所约定的事由或条件时,可免除违约方的违约责任。

(四) 对方有过错

如果违约是由对方的过错造成的,违约一方不仅可以免除责任,而且有权要求对方赔偿损失。

三、违约责任的承担方式

违约责任的承担方式主要有继续履行、采取补救措施或者赔偿损失等。

(一) 继续履行

当事人一方未支付价款或者报酬的,对方可以要求其支付。当事人一方不履行非金钱

债务或者虽然履行了但不符合约定，对方可以要求履行，但有下列情形之一的除外：
(1) 法律上或者事实上不能履行；
(2) 债务的标的不适于强制履行或者履行费用过高；
(3) 债权人在合理期限内未要求履行。

(二) 采取补救措施

质量不符合约定的，应当按照当事人的约定承担违约责任。对违约责任没有约定或者约定不明确，受损害方可根据标的的性质以及损失的大小，要求对方承担修理、更换、重作、退货、减少价款或者报酬等违约责任。

(三) 赔偿损失

1. 赔偿的范围

当事人一方不履行合同义务或者履行合同义务不符合约定，给对方造成损失的，可以要求违约方赔偿损失。赔偿的范围可由合同当事人事先约定，如果没有约定，赔偿的范围应包括违约行为给对方当事人所造成的财产直接损失和间接损失（不包括非财产损失，即精神损害），但不得超过违反合同一方订立合同时预见或者应当预见的因违反合同可能造成的损失。

《旅游法》第70条规定，旅行社具备履行条件，经旅游者要求仍拒绝履行合同，造成旅游者人身损害、滞留等严重后果的，旅游者还可以要求旅行社支付旅游费用1倍以上3倍以下的赔偿金。

补充阅读

直接损失，是指因违约行为而造成对方当事人现有物质财富的减损，如财物损坏、灭失、费用支出等；间接损失是指因违约行为而造成对方当事人未来可得利益的丧失，如利润损失等。

---

2. 损失扩大部分的赔偿

当事人一方违约后，另一方不能任由损失扩大，并应采取适当措施防止损失的扩大（费用由违约方承担），否则，不得就扩大的损失要求赔偿。

(四) 支付违约金

1. 违约金的含义

违约金是指合同当事人在合同中约定的，在债务人不履行或不适当履行合同义务时，向对方当事人支付的一定数额的金钱。

2. 违约金数额

违约金由当事人约定，若未约定，则不产生违约金责任。违约金数额不能过高或过低，应与违约行为所造成的损害相适应，如果过高或过低，当事人可请求人民法院或仲裁机构适当予以增加或减少。

3. 支付违约金的后果

债务人支付了违约金之后,债权人不能再要求债务人继续履行合同或者赔偿损失。

(五) 适用定金罚则

当事人也可以向对方给付定金作为债权的担保。债务人履行债务后,定金抵作价款或者收回。给付定金的一方不履行约定的债务的,无权要求返还定金;收受定金的一方不履行约定的债务的,应当双倍返还定金。

如果当事人既约定了违约金,又约定了定金,那么一方违约时,另一方可以选择适用违约金或者定金条款。

一、单项选择题

1. 合同是(　　)之间的民事法律行为。

　A. 双方　　　　B. 多方　　　　C. 平等主体　　　D. 上下级

2. 在旅游合同中,(　　)必然是旅游合同的一方当事人。

　A. 旅游者　　　B. 旅行社　　　C. 导游　　　　　D. 旅游景点

3. (　　)是希望和他人订立合同的意思表示。

　A. 要约　　　　B. 要约邀请　　C. 承诺　　　　　D. 接受要约

4. 依法成立的合同,自(　　)时生效。

　A. 签字　　　　B. 盖章　　　　C. 付款　　　　　D. 成立

5. 如果合同明显对游客不公平,游客应自知道或者应当知道撤销事由起(　　)内行使撤销权。

　A. 30天　　　　B. 180天　　　 C. 1年　　　　　 D. 2年

二、多项选择题(每题有2个或2个以上正确答案)

1. (　　)都是合同。

　A. 买卖合同　　B. 旅游合同　　C. 委托合同　　　D. 借贷合同

2. (　　)可以通过口头形式订立合同。

　A. 涉及人数少　B. 涉及金额小　C. 能即时履行　　D. 关系简单

3. (　　)可能成为书面合同。

　A. 纸质合同书　B. 电子邮件　　C. 电报　　　　　D. 短信

4. 包价旅游合同,是指旅行社预先安排行程,提供或者通过履行辅助人提供(　　)等在内的两项以上旅游服务,旅游者以总价支付旅游费用的合同。

　A. 交通　　　　B. 餐饮　　　　C. 住宿　　　　　D. 游览

5. (　　)可能造成违约。

　A. 当事人迟延履行合同　　　　　B. 当事人无法履行合同
　C. 当事人拒绝履行合同　　　　　D. 当事人履行不符合约定的标准

三、判断题

1. 合同是一种协议,但不是所有的协议都是合同。（　　）
2. 民事行为能力是指法律赋予民事主体从事民事活动,从而享受民事权利和承担民事义务的资格。（　　）
3. 无论哪一种转让,转让方都应当及时通知对方或征得对方同意。（　　）
4. 不可抗力,是指不能预见、不能避免并不能克服的客观情况。（　　）
5. 合同签订以后,合同双方不可以通过协议的方式解除合同。（　　）

四、简答题

1. 什么是合同?
2. 如何理解合同订立和履行的平等原则?
3. 哪些人有独立订立旅游合同的主体资格?
4. 合同的格式条款有哪些积极的影响和消极的影响?
5. 哪些情况下的旅游合同是无效的?
6. 哪些合同是可变更或撤销的?
7. 旅游合同约定不明时应如何补救?
8. 违约责任的承担方式有哪些?

五、分析题

1. 一个16岁的中学生是否可以独立与旅行社签订旅游合同?
2. 我国《旅游法》第58条规定,包价旅游合同应当采用书面形式。那是不是没有采用书面形式的包价旅游合同就一定无效呢?
3. 在包价旅游合同中,旅行社和旅游者对合同条款发生争议,双方的解释也都有各自的道理,很难说谁对谁错,这种情况下,应采用哪一方的解释?
4. 某旅行社在与游客签订旅游合同时,事先拟定了所有的条款,其中有一条是这样写的:旅途中游客要注意出行安全,出现事故由游客自己负责。请问,该旅行社拟定的合同条款是什么条款?旅行社可以在合同中加上"出现事故由游客自己负责"的条款吗?为什么?
5. 南昌某旅行社与游客签订了一个出国游合同,临出发前,旅游者被告知,该旅游团从上海组团,旅游者要自费赶赴上海参团,而这一条在合同中没有约定。请问,该旅游团到底应从哪里组团?

第六章
旅游交通运输管理法规

第一节　民用航空运输管理法规

一、民用航空运输的概念及分类

(一) 民用航空运输的概念

民用航空运输是指公共航空运输企业使用民用航空器经营的旅客、行李或者货物的运输。根据《中华人民共和国民用航空法》(1996年3月1日起施行，2009年8月27日和2015年4月24日修订，以下简称《民用航空法》)，民用航空器是指除了用于执行军事、海关、警察飞行任务外的航空器。

(二) 民用航空运输的分类

民用航空运输分为国内航空运输和国际航空运输两种。

1. 国内航空运输

国内航空运输是指根据当事人订立的航空运输合同，运输的出发地点、约定的经停地点和目的地点均在中华人民共和国境内的运输。

2. 国际航空运输

国际航空运输是指根据当事人订立的航空运输合同，无论运输有无间断或者有无转运，运输的出发地点、目的地点或者约定的经停地点之一不在中华人民共和国境内的运输。

二、航空运输中关于客票与行李的规定

(一) 客票

1. 客票概述

运输企业应当为每一旅客单独填开客票。客票是航空旅客运输合同订立和运输合同条

件的初步证据,并不是唯一证据,旅客未能出示客票、客票不符合规定或者客票遗失,不影响运输合同的存在或者有效。

客票至少应当包括旅客姓名、出票人名称、出票时间和地点、出发地点和目的地点等内容。客票只限客票上所列姓名的旅客本人使用,不得转让和涂改,否则客票无效。

2. 购票的证件

旅客购票应出示本人有效身份证件。有效身份证件指旅客购票和乘机时必须出示的由政府主管部门规定的证明其身份的证件。如居民身份证、按规定可使用的有效护照、军官证、警官证、士兵证、文职干部或离退休干部证明,16周岁以下未成年人的学生证、户口簿等证件。

3. 儿童票和婴儿票

根据《中国民用航空旅客、行李国内运输规则》,已满2周岁未满12周岁的儿童按照同一航班成人普通票价的50%购买儿童票,提供座位。未满2周岁的婴儿按照同一航班成人普通票价10%购买婴儿票,不提供座位;如需要单独占用座位时,应购买儿童票。

相关链接

客票与乘机的相关概念

"联程客票"是指列明有两个(含)以上航班的客票。

"来回程客票"是指从出发地至目的地并按原航程返回原出发地的客票。

"定期客票"是指列明航班、乘机日期和订妥座位的客票。

"不定期客票"是指未列明航班、乘机日期和未定妥座位的客票。

"误机"是指旅客未按规定时间办妥乘机手续或因旅行证件不符合规定而未能乘机。

"漏乘"是指旅客在航班始发站办理乘机手续后或在经停站过站时未搭乘上指定的航班。

"错乘"是指旅客乘坐了不是客票上列明的航班。

(资料来源:《中国民用航空旅客、行李国内运输规则》。)

(二)行李

1. 行李的概念

行李是指旅客在旅行中为了穿着、使用、舒适或者方便的需要而携带的物品和其他个人财物。

2. 行李的类型

行李分为托运行李、自理行李和随身携带物品。

(1)托运行李。托运行李是指旅客交由承运人负责照管和运输并填开行李票的行李。托运行李的重量每件不能超过50千克,体积不能超过40厘米×60厘米×100厘米,超过上述规定的行李,须事先征得承运人的同意才能托运。

国家规定的禁运物品、限制运输物品、危险物品,具有异味或容易污损飞机的物品,不能作为行李或夹入行李内托运。重要文件、贵重物品、有价证券、易碎易腐物品以及需要专人照管的物品,不得夹入行李内托运。

(2) 自理行李。自理行李是指经承运人同意由旅客自行负责照管的行李。自理行李的重量不能超过10千克,体积每件不超过20厘米×40厘米×55厘米。

(3) 随身携带物品。随身携带物品是指经承运人同意由旅客自行携带乘机的零星小件物品。每位旅客随身携带的物品重量不能超过5千克,体积不超过20厘米×40厘米×55厘米。旅客不得携带管制刀具乘机,管制刀具以外的利器或钝器应托运,不得随身携带。从2008年开始,禁止旅客随身携带打火机、火柴、液态物品乘坐民航飞机。

3. 不准作为行李运输的物品

下列物品不得作为行李运输:

(1) 危险物品,包括爆炸品、气体、易燃液体、易燃固体、自燃物质、遇水释放易燃气体的物质、氧化剂、有机过氧化物、毒性物质、传染性物质、放射性物质、腐蚀品和不属于上述任何一类别而在航空运输中具有危险性的物质和物品;

(2) 枪支、弹药、管制刀具及其他类似的物品;

(3) 动物(符合规定的小动物除外);

(4) 我国或者运输过程中有关国家法律规定禁止出境、入境或者过境的物品;

(5) 包装、形状、重量、体积或者性质不适宜运输的物品。

三、航空运输承运人的权利与义务

(一) 承运人的权利

承运人是指使用民用航空器从事旅客、行李或者货物运输的公共航空运输企业,承运人有下列权利。

(1) 查验机票权。承运人有权查验机票,旅客乘坐民用航空器,应当向承运人交验有效客票。对无票或持无效票乘机的旅客,承运人可拒绝其登机。

(2) 拒绝载运权。承运人有权拒绝运送不接受安全检查的旅客,也可以拒绝运送未经安全检查的行李。

相关链接

《民用航空法》第102条规定,公共航空运输企业不得运输拒绝接受安全检查的旅客,不得违反国家规定运输未经安全检查的行李。公共航空运输企业必须按照国务院民用航空主管部门的规定,对承运的货物进行安全检查或者采取其他保证安全的措施。

(3) 索赔权。旅客因过错给承运人带来损失,承运人可要求旅客赔偿。

(4) 采取管束措施的权利。《中华人民共和国民用航空安全保卫条例》规定,航空器在

飞行中的安全保卫工作由机长统一负责。在航空器飞行中,对扰乱航空器内秩序、干扰机组人员正常工作而不听劝阻的人,机长有权采取必要的管束措施。

(二)承运人的义务

(1)保证飞行安全和航班正常。《民用航空法》第95条规定,公共航空运输企业应当保证飞行安全和航班正常。旅客运输航班延误的,应当在机场内及时通告有关情况。

(2)保证旅客人身、财产安全。在运输过程中,承运人应保证旅游者的人身、财产安全,尽力救助患有急病、分娩、遇险的旅游者。

相关链接

> 保证飞行安全不仅仅是民航承运人的义务,同样是乘客的义务。根据《中华人民共和国民用航空安全保卫条例》的规定,所有乘坐民用航空器的旅客及其携带的行李物品,必须接受安全检查。拒绝接受安全检查的,不准登机。在机场内,禁止随意穿越航空器跑道、滑行道;禁止强行登、占航空器;禁止谎报险情,制造混乱。在航空器内,乘客不能有危及飞行安全和扰乱航空器内秩序的行为,下述行为都在禁止之列:在禁烟区吸烟;抢占座位、行李舱(架);打架、酗酒、寻衅滋事;盗窃、故意损坏或者擅自移动救生物品和设备。乘客从事上述行为,由民航公安机关依照《中华人民共和国治安管理处罚法》有关规定予以处罚。

(3)出具客票。《民用航空法》第109条规定,承运人运送旅客,应当出具客票。

(4)提高运输服务质量。承运人应以提供良好服务为准则,采取有效措施,提高运输服务质量。应当教育和要求本企业职工严格履行职责,以文明礼貌、热情周到的服务态度,认真做好旅客和货物运输的各项服务工作。

(5)投保义务。公共航空运输企业应当投保地面第三人责任险。

(6)赔偿义务。当承运人因自身过错造成运输过程中旅游者人身、财产损害时,承运人有责任赔偿。

四、航班延误的相关规定

(一)航班延误等概念的含义

《航班正常管理规定》对航班延误等相关概念进行了规定。

(1)航班延误,是指航班实际到港挡轮挡时间晚于计划到港时间超过15分钟的情况。

(2)航班出港延误,是指航班实际出港撤轮挡时间晚于计划出港时间超过15分钟的情况。

(3)机上延误,是指航班飞机关舱门后至起飞前或者降落后至开舱门前,旅客在航空器内等待超过机场规定的地面滑行时间的情况。

(4)航班取消,是指因预计航班延误而停止飞行计划或者因延误而导致停止飞行计划的情况。

（二）航班出港延误旅客服务

1. 信息沟通

航班发生出港延误时，各相关单位应加强信息沟通，并确保对外发布的航班信息真实、一致。

（1）承运人应当在掌握航班延误信息后的 30 分钟内通过公共信息平台、官方网站、呼叫中心、短信、电话、广播等方式，向旅客发布航班出港延误或者取消信息，包括航班出港延误或者取消原因及航班动态。

（2）机场管理机构应当利用候机楼内的公共平台及时向旅客通告航班出港延误或者取消信息。

（3）航空销售代理人应当将承运人通告的航班出港延误或者取消的信息及时通告旅客。

2. 退票或者改签

航班出港延误或者取消时，承运人应当根据运输总条件、客票使用条件，为旅客妥善办理退票或者改签手续，并应旅客要求为旅客及时提供航班延误或者取消的书面证明。

3. 视情况为旅客提供食宿服务

根据《航班正常管理规定》，发生航班出港延误或者取消后，承运人或者地面服务代理人应当按照下列情形为旅客提供食宿服务：

（1）由于机务维护、航班调配、机组等承运人自身原因，造成航班在始发地出港延误或者取消，承运人应当向旅客提供餐食或者住宿等服务；

（2）由于天气、突发事件、空中交通管制、安检以及旅客等非承运人原因，造成航班在始发地出港延误或者取消，承运人应当协助旅客安排餐食和住宿，费用由旅客自理；

（3）国内航班在经停地延误或者取消，无论何种原因，承运人均应当向经停旅客提供餐食或者住宿服务；

（4）国内航班发生备降，无论何种原因，承运人均应当向备降旅客提供餐食或者住宿服务。

（三）机上延误处置

发生机上延误后，承运人应当每 30 分钟向旅客通告延误原因、预计延误时间等航班动态信息。

机上延误超过 2 小时（含）的，应当为机上旅客提供饮用水和食品。机上延误超过 3 个小时（含）且无明确起飞时间的，承运人应当在不违反航空安全、安全保卫规定的情况下，安排旅客下飞机等待。

（四）游客的禁止行为

发生航班延误时，旅客应当合法维权，不得违法进入机场控制区，堵塞安检口、登机口，冲闯机坪、滑行道、跑道，拦截、强登、强占航空器，破坏设施设备，或者实施其他扰乱民航运输生产秩序的行为。

五、航空运输承运人的法律责任

（一）对旅客人身伤害的赔偿

1. 承运人的责任范围

因发生在民用航空器上或者在旅客上、下民用航空器过程中的事件，造成旅客人身伤亡的，承运人应当承担责任。这里说的"事件"，含义很广，既包括承运人故意或过失造成的事件，也包括劫机、气流造成的飞机颠簸等承运人无主观过错的事件。

> **补充阅读**
>
> 旅客是否购买保险不影响承运人责任的承担。旅客在购票时可以自行决定向保险公司投保航空运输人身意外伤害险，但此项保险金额的给付，并不意味着承运人可以免除或减少应承担的赔偿金额。

2. 承运人的免责事由

在下列情况下造成旅客人身伤害，承运人可免除或减轻责任：

（1）旅客的人身伤亡完全是由于旅客本人的健康状况造成的，承运人不承担责任；

（2）在旅客运输中，经承运人证明，旅客人身伤害是由旅客的过错造成或者促成的，应当根据造成或者促成此种损失的过错的程度，相应免除或者减轻承运人的责任。

（二）对旅客行李毁损的赔偿

1. 承运人的责任范围

（1）因发生在民用航空器上或者在旅客上、下民用航空器过程中的事件，造成旅客随身携带物品毁灭、遗失或者损坏的；

（2）因发生在航空运输期间的事件，造成旅客的托运行李毁灭、遗失或者损坏的。"航空运输期间"是指在机场内、民用航空器上或者机场外降落的任何地点，托运行李处于承运人掌管之下的全部期间。

2. 承运人的免责事由

在下列情况下造成旅客行李毁损，承运人可免除或减轻责任：

（1）旅客随身携带物品或者托运行李的毁灭、遗失或者损坏完全是由于行李本身的自然属性、质量或者缺陷造成的，承运人不承担责任。

（2）在行李运输中，经承运人证明，行李毁损是由旅客的过错造成或者促成的，应当根据造成或者促成此种损失的过错的程度，相应免除或者减轻承运人的责任。

（三）承运人的赔偿责任限额

1. 赔偿责任限额的含义

赔偿责任限额是指赔偿的最高额度。当航空运输过程中发生的旅客人身、财产损失数额没有超出法定责任限额时，承运人按实际损失赔偿；当损失数额超过责任限额时，承运人仅在限额内承担赔偿责任。

2. 赔偿责任限额的使用限制

赔偿责任限额不是在任何情况下都适用。在下列三种情况下,赔偿责任限额的使用受到限制:

(1) 如果航空运输中的损失是由于承运人或者其受雇人、代理人的故意或者明知可能造成损失而轻率地作为或者不作为造成的,承运人无权援用有关赔偿责任限额的规定;

(2) 旅客与承运人之间对赔偿数额有约定,在约定成立的情况下,按约定的数额赔偿;

(3) 承运人同意旅客不经出票而乘坐民用航空器的,承运人无权援用赔偿责任限额的规定。

3. 国内航空运输承运人赔偿责任限额

根据《国内航空运输承运人赔偿责任限额规定》,国内航空运输承运人对每名旅客的赔偿责任限额为人民币 40 万元,对每名旅客随身携带物品的赔偿责任限额为人民币 3000 元,对旅客托运的行李和对运输的货物的赔偿责任限额为每千克人民币 100 元。

4. 国际航空运输承运人的赔偿责任限额

在国际航空运输中,承运人对每名旅客的人身损害赔偿责任限额为 16600 计算单位,对每名旅客随身携带物品的赔偿责任限额为 332 计算单位,对托运行李的赔偿责任限额为每千克 17 计算单位。

(四) 承运人延迟运输的责任

《民用航空法》第 126 条规定,旅客、行李在航空运输中因延误造成的损失,承运人应当承担责任;但是,承运人证明本人或者其受雇人、代理人为了避免损失的发生,已经采取一切必要措施或者不可能采取此种措施的,不承担责任。

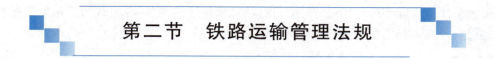

第二节　铁路运输管理法规

一、铁路运输概述

根据《中华人民共和国铁路法》(1991 年 5 月 1 日起施行,2009 年、2015 年两次修订,以下简称《铁路法》)的规定,铁路包括国家铁路、地方铁路、专用铁路和铁路专用线。

国务院铁路主管部门主管全国铁路工作,对国家铁路实行高度集中、统一指挥的运输管理体制。

铁路运输主要包括旅客运输,行李、包裹运输和特定运输。与游客有密切关系的是铁路旅客运输。

我国铁路旅客列车,按其设备设施、运行速度和服务项目等的差别,分为动车组列车(高速动车组列车、城际动车组列车、普通动车组列车)、直达特快旅客列车、特快旅客列车、快速旅客列车、普通旅客快车、管内直达快车、普通旅客慢车、旅游列车等类型,各类型列车一般都设有硬席座位、软席座位、硬席卧铺、软席卧铺等。

补充阅读

旅客列车的种类

动车组列车是目前时速最快的列车,时速能达到 200 公里以上。其中,高速动车组列车的车次前冠以字母 G(通常被称为"高铁"),城际动车组列车的车次前冠以字母 C,普通动车组列车的车次前冠以字母 D。

直达特快旅客列车从始发站直达终点站,中间不停靠任何车站(目前也停靠少数较大的车站),车次前冠以字母 Z。

特快旅客列车简称特快,车次前冠以字母 T。

快速旅客列车简称快客,车次前冠以字母 K。

普通旅客快车简称普快,车次为 1、2、3、4、5 开头,均为 4 位数。

管内直达快车车次前冠以字母 N,是指一个铁路局管辖范围内的直达快车。

普通旅客慢车即一般所说的慢车,也称普客,车次一般是以 6、7、8 开头的 4 位数。

二、铁路旅客运输中关于车票与行李的规定

(一)车票

1. 车票内容

车票是铁路旅客乘车的凭证,车票票面(特殊票种除外)主要应当载明发站和到站站名、座别、卧别、径路、票价、车次、乘车日期、有效期。

2. 车票是运输合同的基本凭证

车票也是铁路旅客运输合同的基本凭证。铁路旅客运输合同从售出车票时起成立,但合同并未同时生效,而是旅客在进站经过检票时起生效。承运人按票面规定将旅客运送到站,旅客出站时止,为合同履行完毕。因此,铁路旅客运输的运送期间应自检票进站起至到站出站时止。

3. 儿童票

车票有成人票和儿童票之分。随同成人旅行身高 1.2～1.5 米的儿童,可购买儿童票乘车,票价为成人票价的一半,超过 1.5 米时应买全价票。每一成人旅客可免费携带一名身高不足 1.2 米的儿童,超过一名时,超过的人数应买儿童票。

补充阅读

学生票

在普通大专院校（含国家教育主管部门批准有学历教育资格的民办大学），军事院校，中、小学和中等专业学校、技工学校就读，没有工资收入的学生、研究生，家庭居住地和学校不在同一城市时，每年可享受家庭至院校（实习地点）之间4次单程半价硬座票（以下简称学生票）。动车组列车只发售二等座车学生票，学生票为全价票的75%。

（二）行李

1. 行李的种类

铁路旅客的行李分为个人携带行李和托运行李。

2. 关于个人携带行李的规定

旅客的个人携带行李由自己负责看管。每人免费携带的行李重量和体积是：儿童（含免票儿童）10千克，外交人员35千克，其他旅客20千克；每件物品外部尺寸长、宽、高之和不超过160厘米，杆状物品不超过200厘米（乘坐动车组列车不超过130厘米），重量不超过20千克。残疾人代步的折叠式轮椅可免费携带并不计入上述范围。

下列物品不得带入车内：

（1）国家禁止或限制运输的物品；

（2）法律、法规、规章中规定的危险品、弹药和承运人不能判明性质的化工产品；

（3）动物及妨碍公共卫生（包括有恶臭等异味）的物品；

（4）能够损坏或污染车辆的物品。

3. 关于托运行李的规定

旅客可将自用的被褥、衣服、个人阅读的书籍、残疾人车和其他旅行必需品进行托运。托运行李中不得夹带货币、证券、珍贵文物、金银珠宝、档案材料等贵重物品和国家禁止、限制运输物品、危险品。行李每件的最大重量为50千克。体积以适于装入行李车为限，但最小不得小于0.01立方米。

铁路运输企业应当按照合同约定的期限将行李运到目的站，旅客凭行李领取凭证领取行李。逾期运到的，铁路运输企业应当支付违约金。如果逾期超过30日，旅客有权按行李灭失向铁路运输企业要求赔偿。

三、铁路运输承运人的权利与义务

（一）承运人的权利

（1）收费权。承运人有权按规定收取运送费用，乘客应按规定购票乘车。

（2）拒绝运送权。承运人有权拒绝运送烈性传染病患者、精神病患者或健康状况危及他人安全的旅客。已购车票按旅客退票的有关规定处理。对无票乘车或者持失效车票乘车

的,承运人应当补收和加收票款,乘客拒不交付的,承运人可以责令其下车。

（3）行李查验权。承运人有权对旅客所携带的行李进行运输安全检查,禁止旅客携带危险品进站上车。

（4）索赔权。因旅客的责任给承运人造成财产损失的,承运人可要求旅客赔偿。

(二) 承运人的义务

（1）保障运输安全和正点。承运人应当保证旅客和行李运输的安全,并做到列车正点到达。铁路运输企业应加强对铁路的管理和保护,定期检查、维修铁路运输设施,保证铁路运输设施完好,保障旅客和货物运输安全。

（2）保证旅客按车票载明的日期、车次乘车。因承运人的责任造成旅客不能按车票载明的日期、车次乘车的,铁路运输企业应当按照旅客的要求,退还全部票款或者安排改乘到达相同目的站的其他列车。

（3）做好客运服务工作。承运人应文明礼貌、热情周到地为旅客提供运输服务工作,保持车站和车厢内的清洁卫生,提供饮用开水,做好列车上的饮食供应工作。

（4）公示收费标准。铁路的旅客票价,行李的运价,运输杂费的收费项目和收费标准,必须公告,未公告的不得实施。

（5）赔偿义务。因承运人的过错造成旅客身体损害或物品损失时,承运人应予以赔偿。

四、铁路旅客运输承运人的法律责任

(一) 对旅客的赔偿责任

旅客在铁路运输的运送期间发生人身伤害,铁路运输企业应当予以赔偿。如果人身伤害是因不可抗力或者由于受害人自身的原因（如旅客故意或重大过失）造成的,铁路运输企业不承担赔偿责任。

补充阅读

> 过去,铁路运输企业对每名旅客人身伤亡的赔偿是有最高限额的。2007年公布的《铁路交通事故应急救援和调查处理条例》第33条规定,事故造成铁路旅客人身伤亡和自带行李损失的,铁路运输企业对每名铁路旅客人身伤亡的赔偿责任限额为人民币15万元,对每名旅客自带行李损失的赔偿责任限额为人民币2000元。
>
> 2013年1月1日国务院《关于修改和废止部分行政法规的决定》明文删去了《铁路交通事故应急救援和调查处理条例》第33条关于铁路运输企业对每名铁路旅客人身伤亡赔偿责任限额的相关规定,同时废止了《铁路旅客意外伤害强制保险条例》。

(二) 对行李的赔偿责任

承运人对承运的行李自接受承运时起到交付时止发生的灭失、短少、变质、污染或者损坏承担赔偿责任。

1. 赔偿数额
(1) 旅客已申请办理保价运输的,按照实际损失赔偿,但最高不超过保价额。
(2) 未按保价运输承运的,按照实际损失赔偿。
2. 免责范围
由于下列原因造成的行李损失,承运人不承担赔偿责任:
(1) 不可抗力;
(2) 行李中的物品本身的自然属性,或者合理损耗;
(3) 旅客本人的过错。

案例

旅客王某在网上购买了一张去成都的火车票,检票进站后,在乘坐通往站台的电梯时摔倒,造成右脚骨折,住院治疗30天。请问,铁路部门是否需要担责?

提示:(1)王某购买了有效车票乘车,与铁路部门之间形成了铁路旅客运输合同关系。(2)王某在铁路旅客运送期间受到人身伤害,铁路部门应当承担赔偿责任。

第三节 公路运输管理法规

一、公路运输概述

公路运输是最主要的交通运输形式,其最大的优点就是方便、灵活,能深入到旅游景点内部,基本上可以做到点对点,因此,公路运输在旅游运输中一直发挥着重要作用。

(一) 公路等级

根据《中华人民共和国公路法》(1997年7月3日通过,1999年、2004年修订)第6条的规定,公路按其在公路路网中的地位分为国道、省道、县道和乡道,并按技术等级分为高速公路、一级公路、二级公路、三级公路和四级公路。

补充阅读

国道是国家干线公路的简称。根据地理走向,我国国道分为以下3类:①以首都北京为中心,呈扇面辐射的公路,其编号为G1××;②南北走向的公路,其编号为G2××;③东西走向的公路,编号为G3××。

(二) 旅客运输

公路运输包括旅客运输和货物运输,与游客联系密切的是旅客运输。旅客运输又包括班车(加班车)客运、包车客运、旅游客运。

(三) 旅游客运

根据《道路旅客运输及客运站管理规定》(2005年7月12日交通部发布,2008年至2016年共6次修订)第3条的规定,旅游客运是指以运送旅游观光的旅客为目的,在旅游景区内运营或者其线路至少有一端在旅游景区(点)的一种客运方式。旅游客运按照营运方式又分为定线旅游客运和非定线旅游客运。定线旅游客运按照班车客运管理,非定线旅游客运按照包车客运管理。从事旅游客运的承运人,应当在旅游区域按照旅游线路运输。

二、运输凭证

车票是旅客运输合同存在的证明。旅客应当持有效客票乘车。无票乘运、超程乘运、越级乘运或者持失效客票乘运的旅客应当补交票款。旅客因自己的原因不能按照客票记载的时间乘坐的,应当在约定的时间内办理退票或者变更手续。旅客乘车时不应携带国家规定的危险物品及其他禁止携带的物品乘车。

承运人也应当遵守有关运价的规定,使用规定的票证,不得乱涨价和乱收费。承运人擅自变更运输工具而降低服务标准的,应当根据旅客的要求退票或者减收票款;提高服务标准的,不应当加收票款。

三、公路运输承运人的权利与义务

根据《合同法》、《中华人民共和国道路运输条例》(2004年7月1日起施行,2012年、2016年修订)和《道路旅客运输及客运站管理规定》,承运人的主要权利和义务如下。

(一) 承运人的权利

1. 车票查验

承运人有权查验旅客的车票,对无票旅客可要求其补交票款。

2. 行李检查

承运人有权对旅客所携带的行李进行运输安全检查,有权将违禁物品卸下、扣留或送交有关部门。

3. 索赔权

对因旅客的原因给承运人带来的损失,承运人可要求赔偿。

(二) 承运人的义务

1. 取得营运资格

汽车客运经营者必须办理有关手续,取得合法资格后方准予参加营业性汽车客运。

2. 聘用合格的客车驾驶员

承运人应聘用合格的客车驾驶员。根据规定,从事客运经营的驾驶人员,应当符合下列条件:

（1）取得相应的机动车驾驶证；
（2）年龄不超过60周岁；
（3）3年内无重大以上交通责任事故记录；
（4）经设区的市级道路运输管理机构对有关客运法律法规、机动车维修和旅客急救基本知识考试合格。

3. 保证乘客的生命财产安全

（1）承运人应采取必要的措施防止在运输过程中发生侵害旅客人身、财产安全的违法行为。当运输过程中发生侵害旅客人身、财产安全的治安违法行为时，承运人在自身能力许可的情况下，应当及时向公安机关报告并配合公安机关及时终止治安违法行为。

（2）承运人应当加强对车辆的维护和检测，确保车辆符合国家规定的技术标准。应加强对从业人员的安全教育，确保道路运输安全。道路运输从业人员应当遵守道路运输操作规程，不得违章作业。驾驶人员连续驾驶时间不得超过4个小时。

（3）承运人应保证客运车辆不超载运行、不载货。在载客人数已满的情况下，可以再搭乘不超过核定载客人数10%的免票儿童。

（4）在运输过程中，承运人应当尽力救助患有急病、分娩、遇险的旅客。

（5）承运人应当为旅客投保承运人责任险。

4. 按约定的线路和时间运输

承运人应当按约定的或者通常的运输线路将旅客运送到约定地点，并且应当按照约定时间将旅客安全运送到约定地点。没有约定运送期间的，承运人应在合理期间内将旅客运送到约定地点。承运人未按约定路线或者通常路线运输导致增加票款或者运输费用的，旅客可以拒绝支付增加的部分。承运人迟延运输的，应当根据旅客的要求安排改乘其他班次或者退票。

5. 为旅客提供良好服务

承运人应确保车辆设备、设施齐全有效，保持车辆清洁、卫生。不歧视旅客，不强迫旅客乘车，无正当理由不拒载旅客。不得甩客、敲诈旅客，不得擅自更换运输车辆。

四、公路旅客运输承运人的法律责任

承运人对运输过程中旅客的人身伤亡承担损害赔偿责任，但伤亡是旅客自身健康原因造成的或者承运人证明伤亡是旅游者故意、重大过失造成的除外。值得注意的是，承运人的这一义务同样适用于按照规定免票、持优待票或者经承运人许可搭乘的无票旅客。

一、单项选择题

1. 下面哪一项属于国内航空运输？（　　）

A. 运输的出发地在我国境内的运输

B. 运输的目的地在我国境内的运输

C. 运输的经停地在我国境内的运输

D. 运输的出发地、经停地和目的地均在我国境内的运输

2. 下面哪一项不属于民航承运人的义务？（   ）

A. 保证飞行安全和航班正常　　　　B. 出具客票

C. 为旅客购买旅游意外险　　　　　D. 提高运输服务质量

3. 航班延误是指航班实际到港挡轮挡时间晚于计划到港时间超过（   ）分钟的情况。

A. 5　　　　　B. 15　　　　　C. 30　　　　　D. 45

4. 客票是航空旅客运输合同订立和运输合同条件的（   ）。

A. 初步证据　　B. 唯一证据　　C. 最终证据　　D. 必备

5. 机上延误超过（   ）小时（含）的，承运人应当为机上旅客提供饮用水和食品。

A. 1　　　　　B. 2　　　　　C. 3　　　　　D. 5

6. 国内航空运输承运人对每名旅客的赔偿责任限额为人民币（   ）万元。

A. 10　　　　B. 20　　　　C. 40　　　　D. 60

7. 铁路旅客运输中，随同成人旅行身高（   ）的儿童，可购买儿童票。

A. 1.2~1.4米　B. 1.2~1.5米　C. 1.1~1.4米　D. 1.1~1.5米

8. 公路客运驾驶人员连续驾驶时间不得超过（   ）个小时。

A. 10　　　　B. 6　　　　C. 4　　　　D. 2

二、多项选择题（每题有2个或2个以上正确答案）

1. 旅客不得携带（   ）乘坐民航飞机。

A. 管制刀具　　B. 打火机　　C. 火柴　　D. 液态物品

2. 下面哪些属于旅客的行李？（   ）

A. 旅客的托运行李　　　　　B. 旅客的邮寄物品

C. 旅客的自理行李　　　　　D. 旅客的随身携带物品

3. 航班发生出港延误时，承运人的义务有（   ）。

A. 为旅客提供食宿

B. 及时告知旅客航班延误信息

C. 为旅客办理退票或者改签手续

D. 应旅客要求为旅客提供航班延误的书面证明

4. 下面的说法正确的有（   ）。

A. 铁路旅客运输合同从售出车票时起成立

B. 铁路旅客运输合同从旅客进站经过检票时起生效

C. 铁路旅客运输合同从旅客进站时起成立

D. 旅客到站并出站后，铁路旅客运输合同履行完毕

5. 铁路旅客运输承运人有权拒绝运送的旅客包括（   ）。

A. 烈性传染病患者　　　　　B. 精神病患者

C. 健康状况危及他人安全的旅客　D. 无票旅客

6. 从事客运经营的驾驶人员，应当符合的条件有（   ）。

A. 与运输企业签订了正式聘用合同
B. 取得相应的机动车驾驶证
C. 年龄不超过60周岁
D. 3年内无重大以上交通责任事故记录

三、判断题

1. 承运人应当在掌握航班延误信息后的30分钟内向旅客发布航班出港延误或者取消信息。（　　）
2. 发生机上延误后，承运人应当每1小时向旅客通告延误原因、预计延误时间等航班动态信息。（　　）
3. 民航承运人不可以拒绝旅客的乘机要求。（　　）
4. 车票是铁路旅客运输合同的基本凭证。（　　）
5. 旅游客运是指以运送旅游观光的旅客为目的，在旅游景区内运营或者其线路至少有一端在旅游景区（点）的一种客运方式。（　　）
6. 公路客运承运人可自愿选择为旅客投保承运人责任险。（　　）

四、简答题

1. 民航运输中，旅客登机的随身携带物品有何要求？
2. 民航运输中承运人有哪些义务？
3. 铁路运输承运人有哪些义务？
4. 铁路运输中，什么情况下造成的行李损失，承运人不承担赔偿责任？
5. 公路旅客运输的承运人在保证乘客的生命财产安全方面有哪些义务？

五、分析题

1. 发生航班出港延误或者取消后，承运人必须为旅客提供免费食宿服务吗？
2. 因发生在民用航空器上的事件造成旅客人身伤亡，承运人是不是一定要承担责任？
3. 根据《国内航空运输承运人赔偿责任限额规定》，国内航空运输承运人对每名旅客的赔偿责任限额为人民币40万元。有人据此认为，航空公司对乘客的赔偿金最多只有40万元。这一看法对吗？
4. 某旅游车公司在运送旅游者的过程中，因汽车出现故障，临时安排了一辆更高等级的车辆运送游客。事后，旅游车公司要求每名游客多付50元车费。请问，旅游车公司的要求合理吗？

第七章 食品安全、饭店、娱乐管理法规

食、住、行、游、购、娱被称为旅游的六大要素,食品安全、饭店、娱乐涉及这六要素当中的食、住、娱三要素,这三方面的管理法规是旅游法规的重要组成部分,作为旅游业的从业者,应对这些旅游法规有必要的了解。

第一节 食品安全管理法规

一、食品安全概述

(一) 食品的含义

根据《中华人民共和国食品安全法》(2009年2月28日通过,2015年4月24日修订,以下简称《食品安全法》)的规定,食品是指各种供人食用或者饮用的成品和原料以及按照传统既是食品又是中药材的物品,但是不包括以治疗为目的的物品。既是食品又是中药材的物品在生活中比较普遍,如罗汉果、肉桂、薄荷、茯苓等中药材。

(二) 食品安全的含义

食品安全是指食品无毒、无害,符合应当有的营养要求,对人体健康不造成任何急性、亚急性或者慢性危害。

从这一含义可以归纳出食品安全的基本要求,表现在三个方面:
(1) 食品无毒、无害;
(2) 食品符合应当有的营养要求;
(3) 对人体健康不造成任何急性、亚急性或者慢性危害。

(三) 食品安全工作的原则

食品安全工作实行预防为主、风险管理、全程控制、社会共治的原则。

第七章 食品安全、饭店、娱乐管理法规

（四）食品安全管理机构

国务院设立食品安全委员会负责食品安全工作。

国务院食品药品监督管理部门对食品生产经营活动实施监督管理，卫生行政部门组织开展食品安全风险监测和风险评估，会同食品药品监督管理部门制定并公布食品安全国家标准。

县级以上地方人民政府对本行政区域的食品安全监督管理工作负责，统一领导、组织、协调本行政区域的食品安全监督管理工作以及食品安全突发事件应对工作。

二、食品安全保障制度

（一）食品安全风险监测和评估制度

1. 食品安全风险监测制度

根据《食品安全法》第14条的规定，国家建立食品安全风险监测制度，对食源性疾病、食品污染以及食品中的有害因素进行监测。国务院卫生行政部门会同国务院食品药品监督管理、质量监督等部门，制定、实施国家食品安全风险监测计划。

2. 食品安全风险评估制度

根据《食品安全法》第17条的规定，国家建立食品安全风险评估制度，运用科学方法，根据食品安全风险监测信息、科学数据以及有关信息，对食品、食品添加剂、食品相关产品中生物性、化学性和物理性危害因素进行风险评估。

食品安全风险评估工作由国务院卫生行政部门负责，通过成立由医学、农业、食品、营养、生物、环境等方面的专家组成的专家委员会进行食品安全方面的风险评估，并公布评估结果。

食品安全风险评估结果是制定、修订食品安全标准和实施食品安全监督管理的科学依据。

（二）食品安全标准制度

食品安全标准是一种强制执行的标准，它以保障公众身体健康为宗旨，基本要求是科学合理、安全可靠。所有的食品安全标准都应当供公众免费查阅。

食品安全国家标准由国务院卫生行政部门会同国务院食品药品监督管理部门制定、公布，国务院标准化行政部门提供国家标准编号。对地方特色食品，没有食品安全国家标准的，省、自治区、直辖市人民政府卫生行政部门可以制定并公布食品安全地方标准，报国务院卫生行政部门备案。国家鼓励食品生产企业制定严于食品安全国家标准或者地方标准的企业标准，在本企业适用，并报省、自治区、直辖市人民政府卫生行政部门备案。

> **相关链接**
>
> 食品安全标准应当包括下列内容：
> （1）食品、食品添加剂、食品相关产品中的致病性微生物，农药残留、兽药残留、生物毒素、重金属等污染物质以及其他危害人体健康物质的限量规定；

(2) 食品添加剂的品种、使用范围、用量；
(3) 专供婴幼儿和其他特定人群的主辅食品的营养成分要求；
(4) 对与卫生、营养等食品安全要求有关的标签、标志、说明书的要求；
(5) 食品生产经营过程的卫生要求；
(6) 与食品安全有关的质量要求；
(7) 与食品安全有关的食品检验方法与规程；
(8) 其他需要制定为食品安全标准的内容。

(三) 食品生产经营许可制度

国家对食品生产经营实行许可制度。从事食品生产、食品销售、餐饮服务，应当依法取得许可。但是，销售食用农产品，不需要取得许可。

国家对食品添加剂生产实行许可制度。食品添加剂指的是为改善食品品质和色、香、味以及为防腐、保鲜和加工工艺的需要而加入食品中的人工合成或者天然物质，包括营养强化剂。食品添加剂应当在技术上确有必要且经过风险评估证明安全可靠，方可列入允许使用的范围。

对直接接触食品的包装材料等具有较高风险的食品相关产品，按照国家有关工业产品生产许可证管理的规定实施生产许可。

相关链接

> 网络食品交易第三方平台对入网食品经营者也应进行实名登记、审查并颁发许可证，否则可能面临5万元以上20万元以下罚款的处罚，造成严重后果的，可能被责令停业，直至由原发证部门吊销许可证；使消费者的合法权益受到损害的，网络食品交易平台应当与食品经营者承担连带责任。

(四) 食品安全全程追溯制度

根据《食品安全法》第42条的规定，食品生产经营者应当建立食品安全追溯体系，保证食品可追溯。国家鼓励食品生产经营者采用信息化手段采集、留存生产经营信息，建立食品安全追溯体系。

(五) 从业人员健康管理制度

食品生产经营者应当建立并执行从业人员健康管理制度。从事接触直接入口食品工作的食品生产经营人员应当每年进行健康检查，取得健康证明后方可上岗工作。患有国务院卫生行政部门规定的有碍食品安全疾病的人员，不得从事接触直接入口食品的工作。

（六）进货查验记录制度

食品生产企业应当建立食品原料、食品添加剂、食品相关产品进货查验记录制度，如实记录其名称、规格、数量、生产日期或者生产批号、保质期、进货日期以及供货者名称、地址、联系方式等内容，并保存相关凭证。记录和凭证保存期限不得少于产品保质期满后6个月；没有明确保质期的，保存期限不得少于2年。食品经营企业同样应当建立食品进货查验记录制度。

（七）食品出厂检验记录制度

食品生产企业应当建立食品出厂检验记录制度，查验出厂食品的检验合格证和安全状况，如实记录食品的名称、规格、数量、生产日期或者生产批号、保质期、检验合格证号、销售日期以及购货者名称、地址、联系方式等内容，并保存相关凭证。

（八）食品召回制度

国家建立食品召回制度。食品生产者发现其生产的食品不符合食品安全标准或者有证据证明可能危害人体健康的，应当立即停止生产，召回已经上市销售的食品，通知相关生产经营者和消费者，并记录召回和通知情况。

食品经营者发现其经营的食品有前款规定情形的，应当立即停止经营，通知相关生产经营者和消费者，并记录停止经营和通知情况。

（九）食品标志管理制度

预包装食品指的是预先定量包装或者制作在包装材料、容器中的食品。预包装食品的包装上应当有标签，标明名称、规格、净含量、生产日期、保质期、贮存条件等事项。专供婴幼儿和其他特定人群的主辅食品，其标签还应当标明主要营养成分及其含量。食品经营者销售散装食品，应当在散装食品的容器、外包装上标明食品的名称、生产日期或者生产批号、保质期以及生产经营者名称、地址、联系方式等内容。食品添加剂应当有标签、说明书和包装，标签上应载明"食品添加剂"字样。

食品和食品添加剂的标签、说明书，不得含有虚假内容，不得涉及疾病预防、治疗功能。生产日期、保质期等事项应当显著标注，容易辨识。生产经营转基因食品应当显著标示。

（十）食品广告管理制度

根据《食品安全法》第73条的规定，食品广告的内容应当真实合法，不得含有虚假内容，不得涉及疾病预防、治疗功能。食品药品监督管理部门以及食品检验机构、食品行业协会不得以广告或者其他形式向消费者推荐食品。消费者组织不得以收取费用或者其他牟取利益的方式向消费者推荐食品。

广告经营者、发布者设计、制作、发布虚假食品广告，使消费者的合法权益受到损害的，应当与食品生产经营者承担连带责任。

社会团体或者其他组织、个人在虚假广告或者其他虚假宣传中向消费者推荐食品，使消费者的合法权益受到损害的，应当与食品生产经营者承担连带责任。

三、食品安全事故处置

（一）食品安全事故的含义

食品安全事故，指食源性疾病、食品污染等源于食品，对人体健康有危害或者可能有危害的事故。这里说的食源性疾病，是指食品中致病因素进入人体引起的感染性、中毒性等疾病，包括食物中毒。

（二）食品安全事故应急预案

建立健全食品安全事故应急预案是筑牢食品安全防线的重要内容。根据《食品安全法》第102条的规定，食品安全事故应急预案应当对食品安全事故分级、事故处置组织指挥体系与职责、预防预警机制、处置程序、应急保障措施等做出规定。

国务院组织制定国家食品安全事故应急预案，县级以上地方人民政府制定本行政区域的食品安全事故应急预案。食品生产经营企业应当制定食品安全事故处置方案，定期检查本企业各项食品安全防范措施的落实情况，及时消除事故隐患。

（三）食品安全事故的报告

任何单位和个人不得对食品安全事故隐瞒、谎报、缓报，不得隐匿、伪造、毁灭有关证据。

（1）事故单位和接收病人进行治疗的单位应当及时向事故发生地县级人民政府食品药品监督管理、卫生行政部门报告。同时，事故单位还必须立即采取措施，防止事故扩大。

（2）县级以上人民政府质量监督、农业行政等部门在日常监督管理中发现食品安全事故或者接到事故举报，应当立即向同级食品药品监督管理部门通报。

（3）发生食品安全事故，接到报告的县级人民政府食品药品监督管理部门应当按照应急预案的规定向本级人民政府和上级人民政府食品药品监督管理部门报告。县级人民政府和上级人民政府食品药品监督管理部门应当按照应急预案的规定上报。

（4）医疗机构发现其接收的病人属于食源性疾病病人或者疑似病人的，应当按照规定及时将相关信息向所在地县级人民政府卫生行政部门报告。县级人民政府卫生行政部门认为与食品安全有关的，应当及时通报同级食品药品监督管理部门。

（5）县级以上人民政府卫生行政部门在调查处理传染病或者其他突发公共卫生事件中发现与食品安全相关的信息，应当及时通报同级食品药品监督管理部门。

（四）食品安全事故的处理

县级以上人民政府食品药品监督管理部门接到食品安全事故的报告后，应当立即会同同级卫生行政、质量监督、农业行政等部门进行调查处理，并采取下列措施，防止或者减轻社会危害：

（1）开展应急救援工作，组织救治因食品安全事故导致人身伤害的人员；

（2）封存可能导致食品安全事故的食品及其原料，并立即进行检验；对确认属于被污染的食品及其原料，责令食品生产经营者予以召回或者停止经营；

（3）封存被污染的食品相关产品，并责令进行清洗消毒；

（4）做好信息发布工作，依法对食品安全事故及其处理情况进行发布，并对可能产生的危害加以解释、说明。

县级以上疾病预防控制机构应当对事故现场进行卫生处理,并对与事故有关的因素开展流行病学调查。

(五)事故责任调查

发生食品安全事故后,设区的市级以上人民政府食品药品监督管理部门应当立即会同有关部门进行事故责任调查,督促有关部门履行职责,向本级人民政府和上一级人民政府食品药品监督管理部门提出事故责任调查处理报告。

四、食品安全违法行为的处罚和赔偿

为充分保证食品安全,《食品安全法》加大了对食品安全违法行为的处罚力度,主要规定如下。

(1)对性质恶劣的违法行为罚款金额可达货值金额的 30 倍。对用非食品原料生产食品、经营病死畜禽、违法使用剧毒高毒农药、生产经营营养成分不符合食品安全标准的专供婴幼儿和其他特定人群的主辅食品等性质恶劣的违法行为,可处货值金额 15 倍以上 30 倍以下罚款;情节严重的,吊销许可证,并可以由公安机关对其直接负责的主管人员和其他直接责任人员处 5 日以上 15 日以下拘留。

(2)对重复违法行为的处罚。食品生产经营者在一年内累计 3 次因违反规定受到责令停产停业、吊销许可证以外处罚的,由食品药品监督管理部门责令停产停业,直至吊销许可证。

(3)对为违法行为人提供经营场所的处罚。明知行为人从事的是食品违法行为,仍为其提供生产经营场所或者其他条件的,可处 10 万元以上 20 万元以下罚款;使消费者的合法权益受到损害的,与食品生产经营者承担连带责任。

(4)从业限制。被吊销许可证的食品生产经营者及其法定代表人、直接负责的主管人员和其他直接责任人员自处罚决定做出之日起五年内不得申请食品生产经营许可,或者从事食品生产经营管理工作、担任食品生产经营企业食品安全管理人员。因食品安全犯罪被判处有期徒刑以上刑罚的,终身不得从事食品生产经营管理工作,也不得担任食品生产经营企业食品安全管理人员。

(5)对网络交易平台的违法行为的处罚。消费者通过网络食品交易第三方平台购买食品,其合法权益受到损害的,可以向入网食品经营者或者食品生产者要求赔偿。网络食品交易第三方平台提供者不能提供入网食品经营者的真实名称、地址和有效联系方式的,由网络食品交易第三方平台提供者赔偿。网络食品交易第三方平台提供者赔偿后,有权向入网食品经营者或者食品生产者追偿。网络食品交易第三方平台提供者做出更有利于消费者承诺的,应当履行其承诺。

(6)民事赔偿优先。生产经营者财产不足以同时承担民事赔偿责任和缴纳罚款、罚金时,先承担民事赔偿责任。

(7)消费者可选择向经营者或生产者索赔。消费者因不符合食品安全标准的食品受到损害的,可以向经营者要求赔偿损失,也可以向生产者要求赔偿损失。接到消费者赔偿要求的生产经营者,应当实行首负责任制,先行赔付,不得推诿;属于生产者责任的,经营者赔偿后有权向生产者追偿;属于经营者责任的,生产者赔偿后有权向经营者追偿。

（8）惩罚性赔偿金。生产不符合食品安全标准的食品或者经营明知是不符合食品安全标准的食品，消费者除要求赔偿损失外，还可以向生产者或者经营者要求支付价款10倍或者损失3倍的赔偿金；增加赔偿的金额不足一千元的，为一千元。但是，食品的标签、说明书存在不影响食品安全且不会对消费者造成误导的瑕疵的除外。

第二节　旅游饭店管理法规

旅游饭店是旅游业的三大支柱产业之一，在促进旅游业的发展中起着非常重要的作用。20世纪80年代以来，我国陆续颁布了一些与旅游饭店管理有关的法律法规，对规范饭店的运行起了重要的作用。

一、旅游饭店的含义

旅游饭店是指以间（套）夜为单位出租客房，以住宿服务为主，并提供商务、会议、休闲、度假等相应服务的住宿设施。从内涵上看，旅游饭店与饭店并没有本质的差别，能为旅游者提供餐饮等相关服务的住宿设施都可称为旅游饭店。而且，饭店只是一个泛称，按不同习惯，饭店也可被称为宾馆、酒店、旅馆、旅社、宾舍、度假村、俱乐部、大厦、中心等。

二、旅游饭店的权利与义务

目前并没有专门的法律、法规来规范旅游饭店的权利和义务，但我们可从《旅游法》、《民法通则》、《合同法》的一些规定中对旅游饭店的权利与义务进行一些归纳。此外，在法律法规没有明文规定的情况下，饭店行业规范、国际惯例等也将对饭店的权利与义务造成影响。

（一）旅游饭店的权利

1. 收费权

饭店是一家企业，有权向住店客人收取房费和其他有偿服务（如餐饮、洗衣、电话）的费用，也有权要求旅行社向饭店支付房费和其他费用。

为避免收费纠纷，饭店应当事先把住宿价格和住宿时间结算方法（如几点钟退房）明确清晰地告诉客人。饭店如果对客房、餐饮、洗衣、电话等服务项目加收服务费，应当在房价表或有关服务价目单上明码标价。

收费是企业的权利，如何进行收费是企业经营自主权的体现，法律法规不会进行过细的规定。但正因为法律法规没有明确规定，这也容易带来实际操作当中的争论。实践中，很多饭店会参照《中国旅游饭店行业规范》（中国旅游饭店业协会制订，2002年5月1日起施行，2009年8月修订）中的一些规定制订收费方案。《中国旅游饭店行业规范》是旅游饭店自律的行为规范，对会员饭店具有约束作用。会员饭店如果同客人发生纠纷应参照《中国旅游饭店行业规范》有关条款协商解决；协商不成的，双方按照国家有关法律、法规和规定处理。

第七章　食品安全、饭店、娱乐管理法规

> **补充阅读**
>
> ### 饭店都是中午12点退房吗？
>
> 客房收费以"间/夜"为计算单位（钟点房除外），客人住一"间/夜"，计收一天房费，这是饭店行业通常的计费方式。但法律法规并没有规定这一"间/夜"如何界定。饭店作为一家自负盈亏的企业，有经营自主权，有权在不违反法律的前提下，自行选择住宿时间的结算方法，前提是事先要明确告诉客人这一收费方式。
>
> 《中国旅游饭店行业规范》曾规定，次日12时以后、18时以前办理退房手续者，饭店可以加收半天房费；次日18时以后退房者，饭店可以加收一天房费。这就是饱受争议的"12点退房"规定。其实，这个行业规范并不是法律规定，饭店可自行选择是否执行，但这一规定也确实对许多饭店的收费方式带来了影响，"12点退房"成为饭店通行的做法。2009年8月，中国旅游饭店业协会对《中国旅游饭店行业规范》进行了修订，将此条改为"饭店应在前厅显著位置明示客房价格和住宿时间结算方法，或者确认已将上述信息用适当方式告知客人"，也就是说新的规范不再对"12点退房"统一规定，完全由饭店自主决定几点退房。
>
> 因此，规定几点钟退房是饭店企业的权利，饭店可以规定自己认为合理的任一时间退房，前提是事先将此信息告诉客人。只要客人入住前明确知道了这一结算方法，仍坚持入住，则表明客人接受了这一结算方法，这一结算方法即成为住宿合同的一部分，任何一方违约都要承担违约责任。

餐饮并不是饭店必备的服务项目，却是许多饭店经营的重要组成部分，有的饭店还靠特色餐饮赢得市场。饭店开设餐饮业的收费要依据《餐饮业经营管理办法（试行）》（商务部和国家发展和改革委员会2014年9月22日联合发布，自2014年11月1日起施行）的规定。《餐饮业经营管理办法（试行）》第12条明确规定，禁止餐饮经营者设置最低消费。也就是说，饭店的餐饮经营不能设置最低消费，否则就是违法。不仅如此，餐饮经营者还有责任提醒消费者节俭用餐，在醒目位置张贴节约标识，引导消费者适量点餐，帮助消费者将剩菜打包。

2. 合理拒绝接待权

饭店作为一家企业，享有一定条件下拒绝接待客人的权利，这是企业经营自主权的体现，前提是不违背法律法规的规定。

具体什么情况下可以拒绝接待客人，法律法规是不可能规定的，但很多饭店会参照行业规范。《中国旅游饭店行业规范》中规定，以下人员饭店可以不予接待：

（1）携带危害饭店安全的物品入店者；
（2）从事违法活动者；
（3）影响饭店形象者；
（4）无支付能力或曾有过逃账记录者。

当然，当饭店客满时，饭店可以拒绝客人的入住要求。如果客人的身体状况不适宜入

住,饭店也可以拒绝其入住。

3. 要求客人遵守饭店规章制度的权利

作为一家企业,饭店有对饭店进行有效管理的权利,其制订的规章制度对客人具有约束力,同意入住的客人视为接受了饭店的管理,理应遵守饭店的规章制度。

4. 制止违法行为的权利

饭店承担着保障客人的人身、财产安全的义务,也有权对发生在饭店内的违法犯罪行为加以制止,有权举报违法犯罪行为,并配合公安机关的执法行为。

5. 要求赔偿合理损失的权利

客人不履行合同规定的义务给饭店造成损失,或者客人造成了饭店财物的损失,饭店可以要求客人承担赔偿责任。

(二) 旅游饭店的义务

1. 按约定提供服务

饭店应当按照住宿合同的约定为客人提供服务,否则应承担违约责任。对此,《旅游法》第75条有更具体的规定,住宿经营者应当按照旅游服务合同的约定为团队旅游者提供住宿服务。住宿经营者未能按照旅游服务合同提供服务的,应当为旅游者提供不低于原定标准的住宿服务,因此增加的费用由住宿经营者承担;但由于不可抗力、政府因公共利益需要采取措施造成不能提供服务的,住宿经营者应当协助安排旅游者住宿。

2. 保障客人的人身财产安全

饭店经营中有许多因素可以影响客人的人身和财产安全,因此,饭店有责任采取各种措施,预防可能损害旅客人身财产安全的事件的发生,如客人入住时要求客人出示有效证件,并如实登记;客房房门应当装置防盗链、门镜、应急疏散图,卫生间内应当采取有效的防滑措施;公共区域安全监控系统;对可能损害客人人身和财产安全的场所采取防护、警示措施;在前厅处设置有双锁的客人贵重物品保险箱,提供住店客人贵重物品的保管服务,等等。

饭店未能履行安全保障义务,造成客人人身财产损害的,应承担赔偿责任。如果是第三人的原因造成客人损害,由第三人承担责任,饭店作为管理者未尽到保障义务的,应承担相应的补充责任。如果饭店将部分经营项目或场地转租给他人经营,应当对实际经营者的经营行为给客人造成的损害承担连带责任。

相关链接

《旅游法》第54条规定,景区、住宿经营者将其部分经营项目或者场地交由他人从事住宿、餐饮、购物、游览、娱乐、旅游交通等经营的,应当对实际经营者的经营行为给旅游者造成的损害承担连带责任。

3. 尊重客人的隐私

客人租用饭店的客房即对客房具有使用权,其合法的私人活动和提供给饭店的个人信息受到保护,饭店应当妥当保护客人的这些隐私权利。未经客人许可,饭店员工不得随意进入客人下榻的房间(除日常清扫卫生、维修保养设施设备或者发生火灾等紧急情况外)。

三、旅游饭店星级评定

对饭店进行星级评定是使饭店的管理和服务更加规范化和专业化的一个有效措施,也是国际上用来反映饭店的硬件和软件水平的一个通行做法。我国从1988年开始实行星级评定制度,现在采用的标准是国家质检总局、国家标准化管理委员会于2010年10月批准发布的国家标准《旅游饭店星级的划分与评定》(GB/T 14308—2010)。

(一) 什么是饭店星级

饭店星级指的是用星的数量和颜色表示饭店的等级。饭店星级分为5个级别,即一星级、二星级、三星级、四星级、五星级(含白金五星级)。最低为一星级,最高为五星级。星级越高,表示饭店的等级越高。

> **补充阅读**
>
> 我们经常看到某饭店打出"超五星"、"准五星"的字样,其实,实践当中并不存在"准×星"、"超×星"或"相当于×星"这种标准。任何饭店都不应该以"准×星"、"超×星"等作为宣传手段。

(二) 参评条件

凡在我国境内正式营业1年以上的饭店,均可申请星级评定。经评定达到相应星级标准的饭店,由全国旅游饭店星级评定机构颁发相应的星级证书和标志牌。星级标志的有效期为3年,3年期满后应进行重新评定。

> **补充阅读**
>
> 饭店有权自己决定是否参加星级评定,因此,星级饭店的数量不等同于全部饭店的数量。《旅游饭店星级的划分与评定》也不是强制性标准,不要求所有饭店都执行这一标准,但评定了星级的饭店必须执行这一标准,按相应的星级标准提供规范的服务,并接受旅游饭店星级评定机构的检查。

(三) 评定标准

旅游饭店星级评定的标准主要涉及以下3个方面。

1. 基本条件(必备项目)

各个星级的饭店都有相应的基本硬件设施和服务项目要求,各参评饭店应逐项达标,缺一不可。

2. 设施设备要求(硬件要求)

主要考察饭店设备设施的位置、结构、数量、面积、功能、材质、设计、装饰等方面。评星

时将对饭店的上述硬件条件进行打分,三星至五星级饭店不得低于下列分数:三星级饭店220分,四星级饭店320分,五星级饭店420分。一星级、二星级饭店不做要求。饭店若达不到上述分数,则不能取得相应的星级。

3. 运营质量要求(软件要求)

主要考察饭店各项服务的基本流程、设施维护保养和清洁卫生方面的评价。三星至五星级饭店的最低得分率是三星级饭店70%,四星级饭店80%,五星级饭店85%。一星级、二星级饭店不做要求。饭店若达不到上述得分率,则不能取得相应的星级。

值得注意的是,评定星级时,饭店是作为一个整体来参与评定的,这就要求饭店内所有区域都应达到同一星级的质量标准和管理要求。例如,一家饭店有A、B两栋楼,A楼达到了五星级标准,B楼只能达到四星级标准,这家饭店就只能评四星。

饭店取得星级后,因饭店改造而发生建筑规格、设施设备和服务项目的变化,关闭或取消原有设施设备、服务功能或项目,导致达不到原星级标准的,必须向相应级别旅游星级饭店评定委员会申报,接受复核或重新评定。

四、旅游饭店的治安管理

对旅游者来说,在饭店住宿是其旅游生活中极为重要的一环,饭店的治安状况直接影响游客的人身财产安全和旅游质量。目前涉及旅游饭店治安管理的法律法规主要有《中华人民共和国治安管理处罚法》(2005年8月28日公布,2012年10月26日修订,2013年1月1日起施行。以下简称《治安管理处罚法》)和《旅馆业治安管理办法》(1987年9月23日国务院批准,1987年11月10日公安部发布,2011年1月8日修订)。

(一) 开办住宿企业的治安管理

要开办住宿企业,首先必须达到下列条件:

(1) 房屋建筑、消防设备、出入口和通道等符合消防规定,并且具备必要的防盗安全设施;

(2) 经主管部门审查批准;

(3) 经当地公安机关签署意见。

达到这些条件后,申请人才可向工商行政管理部门申请登记,领取营业执照。

住宿企业设立后,如果发生歇业、转业、合并、迁移、改变名称等情况,应当在工商行政管理部门办理变更登记后3日内,向当地的县、市公安局、公安分局备案。

(二) 旅馆经营的治安管理

1. 建立健全管理制度

饭店在经营中应建立健全各项安全管理制度,设置治安保卫组织或者指定安全保卫人员。

2. 严格执行住宿登记和报告制度

饭店接待旅客住宿,必须查验旅客的身份证件,并如实登记旅客姓名、身份证件种类和号码等。接待境外旅客住宿,还应当在24小时内向当地公安机关报送住宿登记表。如果饭店工作人员发现可疑人员、正在实施违法犯罪的人员和被公安机关通缉的罪犯,应当立即向当地公安机关报告,不得知情不报或隐瞒包庇。

> **相关链接**
>
> 我国《治安管理处罚法》第56条规定,旅馆业的工作人员对住宿的旅客不按规定登记姓名、身份证件种类和号码的,或者明知住宿的旅客将危险物质带入旅馆,不予制止的,处二百元以上五百元以下罚款。旅馆业的工作人员明知住宿的旅客是犯罪嫌疑人员或者被公安机关通缉的人员,不向公安机关报告的,处二百元以上五百元以下罚款;情节严重的,处五日以下拘留,可以并处五百元以下罚款。《中华人民共和国出境入境管理法》第76条规定,旅馆未按照规定向公安机关报送外国人住宿登记信息的,给予警告;情节严重的,处1000元以上5000元以下罚款。

3. 保护好旅客财物

饭店应当设置旅客财物保管箱、柜或者保管室、保险柜,指定专人负责保管工作。对旅客寄存的财物,要建立登记、领取和交接制度。对旅客遗留的物品,应妥善保管,设法归还原主或揭示招领;经招领3个月后无人认领的,应登记造册,送当地公安机关按拾遗物品处理。对旅客遗留的违禁物品和可疑物品,应当及时报告公安机关处理。

4. 禁止违法犯罪行为

饭店应禁止旅客将易燃、易爆、剧毒、腐蚀性和放射性等危险物品带入饭店。严禁有人利用饭店场所进行卖淫、嫖宿、赌博、吸毒、传播淫秽物品等违法犯罪活动。

> **相关链接**
>
> 我国《治安管理处罚法》第74条规定,旅馆业、饮食服务业、文化娱乐业、出租汽车业等单位的人员,在公安机关查处吸毒、赌博、卖淫、嫖娼活动时,为违法犯罪行为人通风报信的,处十日以上十五日以下拘留。

5. 加强饭店安全管理

饭店应加强安全管理,禁止酗酒滋事、大声喧哗,影响他人休息的行为出现。禁止旅客私自留客住宿或者转让床位。

公安机关对饭店的治安管理承担着重要职责,主要体现在:

(1) 指导、监督饭店、旅馆建立各项安全管理制度和落实安全防范措施;

(2) 协助饭店对工作人员进行安全业务知识的培训;

(3) 依法惩办侵犯饭店和旅客合法权益的违法犯罪分子。

公安人员到饭店执行公务时,应出示证件,严格依法办事,文明礼貌待人,维护旅馆的正常经营和旅客的合法权益。

第三节　娱乐场所管理法规

在食、住、行、游、购、娱这旅游的六大要素中，娱虽然并不是必备要素，但同样是很多游客感兴趣的旅游内容之一。为加强对娱乐场所的管理，我国发布了《娱乐场所管理条例》(国务院2006年1月29日颁布,2006年3月1日起实施,2016年2月6日修订)。此外,《治安管理处罚法》和《旅馆业治安管理办法》中也有涉及对娱乐场所管理的规定。

一、娱乐场所的含义和管理部门

娱乐场所，是指以营利为目的，并向公众开放，消费者自娱自乐的歌舞、游艺等场所。这一定义表明娱乐场所有以下特点：

(1) 以营利为目的；
(2) 对公众开放；
(3) 是消费者自娱自乐的歌舞、游艺等场所，不包括电影院、剧院等观赏场所。

县级以上人民政府文化主管部门负责对娱乐场所日常经营活动的监督管理；县级以上公安部门负责对娱乐场所消防、治安状况的监督管理。

> **补充阅读**
>
> 娱乐场所大致包括两类：一类是以人际交谊为主的歌厅、舞厅、卡拉OK厅等；另一类是依靠游艺器械经营的场所，如电子游戏厅、游艺厅等。值得注意的是，宾馆、饭店不是娱乐场所，但宾馆、饭店中对外营业的歌舞、游艺场所却是娱乐场所。

二、娱乐场所的设立

(一) 娱乐场所的设立者

《娱乐场所管理条例》对娱乐场所的设立者规定了明确的限制条件，有下列情形之一的人员，不得开办娱乐场所，也不得在娱乐场所内从业：

(1) 曾犯有组织、强迫、引诱、容留、介绍卖淫罪，制作、贩卖、传播淫秽物品罪，走私、贩卖、运输、制造毒品罪，强奸罪，强制猥亵、侮辱妇女罪，赌博罪，洗钱罪，组织、领导、参加黑社会性质组织罪的；
(2) 因犯罪曾被剥夺政治权利的；
(3) 因吸食、注射毒品曾被强制戒毒的；
(4) 因卖淫、嫖娼曾被处以行政拘留的。

外国投资者可以与中国投资者依法设立中外合资经营、中外合作经营的娱乐场所，但不得设立外商独资经营的娱乐场所。

(二) 娱乐场所的选址

娱乐场所的设立，除了边界噪声应当符合国家规定的环境噪声标准外，对选址也有规定，不得设在下列地点：

（1）居民楼、博物馆、图书馆和被核定为文物保护单位的建筑物内；
（2）居民住宅区和学校、医院、机关周围；
（3）车站、机场等人群密集的场所；
（4）建筑物地下一层以下；
（5）与危险化学品仓库毗连的区域。

(三) 娱乐场所的面积

娱乐场所的使用面积，不得低于国务院文化主管部门规定的最低标准；设立含有电子游戏机的游艺娱乐场所，应当符合国务院文化主管部门关于总量和布局的要求。

(四) 娱乐场所的设立程序

1. 申请

设立娱乐场所的申请人应当向所在地县级人民政府文化主管部门提出申请；中外合资经营、中外合作经营的娱乐场所申请从事娱乐场所经营活动，应当向所在地省、自治区、直辖市人民政府文化主管部门提出申请。申请人在申请时应提交投资人员、拟任的法定代表人和其他负责人不属于《娱乐场所管理条例》规定的不得开办娱乐场所人员的书面声明。

2. 核查和听证

受理申请的文化主管部门应当就书面声明向公安部门或者其他有关单位核查，并且在审批娱乐场所前先举行听证。

3. 颁发娱乐经营许可证

经审查和听证，予以批准的，颁发娱乐经营许可证，并根据国务院文化主管部门的规定核定娱乐场所容纳的消费者数量；不予批准的，应当书面通知申请人并说明理由。

4. 备案

娱乐场所依法取得营业执照和相关批准文件、许可证后，应当在15日内向所在地县级公安部门备案。

三、娱乐场所的主要经营规则

(一) 禁止包含的内容

娱乐场所内的娱乐活动内容应符合法律、行政法规的规定，禁止包含下列内容：

（1）违反宪法确定的基本原则的；
（2）危害国家统一、主权或者领土完整的；
（3）危害国家安全，或者损害国家荣誉、利益的；
（4）煽动民族仇恨、民族歧视，伤害民族感情或者侵害民族风俗、习惯，破坏民族团

结的；

(5) 违反国家宗教政策,宣扬邪教、迷信的；

(6) 宣扬淫秽、赌博、暴力以及与毒品有关的违法犯罪活动,或者教唆犯罪的；

(7) 违背社会公德或者民族优秀文化传统的；

(8) 侮辱、诽谤他人,侵害他人合法权益的；

(9) 法律、行政法规禁止的其他内容。

(二) 关于娱乐场所经营环境的规定

1. 监控条件

歌舞娱乐场所应当在营业场所的出入口、主要通道安装闭路电视监控设备,并应当保证闭路电视监控设备在营业期间正常运行,不得中断。监控录像资料留存30日备查,不得删改或者挪作他用。

> **补充阅读**
>
> 安装闭路电视监控设备的规定只适用于歌舞类的娱乐场所,不适用于游艺类的娱乐场所,更不适用于非娱乐场所。而且,监控设备的安装区域有严格限定,即只能安装在场所的出入口和主要通道,包间、包房和其他地方不得安装。

2. 包厢、包间的相对开放

歌舞娱乐场所的包厢、包间内不得设置隔断,并应当安装展现室内整体环境的透明门窗。包厢、包间的门不得有内锁装置。

3. 有足够的亮度

营业期间,歌舞娱乐场所内亮度不得低于国家规定的标准。

4. 游戏设施设备

游艺娱乐场所不得设置具有赌博功能的电子游戏机机型、机种、电路板等游戏设施设备,不得以现金或者有价证券作为奖品,不得回购奖品。

5. 保证消防安全

娱乐场所应当确保其建筑、设施符合国家安全标准和消防技术规范,定期检查消防设施状况,并及时维护、更新。营业期间,娱乐场所应当保证疏散通道和安全出口畅通,不得封堵、锁闭疏散通道和安全出口,不得在疏散通道和安全出口设置栅栏等影响疏散的障碍物。疏散通道和安全出口应有明显的指示标志,并且不得遮挡、覆盖指示标志。

(三) 娱乐场所的具体经营规则

1. 营业时间

每日凌晨2时至上午8时,娱乐场所不得营业。值得注意的是,这一时间规定只适用于娱乐场所,不适用于非娱乐场所,如宾馆、饭店、酒吧、茶吧、咖啡厅等场所。

2. 安检

迪斯科舞厅应当配备安全检查设备,对进入营业场所的人员进行安全检查。任何人不得非法携带枪支、弹药、管制器具或者携带爆炸性、易燃性、毒害性、放射性、腐蚀性等危险物品和传染病病原体进入娱乐场所。

3. 不得接待和招用未成年人

歌舞娱乐场所不得接纳未成年人。除国家法定节假日外,游艺娱乐场所设置的电子游戏机不得向未成年人提供。同时,娱乐场所不得招用未成年人;招用外国人的,应当按照国家有关规定为其办理外国人就业许可证。

4. 文明执业

营业期间,娱乐场所的从业人员(娱乐场所的管理人员、服务人员、保安人员等)应当统一着工作服,佩戴工作标志并携带居民身份证或者外国人就业许可证,遵守职业道德和卫生规范,诚实守信,礼貌待人,不得侵害消费者的人身和财产权利。娱乐场所应当建立营业日志,记载营业期间从业人员的工作职责、工作时间、工作地点;营业日志不得删改,并应当留存60日备查。

5. 明码标价

娱乐场所提供娱乐服务项目和出售商品,应当明码标价,并向消费者出示价目表;不得强迫、欺骗消费者接受服务、购买商品。

6. 警示标志

娱乐场所应当在营业场所的大厅、包厢、包间内的显著位置悬挂含有禁毒、禁赌、禁止卖淫嫖娼等内容的警示标志、未成年人禁入或者限入标志。标志应当注明公安部门、文化主管部门的举报电话。

思考与练习

一、单项选择题

1. 食品是指各种供人食用或者饮用的成品和原料以及按照传统既是食品又是(　　)的物品。

　　A. 中药材　　　　B. 药品　　　　C. 保健品　　　　D. 滋补品

2. (　　)对食品生产经营活动实施监督管理。

　　A. 卫生行政部门　　　　　　　　B. 质量监督部门
　　C. 食品药品监督管理部门　　　　D. 工商行政管理部门

3. 从事(　　)的工作人员应当每年进行健康检查,取得健康证明后方可上岗工作。

　　A. 食品生产　　　　　　　　　　B. 食品经营
　　C. 食品销售　　　　　　　　　　D. 接触直接入口食品工作

4. 对用非食品原料生产食品的行为,罚款金额可达货值金额的(　　)倍。

　　A. 3　　　　　B. 15　　　　　C. 30　　　　　D. 50

5. 食品生产经营者在一年内累计(　　)次因违反规定受到责令停产停业、吊销许可证以外处罚的,由食品药品监督管理部门责令停产停业,直至吊销许可证。

　　A. 2　　　　　　B. 3　　　　　　C. 4　　　　　　D. 5
　　6. 饭店将部分经营项目或场地转租给他人经营,应当对实际经营者的经营行为给客人造成的损害承担(　　)责任。
　　　A. 全部　　　　B. 连带　　　　C. 部分　　　　D. 次要
　　7. 每日的(　　),娱乐场所不得营业。
　　　A. 零点至上午7时　　　　　　B. 半夜12时至上午8时
　　　C. 凌晨2时至上午8时　　　　 D. 凌晨3时至上午10时
　　8. 我国旅游饭店等级最高的星级是(　　)。
　　　A. 五星级　　　B. 钻石五星级　　C. 六星级　　　D. 七星级
　　二、多项选择题(每题有2个或2个以上正确答案)
　　1. 食品安全的基本要求有(　　)。
　　　A. 无毒、无害
　　　B. 符合应当有的营养要求
　　　C. 不含食品添加剂
　　　D. 对人体健康不造成任何急性、亚急性或者慢性危害
　　2. 下列行为中需要取得食品生产经营许可的有(　　)。
　　　A. 食品生产　　B. 食品销售　　C. 餐饮服务　　D. 销售食用农产品
　　3. 在食品标签上,(　　)应当显著标注,容易辨识。
　　　A. 疾病预防功能　B. 生产日期　　C. 疾病治疗功能　D. 保质期
　　4. 生产不符合食品安全标准的食品或者经营明知是不符合食品安全标准的食品,消费者除要求赔偿损失外,还可以向生产者或者经营者要求支付(　　)的赔偿金。
　　　A. 价款10倍　　B. 价款20倍　　C. 损失3倍　　　D. 损失10倍
　　5. 消费者因不符合食品安全标准的食品受到损害的,可以向(　　)要求赔偿损失。
　　　A. 食品经营者　B. 食品检验者　C. 消费者协会　D. 食品生产者
　　6. 根据《中国旅游饭店行业规范》的规定,(　　)饭店可以不予接待。
　　　A. 携带危害饭店安全的物品入店者　　B. 从事违法活动者
　　　C. 影响饭店形象者　　　　　　　　　D. 无支付能力或曾有过逃账记录者
　　7. 娱乐场所不得设在(　　)。
　　　A. 文物保护单位的建筑物内　　　　　B. 居民住宅区的周围
　　　C. 学校周围　　　　　　　　　　　　D. 车站、机场等人群密集的场所
　　三、判断题
　　1. 食品添加剂应当在技术上确有必要且经过风险评估证明安全可靠,方可列入允许使用的范围。　　　　　　　　　　　　　　　　　　　　　　　　　　　　　　(　　)
　　2. 被召回的食品都是不符合食品安全标准的食品。　　　　　　　　　　(　　)
　　3. 生产经营者财产不足以同时承担民事赔偿责任和缴纳罚款、罚金时,应优先缴纳罚款、罚金。　　　　　　　　　　　　　　　　　　　　　　　　　　　　　　(　　)
　　4. 因食品安全犯罪被判处有期徒刑以上刑罚的,终身不得从事食品生产经营管理工作。　　　　　　　　　　　　　　　　　　　　　　　　　　　　　　　　　　(　　)

5. 凡在我国境内正式营业 1 年以上的饭店，均可申请星级评定。（   ）
6. 旅游饭店不能拒绝任何客人的住宿要求。（   ）
7. 餐饮企业可以设置最低消费。（   ）
8. 歌舞娱乐场所应当在营业场所的出入口、主要通道安装闭路电视监控设备。（   ）

四、简答题

1. 食品安全的基本要求是什么？
2. 什么是食品安全事故？
3. 食品药品监督管理部门接到食品安全事故的报告后，应采取哪些处理措施？
4. 我国对食品广告有哪些管理规定？
5. 旅游饭店有哪些主要权利和义务？
6. 娱乐场所有哪些主要的经营规则？

五、分析题

1. 一学生通过某知名网络交易平台购买了食品，造成食物中毒。请问，学生应该向谁索赔？
2. 某知名歌手在虚假广告中向消费者推荐食品，消费者信以为真，购买了此食品，但发现这是假冒伪劣产品。请问，这位歌手是否需要担责？
3. 2016 年 11 月，游客李某在 A 超市购买了 B 厂生产的 1 箱牛奶，花费 70 元。回到家后发现牛奶已变质，完全不能饮用。请问，李某该如何索赔？如果李某能得到赔偿，最多能得到多少赔偿？
4. 现在各家饭店规定的退房时间有很大差异，有的规定中午 12 点，有的规定中午 1 点，有的是中午 2 点，有的饭店还允许客人可住满 24 小时再退房。你认为饭店有权自由规定退房时间吗？应如何规定？谈谈你对这一问题的看法。
5. 有的饭店谢绝客人自带酒水和食品进入餐厅、酒吧、舞厅等场所享用，你认为饭店是否有这种权利？请通过你在本章学到的知识进行分析。
6. 一家饭店有 A、B 两栋楼，A 楼达到了五星级标准，B 楼只能达到四星级标准，这家饭店可能评几星？

第八章
旅游者出入境管理法规

近年来,我国的出入境旅游发展很快,目前,我国已成为世界上第四大入境旅游接待国,并成为世界上出境游人数最多的国家和出境旅游消费最高的国家。同时,我国相继制定了一系列规范出入境管理活动的法律、法规,主要有《中华人民共和国出境入境管理法》(2012年6月30日公布,2013年7月1日起施行)、《中国公民出国旅游管理办法》(国务院2002年5月27日公布,2002年7月1日起施行)、《中华人民共和国护照法》(2006年4月29日公布,2007年1月1日起施行)、《中华人民共和国出境入境边防检查条例》(国务院1995年7月20日颁布,1995年9月1日起施行)、《中华人民共和国国境卫生检疫法》(1986年12月2日通过,2007年12月29日修订)等。

第一节 中国公民出境入境管理

一、中国公民出入境的主要证件

(一)护照

1. 护照的含义

护照是主权国家政府发给本国公民出入境和在国外旅行、居留等的证件,主要用来证明护照持有者的国籍、身份和出国目的。中华人民共和国护照是中华人民共和国公民出入国境和在国外证明国籍和身份的证件。

2. 我国护照的分类

我国的护照分为普通护照、外交护照和公务护照三类。

(1)公民因前往外国定居、探亲、学习、就业、旅行、从事商务活动等非公务原因出国的,应申请普通护照。

(2)外交官员、领事官员及其随行配偶、未成年子女和外交信使持用外交护照。

(3)在中华人民共和国驻外使馆、领馆或者联合国、联合国专门机构以及其他政府间国际组织中工作的中国政府派出的职员及其随行配偶、未成年子女持用公务护照。

（4）其他公民出国执行公务的，由其工作单位按规定向外交部门提出申请，由外交部门根据需要签发外交护照或者公务护照。

3. 普通护照的申请

旅游者出国旅游申请的是普通护照。

（1）提交的材料。申请普通护照，应当提交本人的居民身份证、户口簿、近期免冠照片以及申请事由的相关材料。国家工作人员因非公务原因出境申请普通护照的，还应当按照国家有关规定提交相关证明文件。

（2）签发部门。普通护照由公安部出入境管理机构或者公安部委托的县级以上地方人民政府公安机关出入境管理机构及中华人民共和国驻外使馆、领馆和外交部委托的其他驻外机构签发。

（3）登记项目。普通护照的登记项目包括护照持有人的姓名、性别、出生日期、出生地，护照的签发日期、有效期、签发地点和签发机关等。

（4）签发时限。公安机关出入境管理机构应当自收到申请材料之日起15日内签发普通护照。

（5）有效期。普通护照的有效期一般为10年。如果护照持有人未满16周岁，有效期为5年。

4. 外交护照和公务护照的申请

外交护照由外交部签发。公务护照由外交部、中华人民共和国驻外使馆、领馆或者外交部委托的其他驻外机构，以及外交部委托的省、自治区、直辖市和设区的市人民政府外事部门签发。

外交护照、公务护照的登记项目包括护照持有人的姓名、性别、出生日期、出生地，护照的签发日期、有效期和签发机关。

5. 护照的换发或补发

有下列情形之一的，护照持有人申请换发或者补发护照：

（1）护照有效期即将届满的；

（2）护照签证页即将使用完毕的；

（3）护照损毁不能使用的；

（4）护照遗失或者被盗的；

（5）有正当理由需要换发或者补发护照的其他情形。

护照持有人申请换发或者补发普通护照，在国内，由本人向户籍所在地的县级以上地方人民政府公安机关出入境管理机构提出；在国外，由本人向我国驻外使馆、领馆或者外交部委托的其他驻外机构提出。定居国外的中国公民回国后申请换发或者补发普通护照的，由本人向暂住地的县级以上地方人民政府公安机关出入境管理机构提出。

6. 不予签发护照和扣押护照的情形

申请人有下列情形之一的，护照签发机关不予签发护照：

（1）不具有中华人民共和国国籍的；

(2) 无法证明身份的；
(3) 在申请过程中弄虚作假的；
(4) 被判处刑罚正在服刑的；
(5) 人民法院通知有未了结的民事案件不能出境的；
(6) 属于刑事案件被告人或者犯罪嫌疑人的；
(7) 国务院有关主管部门认为出境后将对国家安全造成危害或者对国家利益造成重大损失的。

申请人有下列情形之一的，护照签发机关自其刑罚执行完毕或者被遣返回国之日起6个月至3年以内不予签发护照：
(1) 因妨害国（边）境管理受到刑事处罚的；
(2) 因非法出境、非法居留、非法就业被遣返回国的。

人民法院、人民检察院、公安机关、国家安全机关、行政监察机关因办理案件需要，可以依法扣押案件当事人的护照。

（二）签证

签证是主权国家政府机关依照本国法律规定为申请入出或通过本国的外国人颁发的一种许可证明。签证通常附载于申请人所持的护照或其他国际旅行证件上，也有另做在纸上的。随着科技的进步，有的国家已开始签发电子签证、生物签证。一般来说，签证应与护照同时使用才有效力。

中国公民出境、入境，需要办理所前往国家的签证或者入境许可证件。但是，中国公民个人因私前往对中国公民实施免签、落地签证政策的国家或者地区，则无须事先办理签证，出入境边防检查机关查验有效护照和订妥座位的联程客票无误后即可放行。

（三）通行证

中国公民往来内地与香港特别行政区、澳门特别行政区，中国公民往来大陆与台湾地区，应当依法申请办理通行证。

（四）旅行证

短期出国的公民在国外发生护照遗失、被盗或者损毁不能使用等情形，应当向我国驻外使馆、领馆或者外交部委托的其他驻外机构申请中华人民共和国旅行证。

（五）出入境通行证

公民从事边境贸易、边境旅游服务或者参加边境旅游等情形，可以向公安部委托的县级以上地方人民政府公安机关出入境管理机构申请中华人民共和国出入境通行证。

二、中国公民出入境手续

中国公民应当从对外开放的口岸出境入境，特殊情况下，可以从国务院或者国务院授权的部门批准的地点出境入境。

出境入境时应当向出入境边防检查机关交验本人的护照或者其他旅行证件等出入境证件，履行规定的手续，经查验准许之后方可出境入境。

三、禁止出境的情况

中国公民有下列情形之一的,不准出境。

(1) 未持有效出境入境证件或者拒绝、逃避接受边防检查的;

(2) 被判处刑罚尚未执行完毕或者属于刑事案件被告人、犯罪嫌疑人的;

(3) 有未了结的民事案件,人民法院决定不准出境的;

(4) 因妨害国(边)境管理受到刑事处罚或者因非法出境、非法居留、非法就业被其他国家或者地区遣返,未满不准出境规定年限的;

(5) 可能危害国家安全和利益,国务院有关主管部门决定不准出境的;

(6) 法律、行政法规规定不准出境的其他情形。

四、出国旅游的管理

为了规范旅行社组织中国公民出国旅游活动,保障出国旅游者和出国旅游经营者的合法权益,国务院于2002年5月27日颁布了《中国公民出国旅游管理办法》,对出国旅游进行了规范。

(一) 出国旅游目的地的批准制度

出国旅游的目的地国家,由国务院旅游行政部门会同国务院有关部门提出,报国务院批准后,由国务院旅游行政部门公布。任何单位和个人不得组织中国公民到公布的出国旅游目的地国家以外的国家旅游。

(二) 出国旅游业务经营权的审批管理

申请经营出国旅游业务的旅行社,应当向省、自治区、直辖市旅游行政部门提出申请。省、自治区、直辖市旅游行政部门应当自受理申请之日起30个工作日内审查完毕,经审查同意的,报国务院旅游行政部门批准;经审查不同意的,应当书面通知申请人并说明理由。

未经国务院旅游行政部门批准取得出国旅游业务经营资格的,任何单位和个人不得擅自经营或者以商务、考察、培训等方式变相经营出国旅游业务。

相关链接

根据《中国公民出国旅游管理办法》第25条的规定,组团社有下列情形之一的,旅游行政部门可以暂停其经营出国旅游业务;情节严重的,取消其出国旅游业务经营资格:

(1) 入境旅游业绩下降的;

(2) 因自身原因,在1年内未能正常开展出国旅游业务的;

(3) 因出国旅游服务质量问题被投诉并经查实的;

(4) 有逃汇、非法套汇行为的;

(5) 以旅游名义弄虚作假,骗取护照、签证等出入境证件或者送他人出境的;

(6) 国务院旅游行政部门认定的影响中国公民出国旅游秩序的其他行为。

(三)《中国公民出国旅游团队名单表》管理制度

国务院旅游行政部门根据上年度全国入境旅游的业绩、出国旅游目的地的增加情况和出国旅游的发展趋势,在每年的 2 月底以前确定本年度组织出国旅游的人数安排总量,并下达省、自治区、直辖市旅游行政部门。

省、自治区、直辖市旅游行政部门根据本行政区域内各组团社上年度经营入境旅游的业绩、经营能力、服务质量,按照公平、公正、公开的原则,在每年的 3 月底以前核定各组团社本年度组织出国旅游的人数安排。

国务院旅游行政部门统一印制《中国公民出国旅游团队名单表》,在下达本年度出国旅游人数安排时编号发放给省、自治区、直辖市旅游行政部门,由省、自治区、直辖市旅游行政部门核发给组团社。组团社应当按照核定的出国旅游人数安排组织出国旅游团队,填写《中国公民出国旅游团队名单表》。

(四) 旅游团队的出入境管理

根据规定,组团社应当为旅游者办理前往国签证等出境手续。在旅游团队出境、入境时及旅游团队入境后,应当将《中国公民出国旅游团队名单表》分别交有关部门查验、留存。

组团社应安排旅游团队从国家开放口岸整团出入境。旅游团队出境前已确定分团入境的,组团社应当事先向出入境边防检查总站或者省级公安边防部门备案。旅游团队出境后因不可抗力或者其他特殊原因确需分团入境的,领队应当及时通知组团社,组团社应当立即向有关出入境边防检查总站或者省级公安边防部门备案。

第二节 外国人入境出境管理

一、签证管理

外国人是指不具有中国国籍的人。外国人入境,应当向我国驻外签证机关申请办理签证。在特定情况下,外国人也可以向中国政府主管机关指定口岸的签证机关申请办理签证。

(一) 签证的类型

签证分为外交签证、礼遇签证、公务签证和普通签证。

对因外交、公务事由入境的外国人,签发外交、公务签证;对因身份特殊需要给予礼遇的外国人,签发礼遇签证;对因工作、学习、探亲、旅游、商务活动、人才引进等非外交、公务事由入境的外国人,签发相应类别的普通签证。

(二) 签证的办理

外国人申请办理签证,应当向我国驻外签证机关提交本人的护照或者其他国际旅行证件,以及申请事由的相关材料,有时还得提供中国境内的单位或者个人出具的邀请函件。按照驻外签证机关的要求办理相关手续、接受面谈。

签证的登记项目包括签证种类,持有人姓名、性别、出生日期、入境次数、入境有效期、停留期限,签发日期、地点,护照或者其他国际旅行证件号码等。

(三) 口岸签证的办理

出于人道原因需要紧急入境,应邀入境从事紧急商务、工程抢修或者具有其他紧急入境需要并持有有关主管部门同意在口岸申办签证的证明材料的外国人,可以在国务院批准办理口岸签证业务的口岸,向公安部委托的口岸签证机关申请办理口岸签证。旅行社按照国家有关规定组织入境旅游的,也可以向口岸签证机关申请办理团体旅游签证。

口岸签证机关签发的签证1次入境有效,签证注明的停留期限不得超过30日。

(四) 不予签发签证的情况

外国人有下列情形之一的,不予签发签证:
(1) 被处驱逐出境或者被决定遣送出境,未满不准入境规定年限的;
(2) 患有严重精神障碍、传染性肺结核病或者有可能对公共卫生造成重大危害的其他传染病的;
(3) 可能危害中国国家安全和利益、破坏社会公共秩序或者从事其他违法犯罪活动的;
(4) 在申请签证过程中弄虚作假或者不能保障在中国境内期间所需费用的;
(5) 不能提交签证机关要求提交的相关材料的;
(6) 签证机关认为不宜签发签证的其他情形。
对不予签发签证的,签证机关可以不说明理由。

(五) 可免办签证的情况

外国人有下列情形之一的,可以免办签证:
(1) 根据中国政府与其他国家政府签订的互免签证协议,属于免办签证人员的;
(2) 持有效的外国人居留证件的;
(3) 持联程客票搭乘国际航行的航空器、船舶、列车从中国过境前往第三国或者地区,在中国境内停留不超过24小时且不离开口岸,或者在国务院批准的特定区域内停留不超过规定时限的;
(4) 国务院规定的可以免办签证的其他情形。

二、外国人入境手续

外国人入境,应当向我国出入境边防检查机关交验本人的护照或者其他国际旅行证件、签证或者其他入境许可证明,履行规定的手续,经查验准许后方可入境。

外国人有下列情形之一的,不准入境:
(1) 未持有效出境入境证件或者拒绝、逃避接受边防检查的;
(2) 被处驱逐出境或者被决定遣送出境,未满不准入境规定年限的;
(3) 患有严重精神障碍、传染性肺结核病或者有可能对公共卫生造成重大危害的其他传染病的;
(4) 可能危害中国国家安全和利益、破坏社会公共秩序或者从事其他违法犯罪活动的;

(5) 在申请签证过程中弄虚作假或者不能保障在中国境内期间所需费用的;
(6) 入境后可能从事与签证种类不符的活动的;
(7) 法律、行政法规规定不准入境的其他情形。

对未被准许入境的外国人,出入境边防检查机关应当责令其返回;对拒不返回的,强制其返回。外国人等待返回期间,不得离开限定的区域。

三、外国人出境手续

外国人出境,应当向我国出入境边防检查机关交验本人的护照或者其他国际旅行证件等出境入境证件,履行规定的手续,经查验准许后方可出境。

有下列情形之一的外国人不准出境:
(1) 被判处刑罚尚未执行完毕或者属于刑事案件被告人、犯罪嫌疑人的,但是按照中国与外国签订的有关协议,移管被判刑人的除外;
(2) 有未了结的民事案件,人民法院决定不准出境的;
(3) 拖欠劳动者的劳动报酬,经国务院有关部门或者省、自治区、直辖市人民政府决定不准出境的;
(4) 法律、行政法规规定不准出境的其他情形。

四、外国人停留居留管理

(一) 外国人停留

外国人应按照签证注明的停留期限在中国境内停留。需要延长签证停留期限的,应当在签证注明的停留期限届满 7 日前向停留地县级以上地方人民政府公安机关出入境管理机构申请,按照要求提交申请事由的相关材料。经审查,延期理由合理、充分的,准予延长停留期限;不予延长停留期限的,应当按期离境。延长签证停留期限,累计不得超过签证原注明的停留期限。

(二) 外国人住宿

外国人在我国境内的旅馆住宿的,旅馆应当按有关规定为其办理住宿登记,并向所在地公安机关报送外国人住宿登记信息。

外国人在旅馆以外的其他住所住宿的,应当在入住后 24 小时内,由本人或者留宿人向当地公安机关办理登记。

(三) 外国人居留

外国人所持签证注明入境后需要办理居留证件的,应当自入境之日起 30 日内,向拟居留地县级以上地方人民政府公安机关出入境管理机构申请办理外国人居留证件,并提交本人护照或者其他国际旅行证件,以及申请事由的相关材料,并留存指纹等人体生物识别信息。公安机关出入境管理机构应当自收到申请材料之日起 15 日内进行审查并做出审查决定,根据居留事由签发相应类别和期限的外国人居留证件。其中工作类居留证件的有效期最短为 90 日,最长为 5 年;非工作类居留证件的有效期最短为 180 日,最长为 5 年。

外国人在中国境内工作,应当按照规定取得工作许可和工作类居留证件。任何单位和个人不得聘用未取得工作许可和工作类居留证件的外国人。

在中国境内居留的外国人如果要申请延长居留期限的,应当在居留证件有效期限届满30日前向居留地县级以上地方人民政府公安机关出入境管理机构提出申请,按照要求提交申请事由的相关材料。经审查,延期理由合理、充分的,准予延长居留期限;不予延长居留期限的,应当按期离境。

(四)永久居留

对中国经济社会发展做出突出贡献或者符合其他在中国境内永久居留条件的外国人,经本人申请和公安部批准,可以取得永久居留资格。这些取得永久居留资格的外国人,凭永久居留证件在中国境内居留和工作,凭本人的护照和永久居留证件出境入境。

相关链接

在我国取得永久居留资格的外国人也可能会被取消永久居留资格。《中华人民共和国出境入境管理法》第49条规定,外国人有下列情形之一的,由公安部决定取消其在中国境内永久居留资格:

(1) 对中国国家安全和利益造成危害的;
(2) 被处驱逐出境的;
(3) 弄虚作假骗取在中国境内永久居留资格的;
(4) 在中国境内居留未达到规定时限的;
(5) 不适宜在中国境内永久居留的其他情形。

(五)遣送出境

外国人有下列情形之一的,可以遣送出境:
(1) 被处限期出境,未在规定期限内离境的;
(2) 有不准入境情形的;
(3) 非法居留、非法就业的。

被遣送出境的人员,自被遣送出境之日起1至5年内不准入境。

第三节 我国的出入境检查制度

对出入境人员、物品进行检查是维护国家主权、保护国家利益的具体体现。我国对出入境人员、物品的检查主要包括以下几个方面。

一、海关检查

我国海关是国家的进出关境监督管理机关。海关检查主要指海关对进出境的运输工具、货物、行李物品、邮递物品和其他物品执行监督管理、征收关税和其他税费、查缉走私等任务时所进行的检查。

对旅游者而言,海关检查主要指的是对个人携带的进出境的行李物品的检查。旅游者在进出境时应将个人携带的行李物品向海关如实申报,并接受海关查验。

二、边防检查

边防检查是指为维护国家的主权、安全和社会秩序,禁止非法出入境,便利出入境人员和交通运输工具的通行而采取的检查制度。出入境边防检查工作由公安部主管。我国在对外开放的港口、航空港、车站和边境通道等口岸设立出境、入境边防检查站,具体检查的内容包括以下几个方面。

(一) 对出入境人员的检查

出境、入境的人员必须按照规定填写出境、入境登记卡,向边防检查站交验本人的有效护照或者其他出境、入境证件,经查验核准后,方可出境和入境。

边防检查站认为必要时,可以对出境、入境的人员进行人身检查,但这一检查应当由两名与受检查人同性别的边防检查人员进行。

相关链接

《中华人民共和国出境入境边防检查条例》第8条规定,出境、入境的人员有下列情形之一的,边防检查站有权阻止其出境、入境:

(1) 未持出境、入境证件的;
(2) 持有无效出境、入境证件的;
(3) 持用他人出境、入境证件的;
(4) 持用伪造或者涂改的出境、入境证件的;
(5) 拒绝接受边防检查的;
(6) 未在限定口岸通行的;
(7) 国务院公安部门、国家安全部门通知不准出境、入境的;
(8) 法律、行政法规规定不准出境、入境的。

(二) 对交通运输工具的检查

出境、入境的交通运输工具离、抵口岸时,必须接受边防检查。对交通运输工具的入境检查,在最先抵达的口岸进行;出境检查在最后离开的口岸进行。特殊情况下,对交通运输工具的入境、出境检查,可以在有关主管机关指定的地点进行。

出境、入境的交通运输工具在中国境内必须按照规定的路线、航线行驶。

(三)对行李物品、货物的检查

出境、入境的人员和交通运输工具不得携带、载运法律、行政法规规定的危害国家安全和社会秩序的违禁物品,任何人不得非法携带属于国家秘密的文件、资料和其他物品出境。边防检查站根据维护国家安全和社会秩序的需要,可以对出境、入境人员携带的行李物品和交通运输工具载运的货物进行重点检查。

三、卫生检疫

为了防止传染病由国外传入或者由国内传出,实施国境卫生检疫,保护人体健康,我国于1986年12月2日颁布了《中华人民共和国国境卫生检疫法》。

入境、出境的人员、交通工具、运输设备,以及可能传播检疫传染病的行李、货物、邮包等物品,都应当接受检疫,经国境卫生检疫机关许可,方准入境或者出境。

入境的交通工具和人员,必须在最先到达的国境口岸的指定地点接受检疫。除引航员外,未经国境卫生检疫机关许可,任何人不准上下交通工具,不准装卸行李、货物、邮包等物品。出境的交通工具和人员,必须在最后离开的国境口岸接受检疫。

四、动植物检疫

根据《中华人民共和国进出境动植物检疫法》(1991年10月30日公布,1992年4月1日起施行)的规定,国家动植物检疫机关在对外开放的口岸和进出境动植物检疫业务集中的地点设立口岸动植物检疫机关,对进出境的动植物、动植物产品和其他检疫物,装载动植物、动植物产品和其他检疫物的装载容器、包装物,以及来自动植物疫区的运输工具,实施进出境动植物检疫。

动植物病原体(包括菌种、毒种等)、害虫及其他有害生物,动植物疫情流行的国家和地区的有关动植物、动植物产品和其他检疫物,动物尸体,土壤等禁止进入我国。口岸动植物检疫机关发现这些禁止进境物的,应作退回或者销毁处理。

一、单项选择题

1. 我国旅游者出国旅游申请的是(　　)。
   A. 旅游护照　　　B. 公务护照　　　C. 外交护照　　　D. 普通护照
2. 普通护照的有效期一般为(　　)年。
   A. 20　　　　　　B. 15　　　　　　C. 10　　　　　　D. 5
3. 口岸签证机关签发的签证(　　)次入境有效。
   A. 1　　　　　　B. 2　　　　　　C. 3　　　　　　D. 多
4. 对因工作、学习等事由入境的外国人,签发的签证为(　　)。
   A. 外交签证　　　B. 礼遇签证　　　C. 公务签证　　　D. 普通签证

5. 对交通运输工具的入境检查,在( )进行。
 A. 最先抵达的口岸　　　　　　　B. 最后离开的口岸
 C. 中间停靠的口岸　　　　　　　D. 特定的口岸
6. ( )主要指的是对个人携带的进出境的行李物品的检查。
 A. 边防检查　　B. 海关检查　　C. 卫生检疫　　D. 动植物检疫

二、多项选择题(每题有 2 个或 2 个以上正确答案)
1. 我国的护照分为( )三类。
 A. 普通护照　　B. 外交护照　　C. 公务护照　　D. 旅游护照
2. 下面哪些人可能被禁止出境?( )
 A. 没有正式工作的人　　　　　　B. 没有生活来源的人
 C. 犯罪嫌疑人　　　　　　　　　D. 判处刑罚尚未执行完毕的人
3. 下列外国人中,( )将不被准许入境。
 A. 患有严重精神障碍的人
 B. 可能从事违法犯罪活动的人
 C. 不能保障在中国境内期间所需费用的人
 D. 拒绝、逃避接受边防检查的人
4. 对因( )等事由入境的外国人,签发相应类别的普通签证。
 A. 旅游　　　　B. 外交　　　　C. 公务　　　　D. 商务
5. 外国人在中国境内工作,应当按照规定取得( )。
 A. 身份证明　　　　　　　　　　B. 工作许可
 C. 工作类居留证件　　　　　　　D. 工作签证
6. ( )都应当接受检疫,经国境卫生检疫机关许可,方准入境或者出境。
 A. 入境、出境的人员　　　　　　B. 交通工具
 C. 邮包　　　　　　　　　　　　D. 行李
7. ( )等禁止进入我国。
 A. 害虫　　　　B. 动植物病原体　　C. 动物尸体　　D. 土壤

三、判断题
1. 对不予签发签证的,我国签证机关可以不说明理由。　　　　　　　　(　　)
2. 旅行社都可以经营出国旅游业务。　　　　　　　　　　　　　　　　(　　)
3. 外国人来中国旅游,必须先办旅游证。　　　　　　　　　　　　　　(　　)
4. 外国人在旅馆以外的其他住所住宿的,可不用向当地公安机关办理登记。(　　)
5. 出境的交通工具和人员,必须在最后离开的国境口岸接受检疫。　　　(　　)

四、简答题
1. 什么是护照?
2. 什么是签证?
3. 中国公民出入境可能涉及哪些主要证件?
4. 我国公民如何申请普通护照?

五、分析题
什么情况下,外国人来中国可免办签证?

第九章
旅游资源管理法规

第一节 概 述

一、旅游资源的概念与类型

(一) 旅游资源的概念

根据我国国家标准《旅游资源分类、调查与评价》(GB/T 18972—2003)给出的定义,旅游资源指的是自然界和人类社会中能对旅游者产生吸引力,可以被旅游业开发利用,并能产生经济效益、社会效益和生态环境效益的各种事物和因素。

构成旅游资源的各种事物和因素应同时满足下列三个基本条件:

(1) 能激发人们的旅游动机,对旅游者产生吸引力;
(2) 可以被旅游业开发利用;
(3) 能产生经济效益、社会效益和生态环境效益。

(二) 旅游资源的类型

旅游资源可分成两大类:自然旅游资源和人文旅游资源。

1. 自然旅游资源

自然旅游资源是亿万年来自然地理环境的演变中依照自然发展规律天然形成的具有旅游吸引力的事物和因素,可分为地文景观、水域风光、生物景观和气候气象四大类型。地质地貌、海洋、河流、湖泊、冰川、气候、气象、动物、植物等都可能成为自然旅游资源。

2. 人文旅游资源

人文旅游资源则是在人类历史发展和社会进程中由人类社会行为促使形成的具有人类社会文化属性的旅游资源,可分为遗址遗迹、建筑与设施、旅游商品、人文活动四大类型。历史遗迹、建筑、陵墓、城镇、村落、园林、民俗风情、饮食习惯等可能成为人文旅游资源。

相关链接

根据《旅游资源分类、调查与评价》(GB/T 18972—2003)，旅游资源的分类情况如表 9-1 所示。

表 9-1 旅游资源分类表

主类	亚类	基本类型
A 地文景观	AA 综合自然旅游地	AAA 山丘型旅游地　AAB 谷地型旅游地　AAC 沙砾石地型旅游地　AAD 滩地型旅游地　AAE 奇异自然现象　AAF 自然标志地　AAG 垂直自然地带
	AB 沉积与构造	ABA 断层景观　ABB 褶曲景观　ABC 节理景观　ABD 地层剖面　ABE 钙华与泉华　ABF 矿点矿脉与矿石积聚地　ABG 生物化石点
	AC 地质地貌过程形迹	ACA 凸峰　ACB 独峰　ACC 峰丛　ACD 石(土)林　ACE 奇特与象形山石　ACF 岩壁与岩缝　ACG 峡谷段落　ACH 沟壑地　ACI 丹霞　ACJ 雅丹　ACK 堆石洞　ACL 岩石洞与岩穴　ACM 沙丘地　ACN 岸滩
	AD 自然变动遗迹	ADA 重力堆积体　ADB 泥石流堆积　ADC 地震遗迹　ADD 陷落地　ADE 火山与熔岩　ADF 冰川堆积体　ADG 冰川侵蚀遗迹
	AE 岛礁	AEA 岛区　AEB 岩礁
B 水域风光	BA 河段	BAA 观光游憩河段　BAB 暗河河段　BAC 古河道段落
	BB 天然湖泊与池沼	BBA 观光游憩湖区　BBB 沼泽与湿地　BBC 潭池
	BC 瀑布	BCA 悬瀑　BCB 跌水
	BD 泉	BDA 冷泉　BDB 地热与温泉
	BE 河口与海面	BEA 观光游憩海域　BEB 涌潮现象　BEC 击浪现象
	BF 冰雪地	BFA 冰川观光地　BFB 常年积雪地
C 生物景观	CA 树木	CAA 林地　CAB 丛树　CAC 独树
	CB 草原与草地	CBA 草地　CBB 疏林草地
	CC 花卉地	CCA 草场花卉地　CCB 林间花卉地
	CD 野生动物栖息地	CDA 水生动物栖息地　CDB 陆地动物栖息地　CDC 鸟类栖息地　CDE 蝶类栖息地
D 天象与气候景观	DA 光现象	DAA 日月星辰观察地　DAB 光环现象观察地　DAC 海市蜃楼现象多发地
	DB 天气与气候现象	DBA 云雾多发区　DBB 避暑气候地　DBC 避寒气候地　DBD 极端与特殊气候显示地　DBE 物候景观

续表

主类	亚类	基本类型
E 遗址遗迹	EA 史前人类活动场所	EAA 人类活动遗址　EAB 文化层　EAC 文物散落地　EAD 原始聚落
	EB 社会经济文化活动遗址遗迹	EBA 历史事件发生地　EBB 军事遗址与古战场　EBC 废弃寺庙　EBD 废弃生产地　EBE 交通遗迹　EBF 废城与聚落遗迹　EBG 长城遗迹　EBH 烽燧
F 建筑与设施	FA 综合人文旅游地	FAA 教学科研实验场所　FAB 康体游乐休闲度假地　FAC 宗教与祭祀活动场所　FAD 园林游憩区域　FAE 文化活动场所　FAF 建设工程与生产地　FAG 社会与商贸活动场所　FAH 动物与植物展示地　FAI 军事观光地　FAJ 边境口岸　FAK 景物观赏点
	FB 单体活动场馆	FBA 聚会接待厅堂(室)　FBB 祭拜场馆　FBC 展示演示场馆　FBD 体育健身馆场　FBE 歌舞游乐场馆
	FC 景观建筑与附属型建筑	FCA 佛塔　FCB 塔形建筑物　FCC 楼阁　FCD 石窟　FCE 长城段落　FCF 城(堡)　FCG 摩崖字画　FCH 碑碣(林)　FCI 广场　FCJ 人工洞穴　FCK 建筑小品
	FD 居住地与社区	FDA 传统与乡土建筑　FDB 特色街巷　FDC 特色社区　FDD 名人故居与历史纪念建筑　FDE 书院　FDF 会馆　FDG 特色店铺　FDH 特色市场
	FE 归葬地	FEA 陵区陵园　FEB 墓(群)　FEC 悬棺
	FF 交通建筑	FFA 桥　FFB 车站　FFC 港口渡口与码头　FFD 航空港　FFE 栈道
	FG 水工建筑	FGA 水库观光游憩区段　FGB 水井　FGC 运河与渠道段落　FGD 堤坝段落　FGE 灌区　FGF 提水设施
G 旅游商品	GA 地方旅游商品	GAA 菜林饮食　GAB 农林畜产品与制品　GAC 水产品与制品　GAD 中草药材及制品　GAE 传统手工产品与工艺品　GAF 日用工业品　GAG 其他物品
H 人文活动	HA 人事记录	HAA 人物　HAB 事件
	HB 艺术	HBA 文艺团体　HBB 文学艺术作品
	HC 民间习俗	HCA 地方风俗与民间礼仪　HCB 民间节庆　HCC 民间演艺　HCD 民间健身活动与赛事　HCE 宗教活动　HCF 庙会与民间集会　HCG 饮食习俗　HGH 特色服饰
	HD 现代节庆	HDA 旅游节　HDB 文化节　HDC 商贸农事节　HDD 体育节

续表

主类	亚类	基本类型
数 量 统 计		
8主类	31亚类	155基本类型

[注] 如果发现本分类没有包括的基本类型时，使用者可自行增加。增加的基本类型可归入相应亚类，置于最后，最多可增加2个。编号方式为：增加第1个基本类型时，该亚类2位汉语拼音字母＋Z，增加第2个基本类型时，该亚类2位汉语拼音字母＋Y。

(资料来源：《旅游资源分类、调查与评价》(GB/T 18972—2003)。)

二、旅游资源保护的原则

旅游资源是旅游业赖以生存和发展的基础，也是旅游产品和旅游活动的基本要素。旅游资源保护坚持严格保护、开发服从保护的原则。

国务院旅游行政管理部门负责全国旅游资源的普查、分类、定级、公告及相关保护工作。各级旅游行政管理部门应与同级人民政府的环保、建设、土地、林业、文化、水利等部门密切合作，承担推进本地区旅游资源保护工作的责任。

任何社会团体和个人都有权利和义务依法从事旅游资源保护工作。旅行社、旅游景区、导游人员应担负起教育旅游者在旅游活动中保护旅游资源的职责。

三、旅游资源管理法规的构成

旅游资源管理法规是指关于旅游资源的开发、利用、保护和管理的各种法律规范的总称。我国旅游资源数量众多，种类丰富，将各类旅游资源的开发、利用和保护纳入法制化轨道，有利于保证旅游资源的可持续利用，有利于提高公民对旅游资源的保护意识。

我国从20世纪70年代末以来，陆续颁布了一些与旅游资源开发和保护相关的法律法规，初步形成了旅游资源管理法规体系，为我国旅游业的良性发展奠定了基础。这些法律法规主要有《旅游法》、《中华人民共和国文物保护法》、《中华人民共和国非物质文化遗产法》、《风景名胜区条例》、《中华人民共和国自然保护区条例》等。

第二节　旅游景区管理

一、旅游景区的含义

根据《旅游法》第111条的规定,景区是指为旅游者提供游览服务、有明确的管理界限的场所或者区域。

旅游景区是旅游资源的重要组成部分,其范围很广泛,包括风景名胜区、文博院馆、旅游度假区、自然保护区、主题公园、森林公园、地质公园、游乐园、动物园、植物园等。这些景区构成了旅游资源的核心吸引力。

二、景区的接待条件

(一) 景区的开放条件

景区开放应当具备开放条件,不具备开放条件的景区不能对公众开放。根据《旅游法》第42条的规定,景区开放应当具备下列条件,并听取旅游主管部门的意见:

(1) 有必要的旅游配套服务和辅助设施;

(2) 有必要的安全设施及制度,经过安全风险评估,满足安全条件;

(3) 有必要的环境保护设施和生态保护措施;

(4) 法律、行政法规规定的其他条件。

如果景区不具备开放条件而接待旅游者的,可能面临停业整顿、罚款2万元以上20万元以下的处罚。

(二) 景区的接待量

每个景区都有一定的接待量的限制,尤其是热门景区,如果没有接待量的限制,将会影响景区的可持续发展,也会影响游客的旅游感受。

《旅游法》第45条规定,景区接待旅游者不得超过景区主管部门核定的最大承载量。景区应当公布景区主管部门核定的最大承载量,制定和实施旅游者流量控制方案,并可以采取门票预约等方式,对景区接待旅游者的数量进行控制。

旅游者数量可能达到最大承载量时,景区应当提前公告并同时向当地人民政府报告,景区和当地人民政府应当及时采取疏导、分流等措施。景区超过最大承载量接待旅游者,或者未按规定公告或者未向当地人民政府报告,未及时采取疏导、分流等措施,可能面临责令改正、责令停业整顿1个月至6个月的处罚。

三、景区的收费规范

（一）价格公开

景区的门票价格、另行收费项目的价格及团体收费价格都应在醒目的位置进行公示。景区提高门票价格应当提前6个月公布。

（二）严控价格上涨

利用公共资源建设的景区，其门票和景区内的游览场所、交通工具等另行收费项目实行政府定价或者政府指导价，严格控制价格上涨。利用公共资源建设的景区不得通过增加另行收费项目等方式变相涨价，另行收费项目已收回投资成本的，应当相应降低价格或者取消收费。

景区拟收费或者提高价格的，应当举行听证会，征求旅游者、经营者和有关方面的意见，论证收费或提高价格的必要性和可行性。

（三）门票的合并出售

不同景区的门票或者同一景区内不同游览场所的门票可以合并出售，但合并后的价格不得高于各单项门票的价格之和。而且，旅游者有权选择购买其中的单项票。

（四）减少收费

景区内的核心游览项目因故暂停向旅游者开放或者停止提供服务的，应当公示并相应减少收费。

（五）免费开放

公益性的城市公园、博物馆、纪念馆等，除重点文物保护单位和珍贵文物收藏单位外，应当逐步免费开放。

四、旅游景区质量等级评定

对旅游景区进行质量等级评定是景区管理的一项重要措施。旅游景区质量等级评定的主要依据是国家标准《旅游景区质量等级的划分与评定》（GB/T 17775—2003）和国家旅游局2012年4月16日颁布的《旅游景区质量等级管理办法》（2012年5月1日起施行）。国家旅游局2005年7月6日发布的《旅游景区质量等级评定管理办法》则于2016年废止。

（一）景区质量等级及标志

旅游景区质量等级划分为5级，从高到低依次为AAAAA、AAAA、AAA、AA、A级（分别简称为5A、4A、3A、2A、A级）旅游景区。根据《旅游景区质量等级的划分与评定》，等级的划分主要依据下列条件：旅游交通、游览、旅游安全、卫生、邮电服务、旅游购物、经营管理、资源和环境的保护、旅游资源吸引力、市场吸引力、年接待量、旅游者抽样调查满意率等。

旅游景区质量等级的标牌、证书由全国旅游景区质量等级评定委员会统一制作，由相应的评定机构颁发。质量等级标牌，须置于旅游景区主要入口显著位置。旅游景区在对外宣传资料中应正确标明其等级。

旅游景区也可根据需要自行制作质量等级标志，但该标志在外形、材质、颜色等方面要与景区特点相一致。

> **补充阅读**
>
> 过去,我国的旅游景区质量等级仅划分为4级,从高到低依次为AAAA、AAA、AA、A级旅游景区。最新颁布实施的国家标准《旅游景区质量等级的划分与评定》对此做出重大修改,将旅游景区划分为5级,新增的AAAAA级主要从细节方面、景区的文化性和特色性等方面做了更高要求。

(二)景区质量等级参评条件和评定机构

1. 管理原则

旅游景区质量等级管理工作,遵循自愿申报、分级评定、动态管理、以人为本、持续发展的原则。

2. 参评条件

凡在我国境内正式开业1年以上的旅游景区,均可申请质量等级。但要注意,具有独立管理和服务机构的旅游景区才可申请等级评定,园中园、景中景等内部旅游点不进行单独评定。

3. 评定机构

国家旅游局组织设立全国旅游景区质量等级评定委员会,负责全国旅游景区质量等级评定工作的组织和实施,授权并督导省级及以下旅游景区质量等级评定机构开展评定工作。

各省、自治区、直辖市人民政府旅游行政主管部门组织设立本地区旅游景区质量等级评定委员会,按照全国旅游景区质量等级评定委员会授权,负责本行政区域内旅游景区质量等级评定工作的组织和实施。

3A级及以下等级旅游景区由全国旅游景区质量等级评定委员会授权各省级旅游景区质量等级评定委员会负责评定。

4A级旅游景区由省级旅游景区质量等级评定委员会推荐,全国旅游景区质量等级评定委员会组织评定。

5A级旅游景区从4A级旅游景区中产生。被公告为4A级3年以上的旅游景区可申报5A级旅游景区。5A级旅游景区由省级旅游景区质量等级评定委员会推荐,全国旅游景区质量等级评定委员会组织评定。

> **补充阅读**
>
> 2007年8月,故宫博物院、北京天坛公园、安徽黄山风景名胜区、大连老虎滩公园等66家景区被批准为国家首批5A级旅游景区。
>
> 下列景区是中国首批5A级旅游景区(66家)。
>
> 北京:故宫博物院、天坛公园、颐和园、八达岭长城。

天津：天津古文化街旅游区（津门故里）、天津盘山风景名胜区。

河北：秦皇岛市山海关景区、保定市安新白洋淀景区、承德避暑山庄及周围寺庙景区。

山西：大同市云冈石窟、忻州市五台山风景名胜区。

辽宁：沈阳市植物园、大连老虎滩海洋公园·老虎滩极地馆。

吉林：长春市伪满皇宫博物院、长白山景区。

黑龙江：哈尔滨市太阳岛公园。

上海：上海东方明珠广播电视塔、上海野生动物园。

江苏：南京市钟山风景名胜区—中山陵园风景区、中央电视台无锡影视基地三国水浒景区、苏州市拙政园、苏州市周庄古镇景区。

浙江：杭州市西湖风景名胜区、温州市雁荡山风景名胜区、舟山市普陀山风景名胜区。

安徽：黄山市黄山风景区、池州市九华山风景区。

福建：厦门市鼓浪屿风景名胜区、南平市武夷山风景名胜区。

江西：九江市庐山风景名胜区、吉安市井冈山风景旅游区。

山东：烟台市蓬莱阁旅游区、济宁市曲阜明故城（三孔）旅游区、泰安市泰山景区。

河南：登封市嵩山少林景区、洛阳市龙门石窟景区、焦作市云台山风景名胜区。

湖南：衡阳市南岳衡山旅游区、张家界武陵源旅游区。

湖北：武汉市黄鹤楼公园、宜昌市三峡大坝旅游区。

广东：广州市长隆旅游度假区、深圳华侨城旅游度假区。

广西：桂林市漓江景区、桂林市乐满地度假世界。

海南：三亚市南山文化旅游区、三亚市南山大小洞天旅游区。

重庆：重庆大足石刻景区、重庆巫山小三峡—小小三峡。

四川：成都市青城山—都江堰旅游景区、乐山市峨眉山景区、阿坝藏族羌族自治州九寨沟旅游景区。

贵州：安顺市黄果树大瀑布景区、安顺市龙宫景区。

云南：昆明市石林风景区、丽江市玉龙雪山景区。

陕西：西安市秦始皇兵马俑博物馆、西安市华清池景区、延安市黄帝陵景区。

甘肃：嘉峪关市嘉峪关文物景区、平凉市崆峒山风景名胜区。

宁夏：石嘴山市沙湖旅游景区、中卫市沙坡头旅游景区。

新疆：新疆天山天池风景名胜区、吐鲁番市葡萄沟风景区、阿勒泰地区喀纳斯景区。

(三) 景区质量等级评定程序

1. 3A级及以下等级的旅游景区的评定程序

(1) 由所在地旅游景区评定机构逐级提交评定申请报告、《旅游景区质量等级评定报告书》和创建资料(包括景区创建工作汇报、服务质量和环境质量具体达标说明和图片、景区资源价值和市场价值具体达标说明和图片等)。

(2) 省级或经授权的地市级旅游景区评定机构组织评定。

(3) 对达标景区直接对外公告,颁发证书和标牌,并报全国旅游景区质量等级评定委员会备案。

2. 4A级旅游景区的评定程序

(1) 由所在地旅游景区评定机构逐级提交申请申请报告、《旅游景区质量等级评定报告书》和创建资料。

(2) 省级旅游景区评定机构组织初评。

(3) 初评合格的景区,由省级旅游景区评定机构向全国旅游景区质量等级评定委员会提交推荐意见,全国旅游景区质量等级评定委员会通过明查、暗访等方式进行检查,对达标景区对外公告,颁发证书和标牌。

3. 5A级旅游景区的评定程序

(1) 由所在地旅游景区评定机构逐级提交申请报告、《旅游景区质量等级评定报告书》和创建资料(含电子版)。

(2) 省级旅游景区评定机构组织初评。

(3) 初评合格的景区,由省级旅游景区评定机构向全国旅游景区质量等级评定委员会提交推荐意见。

(4) 资料审核。全国旅游景区质量等级评定委员会对景区申报资料进行全面审核。通过审核的景区,进入景观评估程序,未通过审核的景区,1年后方可再次申请重审。

(5) 景观评估。全国旅游景区质量等级评定委员会组建由相关方面专家组成的评议组,听取申报景区的陈述,采取差额投票方式,对景区资源吸引力和市场影响力进行评价,评价内容包括景区观赏游憩价值、历史文化科学价值、知名度、美誉度与市场辐射力等。通过景观评价的景区,进入现场检查环节,未通过景观评价的景区,2年后方可再次申请重审。

(6) 现场检查。全国旅游景区质量等级评定委员会组织国家级检查员成立评定小组,采取暗访方式对景区服务质量与环境质量进行现场检查。达标的景区,进入社会公示程序,未达标的景区,1年后方可再次申请现场检查。

(7) 社会公示。全国旅游景区质量等级评定委员会对达到标准的申报景区,在中国旅游网上进行7个工作日的社会公示。

(8) 发布公告。经公示无重大异议或重大投诉的景区,由全国旅游景区质量等级评定委员会发布质量等级认定公告,颁发证书和标牌。

> **相关链接**
>
> 　　根据《旅游景区质量等级的划分与评定》(GB/T 17775—2003)，旅游景区质量等级的评定条件中有许多是硬性的规定，就拿接待人数来说：
> 　　5A级旅游景区年接待海内外旅游者要达到60万人次以上，其中海外旅游者5万人次以上；
> 　　4A级旅游景区年接待海内外旅游者要达到50万人次以上，其中海外旅游者3万人次以上；
> 　　3A级旅游景区年接待海内外旅游者要达到30万人次以上；
> 　　2A级旅游景区年接待海内外旅游者要达到10万人次以上；
> 　　A级旅游景区年接待海内外旅游者要达到3万人次以上。

(四) 监督检查和复核程序

旅游景区质量等级评定机构对所评的旅游景区要进行监督检查和复核，其方式主要有：

(1) 重点抽查；

(2) 定期明查和不定期暗访；

(3) 社会调查；

(4) 听取游客意见反馈。

对游客好评率较低、社会反响较差、发生重大安全事故、被游客进行重大投诉经调查情况属实及未按时报送数据信息或填报虚假信息的景区，视情节给予相应处理：签发警告通知书、通报批评、降低或取消等级等。凡被降低、取消质量等级的旅游景区，自降低或取消等级之日起1年内不得重新申请等级。

第三节　风景名胜区的保护与管理

一、风景名胜区的设立

(一) 风景名胜区的含义和特征

根据2006年9月国务院颁布的《风景名胜区条例》(2006年12月1日起施行)，风景名胜区是指具有观赏、文化或者科学价值，自然景观、人文景观比较集中，环境优美，可供人们游览或者进行科学、文化活动的区域。

风景名胜区具有以下4个特征：

(1) 具有观赏价值、文化价值或者科学价值；
(2) 自然景观或者人文景观比较集中；
(3) 环境优美；
(4) 可供人们游览或者进行科学、文化活动。

(二) 风景名胜区的级别

风景名胜区划分为两级，即国家级风景名胜区和省级风景名胜区。

自然景观和人文景观能够反映重要自然变化过程和重大历史文化发展过程，基本处于自然状态或者保持历史原貌，具有国家代表性的，可以申请设立国家级风景名胜区；具有区域代表性的，可以申请设立省级风景名胜区。

补充阅读

> 现在有的景区在进行宣传的时候喜欢用"国家重点风景名胜区"的说法，这其实是不准确的。1985年6月，国务院曾发布实施了《风景名胜区管理暂行条例》，该《条例》将我国的风景名胜区划分为3级：市、县级风景名胜区，省级风景名胜区和国家重点风景名胜区。但2006年颁布的《风景名胜区条例》对此做出了重大调整，将风景名胜区划分为国家级风景名胜区和省级风景名胜区两级，因此，目前已没有市、县级风景名胜区和国家重点风景名胜区的说法。现在的风景名胜区，要么是国家级风景名胜区，要么是省级风景名胜区。

(三) 风景名胜区的设立

1. 申请设立风景名胜区的条件

申请设立风景名胜区，应具备下列条件：
(1) 有利于保护和合理利用风景名胜资源；
(2) 没有与自然保护区重合或者交叉；
(3) 与风景名胜区内的土地、森林等自然资源和房屋等财产的所有权人、使用权人进行了充分协商。

2. 设立风景名胜区应提交的材料

申请设立风景名胜区，应提交下列材料：
(1) 风景名胜资源的基本状况；
(2) 拟设立风景名胜区的范围以及核心景区的范围；
(3) 拟设立风景名胜区的性质和保护目标；
(4) 拟设立风景名胜区的游览条件；
(5) 与拟设立风景名胜区内的土地、森林等自然资源和房屋等财产的所有权人、使用权人协商的内容和结果。

3. 风景名胜区的审批

(1) 国家级风景名胜区的审批。根据《风景名胜区条例》第10条的规定，设立国家级风

景名胜区,由省、自治区、直辖市人民政府提出申请,国务院建设主管部门会同国务院环境保护主管部门、林业主管部门、文物主管部门等有关部门组织论证,提出审查意见,报国务院批准公布。

(2)省级风景名胜区的审批。设立省级风景名胜区,由县级人民政府提出申请,省、自治区人民政府建设主管部门或者直辖市人民政府风景名胜区主管部门,会同其他有关部门组织论证,提出审查意见,报省、自治区、直辖市人民政府批准公布。

二、风景名胜区的规划

风景名胜区批准设立后,应当编制规划,拥有经过批准的规划,是在风景名胜区内进行各类建设活动的前提。

(一)规划的编制部门

国家级风景名胜区规划由省、自治区人民政府建设主管部门或者直辖市人民政府风景名胜区主管部门组织编制。省级风景名胜区规划由县级人民政府组织编制。

(二)规划的类型

风景名胜区规划分为总体规划和详细规划。

1. 总体规划

总体规划的编制,应当坚持保护优先、开发服从保护的原则,突出风景名胜资源的自然特性、文化内涵和地方特色。总体规划的规划期一般为20年,应当自风景名胜区设立之日起2年内编制完成。

相关链接

总体规划的内容

根据《风景名胜区条例》第13条的规定,风景名胜区总体规划应当包括下列内容:
(1)风景资源评价;
(2)生态资源保护措施、重大建设项目布局、开发利用强度;
(3)风景名胜区的功能结构和空间布局;
(4)禁止开发和限制开发的范围;
(5)风景名胜区的游客容量;
(6)有关专项规划。

2. 详细规划

风景名胜区的详细规划应当在符合风景名胜区总体规划的前提下,根据核心景区和其他景区的不同要求编制,确定基础设施、旅游设施、文化设施等建设项目的选址、布局与规模,并明确建设用地范围和规划设计条件。

(三) 规划的审批

1. 国家级风景名胜区规划的审批

国家级风景名胜区的总体规划,由省、自治区、直辖市人民政府审查后,报国务院审批;国家级风景名胜区的详细规划,由省、自治区人民政府建设主管部门或者直辖市人民政府风景名胜区主管部门报国务院建设主管部门审批。

2. 省级风景名胜区规划的审批

省级风景名胜区的总体规划,由省、自治区、直辖市人民政府审批,报国务院建设主管部门备案;省级风景名胜区的详细规划,由省、自治区人民政府建设主管部门或者直辖市人民政府风景名胜区主管部门审批。

(四) 规划的执行和修改

1. 规划的执行

风景名胜区规划经批准后,应当向社会公布,并对风景名胜区内的单位和个人具有约束力,风景名胜区内的单位和个人应当遵守经批准的风景名胜区规划。风景名胜区规划未经批准的,不得在风景名胜区内进行各类建设活动。

风景名胜区总体规划的规划期届满前2年,规划的组织编制机关应当组织专家对规划进行评估,做出是否重新编制规划的决定。

2. 规划的修改

经批准的风景名胜区规划不得擅自修改。确需对风景名胜区总体规划中的风景名胜区范围、性质、保护目标、生态资源保护措施、重大建设项目布局、开发利用强度以及风景名胜区的功能结构、空间布局、游客容量进行修改的,应当报原审批机关批准;对其他内容进行修改的,应当报原审批机关备案。风景名胜区详细规划确需修改的,应当报原审批机关批准。政府或者政府部门修改风景名胜区规划对公民、法人或者其他组织造成财产损失的,应当依法给予补偿。

三、风景名胜区的保护

风景名胜资源是大自然造化之精华,是人类祖先留下的珍贵的历史文化遗产。对风景名胜区内的景观和自然环境,应当根据可持续发展的原则,严格保护,不得破坏或者随意改变,以利于风景名胜区的可持续利用。任何单位和个人都有保护风景名胜资源的义务,并有权制止、检举破坏风景名胜资源的行为。

(一) 风景名胜区内禁止进行的活动

根据《风景名胜区条例》第26条和27条的规定,在风景名胜区内禁止进行下列活动:
(1) 开山、采石、开矿、开荒、修坟立碑等破坏景观、植被和地形地貌的活动;
(2) 修建储存爆炸性、易燃性、放射性、毒害性、腐蚀性物品的设施;
(3) 在景物或者设施上刻划、涂污;
(4) 乱扔垃圾;
(5) 违反风景名胜区规划,在风景名胜区内设立各类开发区和在核心景区内建设宾馆、

招待所、培训中心、疗养院以及与风景名胜资源保护无关的其他建筑物。

违反规划在核心景区内建设宾馆、招待所、培训中心、疗养院以及与风景名胜资源保护无关的其他建筑物的,由风景名胜区管理机构责令停止违法行为、恢复原状或者限期拆除,没收违法所得,并处50万元以上100万元以下的罚款。县级以上地方人民政府及其有关主管部门批准实施这一行为的,对直接负责的主管人员和其他直接责任人员依法给予降级或者撤职的处分;构成犯罪的,依法追究刑事责任。

在景物或者设施上刻划、涂污或者在风景名胜区内乱扔垃圾的,由风景名胜区管理机构责令恢复原状或者采取其他补救措施,处50元的罚款;刻划、涂污或者以其他方式故意损坏国家保护的文物、名胜古迹的,按照治安管理处罚法的有关规定予以处罚;构成犯罪的,依法追究刑事责任。

(二) 风景名胜区内需要审批后进行的活动

1. 建设活动应报批

在风景名胜区内从事禁止范围以外的建设活动,应当经风景名胜区管理机构审核后,依照有关法律、法规的规定办理审批手续。未经风景名胜区管理机构审核的,由风景名胜区管理机构责令停止建设、限期拆除,对个人处2万元以上5万元以下的罚款,对单位处20万元以上50万元以下的罚款。

在国家级风景名胜区内修建缆车、索道等重大建设工程,项目的选址方案应当报国务院建设主管部门核准。

2. 影响生态和景观的活动应经过批准

对风景名胜区的生态和景观可能造成不良影响的活动,应当经风景名胜区管理机构审核后,依照有关法律、法规的规定报有关主管部门批准。这些活动包括设置、张贴商业广告,举办大型游乐活动,改变水资源、水环境自然状态的活动,等等。未经审核而在风景名胜区内进行上述活动的,由风景名胜区管理机构责令停止违法行为、限期恢复原状或者采取其他补救措施,没收违法所得,并处5万元以上10万元以下的罚款;情节严重的,并处10万元以上20万元以下的罚款。

(三) 对风景名胜区内建设项目的要求

风景名胜区内经过审批的建设项目,也应当符合风景名胜区规划,并与景观相协调,不得破坏景观、污染环境、妨碍游览。比如,建设单位、施工单位应当制定污染防治和水土保持方案,并采取有效措施,保护好周围景物、水体、林草植被、野生动物资源和地形地貌。

(四) 建立管理信息系统

国家建立风景名胜区管理信息系统,对风景名胜区规划实施和资源保护情况进行动态监测。

四、风景名胜区的利用和管理

(一) 风景名胜区的管理原则

国家对风景名胜区实行科学规划、统一管理、严格保护、永续利用的原则。

(二)风景名胜区的管理机构

国务院建设主管部门负责全国风景名胜区的监督管理工作,应当对国家级风景名胜区的规划实施情况、资源保护状况进行监督检查和评估。省、自治区人民政府建设主管部门和直辖市人民政府风景名胜区主管部门,负责本行政区域内风景名胜区的监督管理工作。

(三)风景名胜区的管理

1. 合理利用风景名胜资源

风景名胜区管理机构应当根据风景名胜区规划,合理利用风景名胜资源,改善交通、服务设施和游览条件。

2. 保障安全

风景名胜区管理机构应当建立健全安全保障制度,加强安全管理,合理设置风景名胜区标志和路标、安全警示等标牌,保障游览安全。禁止超过允许容量接纳游客和在没有安全保障的区域开展游览活动。

3. 公平确定经营者

风景名胜区内的交通、服务等项目,应当由风景名胜区管理机构依照有关法律、法规和风景名胜区规划,采用招标等公平竞争的方式确定经营者,并与经营者签订合同,依法确定各自的权利义务。

风景名胜区管理机构不得从事以营利为目的的经营活动,不得将规划、管理和监督等行政管理职能委托给企业或者个人行使。风景名胜区管理机构的工作人员,不得在风景名胜区内的企业兼职。

4. 合法使用收入

进入风景名胜区的门票,由风景名胜区管理机构负责出售。风景名胜区的门票收入和经营者缴纳的风景名胜资源有偿使用费,应当专门用于风景名胜资源的保护和管理以及风景名胜区内财产的所有权人、使用权人损失的补偿。

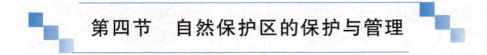

第四节 自然保护区的保护与管理

一、自然保护区概述

(一)自然保护区的含义

根据《中华人民共和国自然保护区条例》(1994年10月9日发布,2011年1月8日修订,以下简称《自然保护区条例》)第2条的规定,自然保护区指的是对有代表性的自然生态系统、珍稀濒危野生动植物物种的天然集中分布区、有特殊意义的自然遗迹等保护对象所在的陆地、陆地水体或者海域,依法划出一定面积予以特殊保护和管理的区域。

补充阅读

　　1956年，我国在广东省肇庆市建立了第一个自然保护区——鼎湖山自然保护区。此后，我国陆续建立了一批不同类型、不同级别的自然保护区。自然保护区所保护的主要对象均为环境的基本要素，包括森林、草原、海洋、地质遗迹、古生物遗迹、野生动物、野生植物，其中，野生动植物还有陆生与水生之分。

（二）自然保护区的等级

自然保护区分为国家级自然保护区和地方级自然保护区。

1. 国家级自然保护区

在国内外有典型意义、在科学上有重大国际影响或者有特殊科学研究价值的自然保护区，列为国家级自然保护区。

2. 地方级自然保护区

国家级自然保护区以外的其他具有典型意义或者重要科学研究价值的自然保护区列为地方级自然保护区。

相关链接

　　《自然保护区条例》对自然保护区的命名也有明确规定，其第16条规定，国家级自然保护区的命名，应是自然保护区所在地地名加"国家级自然保护区"；地方级自然保护区的命名，应是自然保护区所在地地名加"地方级自然保护区"；有特殊保护对象的自然保护区，可以在自然保护区所在地地名后加特殊保护对象的名称。

（三）自然保护区的分区

　　自然保护区可以分为核心区、缓冲区和实验区。没有分区的自然保护区则依照核心区和缓冲区的规定管理。此外，在自然保护区的外围，还可以划定一定面积的外围保护地带。

1. 核心区

自然保护区内保存完好的天然状态的生态系统及珍稀、濒危动植物的集中分布地，应当划为核心区。

核心区禁止任何单位和个人进入。因科学研究的需要，必须进入核心区从事科学研究观测、调查活动的，应当事先向自然保护区管理机构提交申请和活动计划，并经省级以上人民政府自然保护区行政主管部门批准，其中，进入国家级自然保护区核心区的，必须经国务院自然保护区行政主管部门批准。

2. 缓冲区

核心区外围可以划定一定面积的缓冲区。

缓冲区只准进行科学研究观测活动，不能开展旅游和生产经营活动。因教学科研的目的,需要进入缓冲区从事非破坏性的科学研究、教学实习和标本采集活动的,应当事先向自然保护区管理机构提交申请和活动计划,经自然保护区管理机构批准,并向自然保护区管理机构提交活动成果副本。

3. 实验区

缓冲区的外围可划为实验区。

实验区可以开展科学试验、教学实习、参观考察、旅游以及驯化、繁殖珍稀、濒危野生动植物等活动。在开展参观、旅游活动时,必须按照事先批准的方案进行,并加强管理。严禁开设与自然保护区保护方向不一致的参观、旅游项目。

二、自然保护区的设立

(一) 设立自然保护区的条件

根据《自然保护区条例》的规定,凡具有下列条件之一的,应当设立自然保护区:

(1) 典型的自然地理区域、有代表性的自然生态系统区域以及已经遭受破坏但经保护能够恢复的同类自然生态系统区域;

(2) 珍稀、濒危野生动植物物种的天然集中分布区域;

(3) 具有特殊保护价值的海域、海岸、岛屿、湿地、内陆水域、森林、草原和荒漠;

(4) 具有重大科学文化价值的地质构造、著名溶洞、化石分布区、冰川、火山、温泉等自然遗迹;

(5) 经国务院或者省、自治区、直辖市人民政府批准,需要予以特殊保护的其他自然区域。

(二) 设立自然保护区的程序

1. 国家级自然保护区的设立程序

国家级自然保护区的建立,由自然保护区所在的省、自治区、直辖市人民政府或者国务院有关自然保护区行政主管部门提出申请,经国家级自然保护区评审委员会评审后,由国务院环境保护行政主管部门进行协调并提出审批建议,报国务院批准。

2. 地方级自然保护区的设立程序

地方级自然保护区的建立,由自然保护区所在的县、自治县、市、自治州人民政府或者省、自治区、直辖市人民政府有关自然保护区行政主管部门提出申请,经地方级自然保护区评审委员会评审后,由省、自治区、直辖市人民政府环境保护行政主管部门进行协调并提出审批建议,报省、自治区、直辖市人民政府批准,并报国务院环境保护行政主管部门和国务院有关自然保护区行政主管部门备案。

跨两个以上行政区域的自然保护区的建立,由有关行政区域的人民政府协商一致后提出申请,按照规定的程序审批。建立海上自然保护区,须经国务院批准。

三、自然保护区的管理

(一) 自然保护区的管理机构

国家对自然保护区实行综合管理与分部门管理相结合的管理体制。国务院环境保护行政主管部门负责全国自然保护区的综合管理。国务院林业、农业、地质矿产、水利、海洋等有关行政主管部门在各自的职责范围内,主管有关的自然保护区。

国家级自然保护区,由其所在地的省、自治区、直辖市人民政府有关自然保护区行政主管部门或者国务院有关自然保护区行政主管部门管理。地方级自然保护区,由其所在地的县级以上地方人民政府有关自然保护区行政主管部门管理。有关自然保护区行政主管部门应当在自然保护区内设立专门的管理机构,配备专业技术人员,负责自然保护区的具体管理工作。

县级以上人民政府环境保护行政主管部门有权对本行政区域内各类自然保护区的管理进行监督检查;县级以上人民政府有关自然保护区行政主管部门有权对其主管的自然保护区的管理进行监督检查。

(二) 自然保护区范围的划定

自然保护区的范围和界线由批准建立自然保护区的人民政府确定。在确定自然保护区的范围和界线时,应当兼顾保护对象的完整性和适度性,以及当地经济建设和居民生产、生活的需要。任何单位和个人,不得擅自移动自然保护区的界标。

(三) 禁止在自然保护区开展的活动

除法律、行政法规另有规定以外,禁止在自然保护区内进行砍伐、放牧、狩猎、捕捞、采药、开垦、烧荒、开矿、采石、挖沙等活动。

在自然保护区的核心区和缓冲区内,不得建设任何生产设施。在自然保护区的实验区内,不得建设污染环境、破坏资源或者景观的生产设施;建设其他项目,其污染物排放不得超过国家和地方规定的污染物排放标准。在自然保护区的外围保护地带建设的项目,不得损害自然保护区内的环境质量;已造成损害的,应当限期治理。

(四) 自然保护区的人员管理

在自然保护区内的单位、居民和经批准进入自然保护区的人员,必须遵守自然保护区的各项管理制度,接受自然保护区管理机构的管理。

外国人进入地方级自然保护区的,接待单位应当事先报经省、自治区、直辖市人民政府有关自然保护区行政主管部门批准;进入国家级自然保护区的,接待单位应当报经国务院有关自然保护区行政主管部门批准。

第五节 文物的保护与管理

一、文物概述

(一) 文物的含义

文物是历史上遗留下来的由人类创造或者与人类活动有关的一切有价值的物质遗产的

总称。

(二) 文物的保护范围

根据《中华人民共和国文物保护法》(1982年11月19日起施行,后四次修订,以下简称《文物保护法》)第2条的规定,在我国境内的下列文物受到国家保护:

(1) 具有历史、艺术、科学价值的古文化遗址、古墓葬、古建筑、石窟寺和石刻、壁画;

补充阅读

> 古文化遗址主要包括古代的城堡、宫殿、村落、居室、作坊、寺庙、矿穴、采石坑、窖穴、仓库、水渠、水井、壕沟、栅栏、围墙等。古墓葬即古人埋葬尸体的坟墓,将死者的尸体按特定方式安置在特定的场所叫"葬",放置尸体的特定设施叫"墓",中国考古学常将二者合称为"墓葬"。古建筑是指保存至今的古代各时期的房屋、桥梁、水坝、隧道等建筑物。

(2) 与重大历史事件、革命运动或者著名人物有关的以及具有重要纪念意义、教育意义或者史料价值的近代现代重要史迹、实物、代表性建筑;

(3) 历史上各时代珍贵的艺术品、工艺美术品;

(4) 历史上各时代重要的文献资料以及具有历史、艺术、科学价值的手稿和图书资料等;

(5) 反映历史上各时代、各民族社会制度、社会生产、社会生活的代表性实物。

具有科学价值的古脊椎动物化石和古人类化石同文物一样受国家保护。

(三) 文物的分类

按照文物是否可以移动,可将文物分为不可移动文物和可移动文物。

1. 不可移动文物

不可移动文物如古文化遗址、古墓葬、古建筑、石窟寺、石刻、壁画、近代现代重要史迹和代表性建筑等。根据不可移动文物的历史、艺术、科学价值,可以分别被确定为全国重点文物保护单位,省级文物保护单位,市、县级文物保护单位。

相关链接

> 《文物保护法》第13条规定:
> 国务院文物行政部门在省级、市、县级文物保护单位中,选择具有重大历史、艺术、科学价值的确定为全国重点文物保护单位,或者直接确定为全国重点文物保护单位,报国务院核定公布。
> 省级文物保护单位,由省、自治区、直辖市人民政府核定公布,并报国务院备案。

市级和县级文物保护单位,分别由设区的市、自治州和县级人民政府核定公布,并报省、自治区、直辖市人民政府备案。

尚未核定公布为文物保护单位的不可移动文物,由县级人民政府文物行政部门予以登记并公布。

2. 可移动文物

可移动文物如历史上各时代重要实物、艺术品、文献、手稿、图书资料、代表性实物等。可移动文物又可进一步分为珍贵文物和一般文物。珍贵文物又分为一级文物、二级文物、三级文物。

补充阅读

文物的分类方式还有很多,主要如下:
(1) 按照文物产生的时间,文物可分为古代文物和近现代文物;
(2) 按照文物的性质,文物可分为历史文物和革命文物;
(3) 按照文物的来源,文物可分为出土文物和传世文物;
(4) 按照文物的保存方法,文物可分为馆藏文物和散存文物。

(四) 文物的所有权

我国文物的所有权分为国家所有、集体所有和私人所有3种形式。

1. 文物的国家所有

国有文物所有权受法律保护,不容侵犯。下列文物属于国家所有:

(1) 我国境内地下、内水和领海中遗存的一切文物;
(2) 古文化遗址、古墓葬、石窟寺;
(3) 国家指定保护的纪念建筑物、古建筑、石刻、壁画、近代现代代表性建筑等不可移动文物(除国家另有规定的以外)。

国有不可移动文物的所有权不因其所依附的土地所有权或者使用权的改变而改变。

下列可移动文物也属于国家所有:

(1) 中国境内出土的文物(国家另有规定的除外);
(2) 国有文物收藏单位,以及其他国家机关、部队和国有企业、事业组织等收藏、保管的文物;
(3) 国家征集、购买的文物;
(4) 公民、法人和其他组织捐赠给国家的文物;
(5) 法律规定属于国家所有的其他文物。

属于国家所有的可移动文物的所有权不因其保管、收藏单位的终止或者变更而改变。

2. 文物的集体所有和私人所有

属于集体所有和私人所有的纪念建筑物、古建筑和祖传文物及依法取得的其他文物，其所有权受法律保护。

二、文物的保护与管理

(一) 文物保护的方针

文物工作贯彻保护为主、抢救第一、合理利用、加强管理的方针。

(二) 文物管理机构

国务院文物行政部门主管全国文物保护工作，地方各级人民政府负责本行政区域内的文物保护工作，县级以上地方人民政府承担文物保护工作的部门对本行政区域内的文物保护实施监督管理。

(三) 不可移动文物的保护与管理

1. 划定保护范围，制定保护措施

各级文物保护单位都应划定必要的保护范围，做出标志说明，建立记录档案，并设置机构或者安排专人负责管理。

县级以上地方人民政府文物行政部门应当根据不同文物的保护需要，制定文物保护单位和未核定为文物保护单位的不可移动文物的具体保护措施，并公告施行。

2. 对建设工程的限制

(1) 禁止开展的建设工程。在文物保护单位的保护范围内，不得进行爆破、钻探、挖掘等作业或其他建设工程。确有必要进行上述作业的，应经过一定的批准程序，并保证文物保护单位的安全。在全国重点文物保护单位的保护范围内进行其他建设工程或者爆破、钻探、挖掘等作业的，必须经省、自治区、直辖市人民政府批准，在批准前应当征得国务院文物行政部门同意。

(2) 设定建设控制地带。根据保护文物的实际需要，还可以在文物保护单位的周围划出一定的建设控制地带，并予以公布。在建设控制地带内进行建设工程，应经过一定的批准程序，并且不得破坏文物保护单位的历史风貌。

在文物保护单位的保护范围和建设控制地带内，不得建设污染文物保护单位及其环境的设施，不得进行可能影响文物保护单位安全及其环境的活动。

(3) 对工程选址的要求。建设工程选址，应当尽可能避开不可移动文物；因特殊情况不能避开的，对文物保护单位应当尽可能实施原址保护；无法实施原址保护，必须迁移异地保护或者拆除的，须经过一定的批准程序。全国重点文物保护单位不得拆除。

3. 不可移动文物的修缮、保养、迁移

国有不可移动文物由使用人负责修缮、保养；非国有不可移动文物由所有人负责修缮、保养。修缮、迁移、重建工作应由取得文物保护工程资质证书的单位承担。而且，对不可移动文物进行修缮、保养、迁移，必须遵守不改变文物原状的原则。

不可移动文物已经全部毁坏的,应当实施遗址保护,不得在原址重建。因特殊情况需要原址重建的,需经一定的批准程序。

补充阅读

非国有不可移动文物由所有人负责修缮、保养,如果该所有人不具备修缮能力或有能力而不履行修缮义务时怎么办?对此,《文物保护法》第21条规定,非国有不可移动文物有损毁危险,所有人不具备修缮能力的,当地人民政府应当给予帮助;所有人具备修缮能力而拒不依法履行修缮义务的,县级以上人民政府可以给予抢救修缮,所需费用由所有人负担。

4. 不可移动文物的使用

使用不可移动文物,应遵守不改变文物原状的原则,保障建筑物及其附属文物的安全,不得损毁、改建、添建或者拆除不可移动文物。建立博物馆、保管所或者辟为参观游览场所的国有文物保护单位,不得作为企业资产经营。

5. 不可移动文物的转让、抵押

国有不可移动文物不得转让、抵押。非国有不可移动文物不得转让、抵押给外国人。非国有不可移动文物转让、抵押或者改变用途的,应当报文物行政部门备案。

6. 历史文化名城等的保护

《文物保护法》第14条规定,保存文物特别丰富并且具有重大历史价值或者革命纪念意义的城市,由国务院核定公布为历史文化名城。保存文物特别丰富并且具有重大历史价值或者革命纪念意义的城镇、街道、村庄,由省、自治区、直辖市人民政府核定公布为历史文化街区、村镇,并报国务院备案。

补充阅读

中国历史文化名城在历史上曾发挥过重要作用,大多数是全国性或区域性的政治、经济、文化中心,拥有大量人文古迹和风景名胜。闻名中外的七大古都(北京、西安、洛阳、开封、南京、杭州、安阳)就是其中的典型代表。截至2016年12月,我国共评定了131座国家级历史文化名城。其中,1982年经国务院批准的首批国家历史文化名城有24个,包括北京、承德、大同、南京、苏州、扬州、杭州、绍兴、泉州、景德镇、曲阜、洛阳、开封、江陵(今荆州)、长沙、广州、桂林、成都、遵义、昆明、大理、拉萨、西安、延安。1986年经国务院批准的第二批国家历史文化名城有38个,包括上海、天津、沈阳、武汉、南昌、重庆、保定、平遥、呼和浩特、镇江、常熟、徐州、淮安、宁波、歙县、寿县、亳州、福州、漳州、济南、安阳、南阳、商丘、襄樊(今襄阳)、潮州、阆中、宜宾、自贡、镇远、丽江、日喀则、韩城、榆林、武威、张掖、敦煌、银川、喀什。

(四)馆藏文物的管理

馆藏文物是指博物馆、图书馆和其他文物收藏单位收藏的文物。

1. 文物收藏单位取得文物的方式

文物收藏单位可以通过下列方式取得文物：

(1) 购买；

(2) 接受捐赠；

(3) 依法交换；

(4) 法律、行政法规规定的其他方式。

国有文物收藏单位还可以通过文物行政部门指定保管或者调拨方式取得文物。

2. 馆藏文物的保管

文物收藏单位应区分馆藏文物的等级，设置藏品档案，建立严格的管理制度，并报主管的文物行政部门备案。修复馆藏文物，不得改变馆藏文物的原状。未经批准，任何单位或者个人不得调取馆藏文物。禁止国有文物收藏单位将馆藏文物赠予、出租或者出售给其他单位、个人。

3. 馆藏文物的借用

国有文物收藏单位之间因举办展览、科学研究等需借用馆藏文物的，应当报主管的文物行政部门备案。非国有文物收藏单位和其他单位举办展览需借用国有馆藏文物的，应当报主管的文物行政部门批准；借用国有馆藏一级文物，应当经国务院文物行政部门批准。文物收藏单位之间借用文物的最长期限不得超过3年。文物行政部门和国有文物收藏单位的工作人员不得借用国有文物。

(五)民间收藏文物的管理

1. 民间收藏文物的取得

文物收藏单位以外的公民、法人和其他组织可以收藏通过下列方式取得的文物：

(1) 依法继承或者接受赠予；

(2) 从文物商店购买；

(3) 从经营文物拍卖的拍卖企业购买；

(4) 公民个人合法所有的文物相互交换或者依法转让；

(5) 国家规定的其他合法方式。

2. 民间收藏文物的流通

民间合法收藏的文物可以依法流通。但是，国有文物(国家允许的除外)和非国有馆藏珍贵文物不得买卖。国家禁止出境的文物，不得转让、出租、质押给外国人。

3. 文物的商业经营活动

文物的商业经营活动应通过文物商店、文物拍卖企业进行，其他单位或者个人不得从事文物的商业经营活动。文物行政部门的工作人员、文物收藏单位不得举办或者参与举办文物商店或者经营文物拍卖的拍卖企业。

(1) 文物商店。文物商店应当经文物行政部门批准设立，其销售的文物应经文物行政部门审核，并由文物行政部门做出标识。文物商店不得从事文物拍卖经营活动，不得设立经营文物拍卖的拍卖企业。

(2) 文物拍卖企业。拍卖企业经营文物拍卖前应取得国务院文物行政部门颁发的文物拍卖许可证,并且不得从事文物购销经营活动,不得设立文物商店。文物拍卖企业拍卖的文物,在拍卖前应经文物行政部门审核和备案。

三、文物的考古发掘

(一) 履行报批手续

从事考古发掘的单位,应当经国务院文物行政部门批准。一切考古发掘工作,必须履行报批手续,任何单位或者个人都不得私自发掘地下埋藏的文物。未经国务院文物行政部门报国务院特别许可,任何外国人或者外国团体不得在我国境内进行考古调查、勘探、发掘。

(二) 大型基建工程应事先进行文物勘探

大型基建工程开始前,建设单位应当事先报请文物行政部门组织文物考古调查、勘探。

(三) 生产、建设中发现文物后的处理

(1) 在生产、建设过程中,任何单位或者个人发现文物,应当保护现场,立即报告当地文物行政部门,不得哄抢、私分、藏匿。

(2) 文物行政部门接到报告后,如无特殊情况,应当在 24 小时内赶赴现场,并在 7 日内提出处理意见。文物行政部门可以报请当地人民政府通知公安机关协助保护现场。

(3) 发现重要文物的,应当立即上报国务院文物行政部门,国务院文物行政部门应当在接到报告后 15 日内提出处理意见。

(四) 考古发掘文物的保管

考古发掘的文物,应当登记造册,移交给由文物行政部门指定的国有博物馆、图书馆或者其他国有收藏文物的单位收藏,任何单位或者个人不得侵占。经批准,从事考古发掘的单位可以保留少量出土文物作为科研标本。

四、文物的出境管理

文物出境,应当经国务院文物行政部门指定的文物进出境审核机构审核,并取得文物出境许可证,从指定的口岸出境。任何单位或者个人运送、邮寄、携带文物出境,应当向海关申报,海关凭文物出境许可证放行。

非经特别批准,国有文物、非国有文物中的珍贵文物和国家规定禁止出境的其他文物,一律不得出境。

文物出境展览,应当报国务院文物行政部门批准;一级文物中的孤品和易损品,禁止出境展览。

第六节　非物质文化遗产的保护

非物质文化遗产是人类智慧的结晶。我国是历史悠久的文明古国,在长期的历史发展过程中,中华民族创造了丰富多彩的文化遗产,其中就包括主要通过"口传心授"的方式传承下来的、以非物质形态存在的非物质文化遗产,如传统表演艺术、传统手工艺技能、传统节庆活动等。在旅游业日益发达的今天,许多非物质文化遗产也成为吸引游客旅游的重要因素。为加强对我国非物质文化遗产的保护、保存工作,2011年2月25日,我国颁布了《中华人民共和国非物质文化遗产法》(以下简称《非物质文化遗产法》),自2011年6月1日起施行。

一、非物质文化遗产的含义和组成

(一)非物质文化遗产的含义

根据《非物质文化遗产法》第2条的规定,非物质文化遗产是指各族人民世代相传并视为其文化遗产组成部分的各种传统文化表现形式,以及与传统文化表现形式相关的实物和场所。

(二)非物质文化遗产的组成

我国的非物质文化遗产数量众多,种类齐全,至少包括下列5类:
(1)传统口头文学以及作为其载体的语言;
(2)传统美术、书法、音乐、舞蹈、戏剧、曲艺和杂技;
(3)传统技艺、医药和历法;
(4)传统礼仪、节庆等民俗;
(5)传统体育和游艺。

上述非物质文化遗产受到《非物质文化遗产法》的保护,属于非物质文化遗产组成部分的实物和场所,凡属文物的,则适用《文物保护法》的有关规定。

二、非物质文化遗产的保护机构

根据《非物质文化遗产法》第7条的规定,国务院文化主管部门负责全国非物质文化遗产的保护、保存工作;县级以上地方人民政府文化主管部门负责本行政区域内非物质文化遗产的保护、保存工作。县级以上人民政府其他有关部门在各自职责范围内,负责有关非物质文化遗产的保护、保存工作。

三、非物质文化遗产的保护措施

(一)加强保护宣传

县级以上人民政府应当加强对非物质文化遗产保护工作的宣传,提高全社会保护非物

质文化遗产的意识。国家鼓励和支持公民、法人和其他组织参与非物质文化遗产保护工作，并对做出显著贡献的组织和个人予以表彰、奖励。

(二) 区分不同的保护措施

非物质文化遗产的保护，应当注重其真实性、整体性和传承性。国家对非物质文化遗产采取认定、记录、建档等措施予以保存，对体现中华民族优秀传统文化，具有历史、文学、艺术、科学价值的非物质文化遗产采取传承、传播等措施予以保护。

(三) 经费保障

非物质文化遗产的保护需要经费。县级以上人民政府应当将非物质文化遗产保护、保存工作纳入本级国民经济和社会发展规划，并将保护、保存经费列入本级财政预算。国家对民族地区、边远地区、贫困地区的非物质文化遗产保护、保存工作进行扶持。

(四) 进行非物质文化遗产的调查

县级以上人民政府可根据需要组织非物质文化遗产的调查，对非物质文化遗产予以认定、记录、建档，建立健全调查信息共享机制。非物质文化遗产调查由文化主管部门负责进行，公民、法人和其他组织也可以依法进行非物质文化遗产调查。

> **相关链接**
>
> 根据《非物质文化遗产法》第17条的规定，对通过调查或者其他途径发现的濒临消失的非物质文化遗产项目，县级人民政府文化主管部门应当立即予以记录并收集有关实物，或者采取其他抢救性保存措施；对需要传承的，应当采取有效措施支持传承。

(五) 建立非物质文化遗产代表性项目名录

建立非物质文化遗产代表性项目名录是保护非物质文化遗产的重要举措。我国的非物质文化遗产代表性项目名录分为国家级非物质文化遗产代表性项目名录和地方非物质文化遗产代表性项目名录两类。

《非物质文化遗产法》第18条规定，国务院建立国家级非物质文化遗产代表性项目名录，将体现中华民族优秀传统文化，具有重大历史、文学、艺术、科学价值的非物质文化遗产项目列入名录予以保护；省、自治区、直辖市人民政府建立地方非物质文化遗产代表性项目名录，将本行政区域内体现中华民族优秀传统文化，具有历史、文学、艺术、科学价值的非物质文化遗产项目列入名录予以保护。

从2006年到2014年，我国先后公布了4批共1372项国家级非物质文化遗产代表性项目名录。

(六) 实行区域性整体保护

对非物质文化遗产代表性项目集中、特色鲜明、形式和内涵保持完整的特定区域，当地文化主管部门可以制定专项保护规划，报经本级人民政府批准后，实行区域性整体保护。

四、非物质文化遗产的传承与传播

国家鼓励和支持开展非物质文化遗产代表性项目的传承、传播。

(一)认定代表性传承人

文化主管部门对批准公布的非物质文化遗产代表性项目,可以认定代表性传承人,并采取措施,支持代表性传承人开展传承、传播活动。这些措施包括:

(1) 提供必要的传承场所;

(2) 提供必要的经费资助其开展授徒、传艺、交流等活动;

(3) 支持其参与社会公益性活动。

非物质文化遗产代表性项目的代表性传承人也应当履行相关义务,否则,文化主管部门可以取消其代表性传承人资格。这些义务主要有:

(1) 开展传承活动,培养后继人才;

(2) 妥善保存相关的实物、资料;

(3) 配合文化主管部门和其他有关部门进行非物质文化遗产调查;

(4) 参与非物质文化遗产公益性宣传。

补充阅读

> 非物质文化遗产代表性项目的代表性传承人应当符合3个条件:
> (1) 熟练掌握其传承的非物质文化遗产;
> (2) 在特定领域内具有代表性,并在一定区域内具有较大影响;
> (3) 积极开展传承活动。

(二)宣传、展示和研究

县级以上人民政府应当结合实际情况,采取有效措施,组织文化主管部门和其他有关部门宣传、展示非物质文化遗产代表性项目。国家鼓励开展与非物质文化遗产有关的科学技术研究和非物质文化遗产保护、保存方法研究,鼓励开展非物质文化遗产的记录和非物质文化遗产代表性项目的整理、出版等活动。

国家鼓励和支持公民、法人和其他组织依法设立非物质文化遗产展示场所和传承场所,展示和传承非物质文化遗产代表性项目。

(三)开发和扶持

国家鼓励和支持发挥非物质文化遗产资源的特殊优势,在有效保护的基础上,合理利用非物质文化遗产代表性项目开发具有地方、民族特色和市场潜力的文化产品和文化服务。

县级以上地方人民政府对合理利用非物质文化遗产代表性项目的单位予以扶持,单位合理利用非物质文化遗产代表性项目的,将依法享受国家规定的税收优惠。

思考与练习

一、单项选择题

1. 景区提高门票价格应当提前（　　）个月公布。
   A. 12　　　　　B. 6　　　　　C. 2　　　　　D. 1
2. 对旅游资源应坚持（　　）的原则。
   A. 开发优先　　B. 先开发后保护　　C. 开发服从保护　　D. 开发保护并举
3. 不同景区的门票或者同一景区内不同游览场所的门票可以合并出售，但合并后的价格（　　）各单项门票的价格之和。
   A. 不得高于　　B. 不得低于　　C. 应该等于　　D. 必须小于
4. 被公告为4A级（　　）年以上的旅游景区可申报5A级旅游景区。
   A. 5　　　　　B. 4　　　　　C. 3　　　　　D. 2
5. 凡被降低、取消质量等级的旅游景区，自降低或取消等级之日起（　　）年内不得重新申请等级。
   A. 5　　　　　B. 3　　　　　C. 4　　　　　D. 1
6. 风景名胜区总体规划的规划期一般为（　　）年。
   A. 30　　　　B. 20　　　　C. 10　　　　D. 5
7. 进入风景名胜区的门票，应当由（　　）负责出售。
   A. 风景名胜区管理机构　　　　B. 景区经营者
   C. 承包企业　　　　　　　　　D. 承包者个人
8. 国务院（　　）行政主管部门负责全国自然保护区的综合管理。
   A. 林业　　　B. 农业　　　C. 水利　　　D. 环境保护
9. 我国旅游景区等级最高的是（　　）。
   A. 6A级　　　B. 5A级　　　C. 白金5A级　　　D. 4A级
10. 在风景名胜区内乱扔垃圾的，可能被处（　　）元罚款。
    A. 20　　　B. 30　　　C. 40　　　D. 50

二、多项选择题（每题有2个或2个以上正确答案）

1. 景区应该公布（　　）。
   A. 门票价格　　　　　　　　B. 另行收费项目的价格
   C. 团体收费价格　　　　　　D. 景区最大承载量
2. 下面哪些是景区开放应具备的条件？（　　）
   A. 有必要的旅游配套服务和辅助设施　　B. 有必要的安全设施
   C. 有必要的环境保护设施　　　　　　　D. 有必要的收费设施
3. 下列哪些属于自然旅游资源的四大类型？（　　）
   A. 遗址遗迹　　B. 地文景观　　C. 水域风光　　D. 生物景观

4. 旅游景区质量等级评定机构对所评的旅游景区进行监督检查和复核的主要方式有（　　）。
　　A. 重点抽查　　　　　　　　B. 定期明查
　　C. 社会调查　　　　　　　　D. 听取游客意见反馈
5. 在风景名胜区内禁止进行的活动包括（　　）。
　　A. 建设油库　　B. 开荒　　　　C. 乱扔垃圾　　D. 张贴商业广告
6. 风景名胜区的门票收入和经营者缴纳的风景名胜资源有偿使用费应当用于（　　）。
　　A. 风景名胜资源的保护
　　B. 风景名胜资源的管理
　　C. 风景名胜区内财产的所有权人的损失补偿
　　D. 风景名胜区内财产使用权人的损失补偿
7. 自然保护区的缓冲区经批准可以进行（　　）。
　　A. 旅游　　　　B. 科学研究　　C. 教学实习　　D. 标本采集
8. 除法律、行政法规另有规定以外，禁止在自然保护区内进行（　　）等活动。
　　A. 采药　　　　B. 旅游　　　　C. 挖沙　　　　D. 开垦
9. 全国重点文物保护单位是指具有重大（　　）价值的文物保护单位。
　　A. 历史　　　　B. 文化　　　　C. 艺术　　　　D. 科学
10. 应当逐步免费开放的有（　　）。
　　A. 公益性的城市公园　　　　B. 重点文物保护单位
　　C. 博物馆　　　　　　　　　D. 珍贵文物收藏单位
11. 公民可以通过（　　）而合法取得文物。
　　A. 从文物商店购买　　　　　B. 从文物拍卖企业购买
　　C. 接受赠予　　　　　　　　D. 打捞古代沉船
12. 下列选项中属于非物质文化遗产的有（　　）。
　　A. 传统节庆民俗　B. 传统体育　C. 书法　　　　D. 古代戏剧
13. 国家对非物质文化遗产采取（　　）等措施予以保存。
　　A. 传播　　　　B. 记录　　　　C. 建档　　　　D. 传承
14. 非物质文化遗产代表性项目的代表性传承人应当履行的义务有（　　）。
　　A. 培养后继人才　　　　　　B. 妥善保存相关的实物
　　C. 参与非物质文化遗产公益性宣传　D. 配合进行非物质文化遗产调查

三、判断题
1. 景区接待旅游者可以少量超过核定的最大承载量。　　　　　　　　　　（　　）
2. 景区拟收费或者提高价格的，应当举行听证会。　　　　　　　　　　　（　　）
3. 5A级旅游景区从4A级旅游景区中产生。　　　　　　　　　　　　　　（　　）
4. 风景名胜区不能与自然保护区重合或者交叉。　　　　　　　　　　　　（　　）
5. 自然保护区分为国家级自然保护区和省级自然保护区。　　　　　　　　（　　）
6. 不可移动文物已经全部毁坏的，应当在原址重建。　　　　　　　　　　（　　）
7. 不可移动文物一律不得转让、抵押。　　　　　　　　　　　　　　　　（　　）

8. 我国境内地下、内水和领海中遗存的一切文物都属于国家所有。（　　）

9. 全国重点文物保护单位不得拆除。（　　）

四、简答题

1. 什么是景区？

2. 景区收费要遵守哪些规范？

3. 简要介绍一下5A级旅游景区的评定程序。

4. 风景名胜区应具备哪些特征？

5. 进入自然保护区的核心区有什么限制条件？

6. 在生产、建设过程中发现了文物该怎么办？

7. 举例说明什么是非物质文化遗产。

五、分析题

1. 现在有的景区在进行宣传的时候喜欢用"国家重点风景名胜区"的说法，这一说法对吗？

2. 一位游客在风景名胜区游玩时，在景物上刻划、涂污，这位游客可能会受到什么处罚？

3. 风景名胜区内可不可以建宾馆？建宾馆可能会受到什么处罚？

4. 居民王某现为一明代古宅的所有人，现这一古宅有损毁危险，需要大修，请问，维修费用由谁承担？

5. 对所有的非物质文化遗产都应采取传承、传播的措施予以保护吗？

第十章 旅游安全法规

第一节 概述

安全是旅游的前提,也是旅游业发展的前提。无论是旅游从业人员还是旅游者都应了解旅游安全法规,最大限度地保障旅游活动的安全。

一、旅游安全的含义

旅游安全是指旅游活动中的一切安全现象的总称,既包括旅游过程各环节的安全,也包括旅游活动中所涉及的人、设备、环境等的安全。

二、旅游安全的特点

旅游安全涉及的是旅游活动过程中的安全现象,因此,旅游安全也体现出一些与旅游有关的特点,具体如下。

(一) 脆弱性

旅游安全的脆弱性来源于下面一些因素:

(1) 旅游活动具有异地性、短暂性、流动性的特点,旅游者处于一个完全陌生的环境中,容易出现安全问题;

(2) 旅游者期待的是在旅游过程中得到精神愉悦,这可能使得旅游者缺乏安全防范;

(3) 旅游活动涉及地域广、持续时间长,又包含食、住、行、游、购、娱等多种需求,这些都使得不安全因素增加;

(4) 旅游过程中,旅游者之间容易出现消费攀比、道德约束弱化等问题,这也使得旅游安全隐患的增加。

(二) 影响巨大

旅游者在旅游中追求的是精神享受,而任何一个安全事故的出现都会使旅游者的美好

旅游法规常识

愿望落空。而旅游又是一项涉及面广、影响巨大却又十分脆弱的活动,一旦出现旅游安全事故,其影响力往往会加倍放大,严重的会影响旅游业的正常发展,甚至影响国家的形象和声誉。

(三)突发性

旅游活动中的许多安全问题都是在极短的时间内、在当事人毫无防范的情况下发生的,因此,旅游安全问题在多数情况下具有突发性特点。

三、旅游安全法规的构成

我国历来重视旅游安全工作,陆续颁布了一系列与旅游安全有关的法律法规。2002年,《中华人民共和国安全生产法》颁布。2013年,《旅游法》颁布,对旅游安全设了专章阐述。2016年9月27日,国家旅游局颁布《旅游安全管理办法》(2016年12月1日起施行),共分为总则、经营安全、风险提示、安全管理、罚则和附则六章、45条,基本覆盖了旅游安全管理的各项工作。

补充阅读

20世纪90年代,国家旅游局相继发布了一系列有关旅游安全的规范性文件。1990年2月20日,在总结旅游安全管理工作经验的基础上,国家旅游局颁布了《旅游安全管理暂行办法》(自1990年3月1日起实施)。此后,国家旅游局陆续颁布了《重大旅游安全事故报告制度试行办法》(1993年4月15日颁布实施)、《重大旅游安全事故处理程序试行办法》(1993年4月15日颁布实施)、《旅游安全管理暂行办法实施细则》(1994年1月22日颁布,1994年3月1日起实施)等。2015年,《重大旅游安全事故报告制度试行办法》、《重大旅游安全事故处理程序试行办法》、《旅游安全管理暂行办法实施细则》被废止。《旅游安全管理办法》2016年12月1日起施行后,《旅游安全管理暂行办法》同时废止。

第二节 旅游安全管理

一、旅游安全管理机构

根据《旅游法》第76条的规定,县级以上人民政府统一负责旅游安全工作,县级以上人民政府有关部门依照法律、法规履行旅游安全监管职责。

《旅游安全管理办法》更进一步规定,各级旅游主管部门在同级人民政府的领导和上级旅游主管部门及有关部门的指导下,在职责范围内,依法对旅游安全工作进行指导、防范、监管、培训、统计分析和应急处理。同时,旅游经营者也承担着旅游安全的主体责任,应加强安全管理,建立、健全安全管理制度,关注安全风险预警和提示,妥善应对旅游突发事件。

二、旅游安全日常管理

各级旅游主管部门应当加强旅游安全日常管理,做好下列工作:

(1)督促旅游经营者贯彻执行安全和应急管理的有关法律、法规,并引导其实施相关国家标准、行业标准或者地方标准,提高其安全经营和突发事件应对能力;

(2)指导旅游经营者组织开展从业人员的安全及应急管理培训,并通过新闻媒体等多种渠道,组织开展旅游安全及应急知识的宣传普及活动;

(3)统计分析本行政区域内发生旅游安全事故的情况;

(4)加强对星级饭店和A级景区旅游安全和应急管理工作的指导;

(5)制定、修订本地区或者本部门旅游突发事件应急预案,并报上一级旅游主管部门备案,必要时组织应急演练;

(6)依法对景区符合安全开放条件进行指导,核定或者配合相关景区主管部门核定景区最大承载量,引导景区采取门票预约等方式控制景区流量;在旅游者数量可能达到最大承载量时,配合当地人民政府采取疏导、分流等措施。

三、建立安全风险提示制度

《旅游法》第77条规定,国家建立旅游目的地安全风险提示制度。《旅游安全管理办法》则对建立安全风险提示制度有更细致的规定。

(一)风险提示的级别

根据风险的危害程度、紧急程度、发展态势和可能对旅游者造成的影响,旅游目的地安全风险提示级别分为一级(特别严重)、二级(严重)、三级(较重)和四级(一般),分别用红色、橙色、黄色和蓝色标示。

风险提示级别的划分标准,由国家旅游局会同外交、卫生、公安、国土、交通、气象、地震和海洋等有关部门制定或者确定。

(二)风险提示信息的发布

各级旅游主管部门负责发布涉及本辖区的风险提示,并应及时转发上级旅游主管部门发布的风险提示。国家旅游局负责发布境外旅游目的地国家(地区),以及风险区域范围覆盖全国或者跨省级行政区域的风险提示。发布一级风险提示的,需经国务院批准;发布境外旅游目的地国家(地区)风险提示的,需经外交部门同意。

1. 风险提示信息的发布渠道

风险提示信息应当通过官方网站、手机短信及公众易查阅的媒体渠道对外发布。一级、二级风险提示应同时通报有关媒体。

2. 风险提示信息的内容

风险提示信息应当包括风险类别、提示级别、可能影响的区域、起始时间、注意事项、应采取的措施和发布机关等内容。

3. 风险提示结束时间

一级、二级风险的结束时间能够与风险提示信息内容同时发布的,应当同时发布;无法同时发布的,待风险消失后通过原渠道补充发布。

三级、四级风险提示可以不发布风险结束时间,待风险消失后自然结束。

(三)风险提示发布后的应对措施

风险提示发布后,旅游经营者应当根据风险提示的级别,采取相应的安全防范措施,妥善安置旅游者,并根据政府或者有关部门的要求,暂停或者关闭易受风险危害的旅游项目或者场所。

根据不同的风险级别,旅行社应当采取相应的应对措施:

(1)风险提示为四级风险的,旅行社应加强对旅游者的提示;

(2)风险提示为三级风险的,旅行社应采取必要的安全防范措施;

(3)风险提示为二级风险的,旅行社应停止组团或者带团前往风险区域;已在风险区域的,调整或者中止行程;

(4)风险提示为一级风险的,旅行社应停止组团或者带团前往风险区域。游客已在风险区域的,旅行社应组织游客撤离。

四、旅游突发事件处置

(一)旅游突发事件的含义

旅游突发事件是指突然发生,造成或者可能造成旅游者人身伤亡、财产损失,需要采取应急处置措施予以应对的自然灾害、事故灾难、公共卫生事件和社会安全事件。

(二)旅游突发事件的级别

根据旅游突发事件的性质、危害程度、可控性以及造成或者可能造成的影响,旅游突发事件一般分为特别重大、重大、较大和一般四级。

1. 特别重大旅游突发事件

特别重大旅游突发事件是指下列情形:

(1)造成或者可能造成人员死亡(含失踪)30人以上或者重伤100人以上;

(2)旅游者500人以上滞留超过24小时,并对当地生产生活秩序造成严重影响;

(3)其他在境内外产生特别重大影响,并对旅游者人身、财产安全造成特别重大威胁的事件。

2. 重大旅游突发事件

重大旅游突发事件是指下列情形:

(1)造成或者可能造成人员死亡(含失踪)10人以上、30人以下或者重伤50人以上、

100人以下;

(2) 旅游者200人以上滞留超过24小时,对当地生产生活秩序造成较严重影响的;

(3) 其他在境内外产生重大影响,并对旅游者人身、财产安全造成重大威胁的事件。

3. 较大旅游突发事件

较大旅游突发事件是指下列情形:

(1) 造成或者可能造成人员死亡(含失踪)3人以上10人以下或者重伤10人以上、50人以下;

(2) 旅游者50人以上、200人以下滞留超过24小时,并对当地生产生活秩序造成较大影响;

(3) 其他在境内外产生较大影响,并对旅游者人身、财产安全造成较大威胁的事件。

4. 一般旅游突发事件

一般旅游突发事件是指下列情形:

(1) 造成或者可能造成人员死亡(含失踪)3人以下或者重伤10人以下;

(2) 旅游者50人以下滞留超过24小时,并对当地生产生活秩序造成一定影响;

(3) 其他在境内外产生一定影响,并对旅游者人身、财产安全造成一定威胁的事件。

(三) 旅游突发事件处置

1. 旅游突发事件报告

旅游突发事件发生后,旅游经营者的现场人员应当立即向本单位负责人报告,单位负责人接到报告后,应当于1小时内向发生地县级旅游主管部门、安全生产监督管理部门和负有安全生产监督管理职责的其他相关部门报告;旅行社负责人应当同时向单位所在地县级以上地方旅游主管部门报告。

补充阅读

情况紧急或者发生重大、特别重大旅游突发事件时,现场有关人员可直接向发生地、旅行社所在地县级以上旅游主管部门、安全生产监督管理部门和负有安全生产监督管理职责的其他相关部门报告。

旅游突发事件发生在境外的,旅游团队的领队应当立即向当地警方、中国驻当地使领馆或者政府派出机构,以及旅行社负责人报告。旅行社负责人应当在接到领队报告后1小时内,向单位所在地县级以上地方旅游主管部门报告。

旅游主管部门接到旅游经营者的报告后,应当向同级人民政府和上级旅游主管部门报告。一般旅游突发事件上报至设区的市级旅游主管部门;较大旅游突发事件逐级上报至省级旅游主管部门;重大和特别重大旅游突发事件逐级上报至国家旅游局。

旅游突发事件发生后,旅游主管部门应当及时将有关信息通报相关行业主管部门。

相关链接

根据《旅游安全管理办法》第 28 条的规定,向上级旅游主管部门报告旅游突发事件,应当包括下列内容:

(1) 事件发生的时间、地点、信息来源;
(2) 简要经过、伤亡人数、影响范围;
(3) 事件涉及的旅游经营者、其他有关单位的名称;
(4) 事件发生原因及发展趋势的初步判断;
(5) 采取的应急措施及处置情况;
(6) 需要支持协助的事项;
(7) 报告人姓名、单位及联系电话。

前款所列内容暂时无法确定的,应当先报告已知情况;报告后出现新情况的,应当及时补报、续报。

2. 旅游突发事件处置

旅游突发事件发生后,旅游经营者及其现场人员应当采取合理、必要的措施救助受害旅游者,控制事态发展,防止损害扩大。发生地县级以上旅游主管部门应当启动旅游突发事件应急预案,并采取下列措施:

(1) 组织或者协同、配合相关部门开展对旅游者的救助及善后处置,防止次生、衍生事件;
(2) 协调医疗、救援和保险等机构对旅游者进行救助及善后处置;
(3) 统一、准确、及时发布有关事态发展和应急处置工作的信息,并公布咨询电话;
(4) 参与旅游突发事件的调查,配合相关部门依法对应当承担事件责任的旅游经营者及其责任人进行处理。

3. 经验教训总结

旅游突发事件处置结束后,发生地旅游主管部门应当及时查明突发事件的发生经过和原因,总结突发事件应急处置工作的经验教训,制定改进措施,并在 30 日内按照下列程序提交总结报告:

(1) 一般旅游突发事件向设区的市级旅游主管部门提交;
(2) 较大旅游突发事件逐级向省级旅游主管部门提交;
(3) 重大和特别重大旅游突发事件逐级向国家旅游局提交。

旅游团队在境外遇到突发事件的,由组团社所在地旅游主管部门提交总结报告。

第三节　旅游经营者的安全责任

一、旅游经营者的含义

根据《旅游安全管理办法》的规定，旅游经营者是指旅行社及地方性法规规定旅游主管部门负有行业监管职责的景区和饭店等单位。

补充阅读

> 旅游经营者的范围很广，一般包括旅行社、旅游饭店、旅游景区、旅游汽车和游船公司、旅游购物商店、旅游娱乐场所等，但旅游主管部门并不一定对这些企业都负有监管职责，如果都由旅游主管部门承担这些企业的安全监管责任，将造成旅游部门责任过大。《旅游安全管理办法》明确规定了旅游主管部门的有效安全监管对象，即旅行社及地方性法规规定旅游主管部门负有行业监管职责的景区和饭店等单位。

二、旅游经营者的安全生产条件

旅游经营者承担着旅游安全的主体责任，应当严格执行安全生产管理和消防安全管理的法律、法规和国家标准、行业标准，具备相应的安全生产条件，制定旅游者安全保护制度和应急预案，关注安全风险预警和提示，妥善应对旅游突发事件。

旅游经营者应当具备下列安全生产条件：

（1）服务场所、服务项目和设施设备符合有关安全法律、法规和强制性标准的要求；

（2）配备必要的安全和救援人员、设施设备；

（3）建立安全管理制度和责任体系；

（4）保证安全工作的资金投入。

三、旅游经营者的安全义务

（一）排除安全隐患

旅游经营者应当采取措施及时排除安全隐患。定期检查本单位安全措施的落实情况，对提供的产品和服务进行风险监测和安全评估，履行安全风险提示义务，对可能发生的旅游突发事件及时采取安全防范措施。经营高风险旅游项目或者向老年人、未成年人、残疾人提供旅游服务的，应当采取相应的安全保护措施。

（二）对从业人员进行安全生产教育和培训

旅游经营者应当对从业人员进行安全生产教育和培训，并建立安全生产教育和培训档案，保证从业人员掌握必要的安全生产知识、规章制度、操作规程、岗位技能和应急处理措施，知悉自身在安全生产方面的权利和义务。

未经安全生产教育和培训合格的旅游从业人员，不得上岗作业；特种作业人员必须按照国家有关规定经专门的安全作业培训，取得相应资格。

（三）履行安全警示义务

旅游经营者应当就旅游活动中应注意的安全事项，以明示的方式事先向旅游者做出说明或者警示。这些事项包括：

（1）正确使用相关设施、设备的方法；
（2）必要的安全防范和应急措施；
（3）未向旅游者开放的经营、服务场所和设施、设备；
（4）不适宜参加相关活动的群体；
（5）可能危及旅游者人身、财产安全的其他情形。

（四）向游客提出安全防范措施的配合要求

旅游经营者应当主动向旅游者询问与旅游活动相关的个人健康信息，要求旅游者按照明示的安全规程使用旅游设施和接受服务，并要求旅游者对旅游经营者采取的安全防范措施予以配合。

（五）向合格的供应商订购产品和服务

旅行社组织和接待旅游者，应当合理安排旅游行程，向合格的供应商订购产品和服务。旅行社及其工作人员发现履行辅助人提供的服务不符合法律、法规规定或者存在安全隐患时，应当予以制止或者更换。

（六）制作安全信息卡

旅行社组织出境旅游，应当制作安全信息卡，上面应记录旅游者姓名、出境证件号码和国籍，以及紧急情况下的联系人、联系方式等信息，使用中文和目的地官方语言（或者英文）填写。旅行社应当将安全信息卡交由旅游者随身携带，并告知其自行填写血型、过敏药物和重大疾病等信息。

> **相关链接**
>
> 《旅游安全管理办法》第35条规定，旅行社不按要求制作安全信息卡，未将安全信息卡交由旅游者，或者未告知旅游者相关信息的，由旅游主管部门给予警告，可并处两千元以下罚款；情节严重的，处两千元以上一万元以下罚款。

（七）及时处置旅游突发事件

旅游经营者应当制定旅游突发事件应急预案，定期组织演练，并使制定的预案与所在地县级以上地方人民政府及其相关部门的应急预案相衔接。

旅游安全事故发生后,旅游经营者应当立即采取合理、必要的救助和处置措施,依法履行报告义务,并对旅游者做出妥善安排。按照组织处置突发事件的人民政府的要求,配合其采取应急处置措施,并参加所在地人民政府组织的应急救援和善后处置工作。

四、旅游者的安全责任与求助权

旅游者的安全责任与求助权与旅游经营者的安全义务有密切的关联,旅游者履行好了自身的安全责任,有助于旅游经营者履行安全义务,而旅游者的求助权对应的往往是旅游经营者的救助义务。

(一)旅游者的安全责任

1. 健康信息告知义务

旅游者购买、接受旅游服务时,应当向旅游经营者如实告知与旅游活动相关的个人健康信息。

2. 安全措施配合义务

旅游者应遵守旅游活动中的安全警示规定,对国家应对重大突发事件暂时限制旅游活动的措施以及有关部门、机构或者旅游经营者采取的安全防范和应急处置措施,应当予以配合。

3. 救助费用的承担义务

旅游者接受相关组织或者机构的救助后,应当支付应由个人承担的费用。

(二)旅游者求助权

旅游者在人身、财产安全遇有危险时,有权请求旅游经营者、当地政府和相关机构进行及时救助。中国出境旅游者在境外陷于困境时,有权请求我国驻当地机构在其职责范围内给予协助和保护。

一、单项选择题

1. 旅游经营者承担着旅游安全的(　　)责任。
A. 附属　　　　B. 连带　　　　C. 次要　　　　D. 主体

2. 旅游目的地安全风险提示级别分为(　　)级。
A. 6　　　　　B. 5　　　　　C. 4　　　　　D. 3

3. 旅游目的地安全风险提示级别如果为一级,则表示风险(　　)。
A. 特别严重　　B. 严重　　　　C. 较重　　　　D. 一般

4. 某一旅游突发事件已造成5名游客失踪,这一旅游突发事件属于(　　)。
A. 特别重大旅游突发事件　　　B. 重大旅游突发事件

C. 较大旅游突发事件　　　　　　　D. 一般旅游突发事件

二、多项选择题（每题有2个或2个以上正确答案）

1. 各级旅游主管部门在职责范围内，依法对旅游安全工作进行（　　）。
   A. 指导　　　　B. 监管　　　　C. 统计分析　　　　D. 应急处理
2. （　　）风险提示可以不发布风险结束时间，待风险消失后自然结束。
   A. 一级　　　　B. 二级　　　　C. 三级　　　　D. 四级
3. 风险提示为（　　）风险的，旅行社应停止组团或者带团前往风险区域。
   A. 一级　　　　B. 二级　　　　C. 三级　　　　D. 四级
4. （　　）应逐级上报至国家旅游局。
   A. 特别重大旅游突发事件　　　　B. 重大旅游突发事件
   C. 较大旅游突发事件　　　　　　D. 一般旅游突发事件
5. 旅游经营者对从业人员进行安全生产教育培训的内容包括（　　）。
   A. 安全生产知识　　　　　　　　B. 岗位技能
   C. 应急处理措施　　　　　　　　D. 从业人员在安全生产方面的权利和义务
6. 旅游经营者应当就旅游活动中（　　），以明示的方式事先向旅游者做出说明或者警示。
   A. 相关设备的使用方法　　　　　B. 必要的安全防范措施
   C. 未向旅游者开放的经营、服务场所　　D. 不适宜参加相关活动的群体

三、判断题

1. 旅游目的地安全风险提示级别如果为二级，则对应的标示颜色为橙色。（　　）
2. 造成旅游者人身伤亡、财产损失是构成旅游突发事件的前提。（　　）
3. 旅游经营者应当主动向旅游者询问与旅游活动相关的个人健康信息。（　　）
4. 旅游者接受相关组织或者机构的救助不用承担相关费用。（　　）

四、简答题

1. 为什么说旅游安全具有脆弱性？
2. 什么是旅游突发事件？
3. 什么情况下构成特别重大旅游突发事件？
4. 旅游经营者应当具备的安全生产条件应达到什么要求？
5. 旅游者有哪些安全责任？

五、分析题

旅游局发布风险提示后，旅游经营者应怎么做？

第十一章
旅游纠纷解决法规

第一节 旅游纠纷概述

一、旅游纠纷的含义和特点

（一）旅游纠纷的含义

旅游纠纷，是指旅游者与旅游经营者、旅游辅助服务者之间因旅游发生的合同纠纷或者侵权纠纷。

相关链接

根据《最高人民法院关于审理旅游纠纷案件适用法律若干问题的规定》，旅游经营者是指以自己的名义经营旅游业务，向公众提供旅游服务的人；旅游辅助服务者是指与旅游经营者存在合同关系，协助旅游经营者履行旅游合同义务，实际提供交通、游览、住宿、餐饮、娱乐等旅游服务的人。

（二）旅游纠纷的特点

旅游纠纷有下列特点：
(1) 旅游纠纷发生在旅游过程当中；
(2) 旅游纠纷发生在旅游者与旅游经营者、旅游辅助服务者之间，其中一方必是旅游者；
(3) 旅游纠纷包含旅游合同纠纷和侵权纠纷两种。

二、旅游纠纷的解决方式

旅游活动中难免存在纠纷，有纠纷就应寻求有效的解决纠纷的方式和途径，这对维护旅

游者和旅游经营者的合法权益,促进旅业业的健康发展都有重要的意义。目前解决旅游纠纷的方式主要有协商、调解、投诉、仲裁和诉讼这五种。这五种方式各有特点,当事人可根据实际情况选择最合适的方式。

相关链接

《旅游法》第91条规定,县级以上人民政府应当指定或者设立统一的旅游投诉受理机构。受理机构接到投诉,应当及时进行处理或者移交有关部门处理,并告知投诉者。第92条规定,旅游者与旅游经营者发生纠纷,可以通过下列途径解决:①双方协商;②向消费者协会、旅游投诉受理机构或者有关调解组织申请调解;③根据与旅游经营者达成的仲裁协议提请仲裁机构仲裁;④向人民法院提起诉讼。

《消费者权益保护法》第39条规定,消费者和经营者发生消费者权益争议的,可以通过下列途径解决:①与经营者协商和解;②请求消费者协会或者依法成立的其他调解组织调解;③向有关行政部门投诉;④根据与经营者达成的仲裁协议提请仲裁机构仲裁;⑤向人民法院提起诉讼。

三、解决旅游纠纷的法律适用

旅游纠纷的处理与解决可能涉及的法律法规很多,主要有《旅游法》、《消费者权益保护法》、《合同法》、《中华人民共和国民事诉讼法》(以下简称《民事诉讼法》)、《中华人民共和国仲裁法》(以下简称《仲裁法》)、《旅行社条例》、《导游人员管理条例》、《旅游投诉处理办法》(国家旅游局2010年5月5日颁布,2010年7月1日起施行)、《最高人民法院关于审理旅游纠纷案件适用法律若干问题的规定》(2010年11月1日起施行)等。这些法律、法规有的并不完全是用来解决旅游纠纷的,但却是解决旅游纠纷的重要依据。

第二节 旅游纠纷的协商、调解与仲裁

一、旅游纠纷的协商

(一)旅游纠纷协商的含义

旅游纠纷的协商是指旅游纠纷当事人在自愿、互谅的基础上进行协商,自行达成协议的一种解决纠纷的方法。

(二)旅游纠纷协商的优点

旅游纠纷的协商手续简单,方法灵活,无须第三方介入,双方当事人就可自行解决纠纷,

大大节省了人力物力,而且可有效维持双方的友好关系。毫无疑问,在所有解决旅游纠纷的方式中,协商是最简便、成本最低的方式,多数旅游纠纷是在双方协商中化解和消除的。

(三) 旅游纠纷协商的缺点

能够通过协商的方式解决纠纷当然好,但这种方式也有一定的局限性。首先,协商的方式往往只适用于标的不大、争议简单的纠纷,对标的大、争议多、情况复杂的纠纷往往难以奏效;其次,协商的过程往往需要双方做出让步,因缺乏第三方的介入,双方的让步可能不对等,从而有损另一方的利益;再次,即使双方达成了协议,如另一方反悔,协商的结果也不能申请强制执行。

二、旅游纠纷的调解

(一) 旅游纠纷调解的含义

调解是解决纠纷的一种非常有效的方式。旅游纠纷调解是指旅游纠纷当事人在第三方主持和协调下,就旅游纠纷进行协商,从而解决旅游纠纷的一种活动。调解的主持者可以是人民调解委员会、消费者协会、人民法院、仲裁机构和行政机关,也可以是双方当事人所信赖的公民个人。

> **补充阅读**
>
> 协商与调解都是解决纠纷的有效方式,二者有许多共同点,如都要求双方有协调或调解的愿望,达成的有关协议都需要双方当事人的协商同意等。但协商与调解有一个很大不同,就是协商只在双方当事人间进行,不需要第三方介入,而调解是在第三方主持下进行的。

(二) 旅游纠纷调解的原则

旅游纠纷的调解应遵循下列原则。

1. 自愿原则

旅游纠纷调解应遵循自愿的原则。一方面,是否以调解方式解决旅游纠纷应尊重当事人的意愿,有一方不情愿、不同意调解,调解都不应进行。另一方面,调解是否能达成调解协议,是否同意调解协议的所有内容,也应尊重当事人的意愿。

2. 合法原则

旅游纠纷调解应遵循合法的原则。一方面指的是调解程序要合法,不应强迫或变相强迫当事人进行调解,调解不成应寻求别的解决纠纷的途径,不应久拖不决。另一方面,调解的结果不能违反国家法律、行政法规的强制性规定,也不能损害国家利益、社会公共利益和第三方的利益。

3. 公正原则

旅游纠纷调解应遵循公正的原则。这要求调解时应查明事实、分清是非,引导双方各

自做出适当让步来谋求纠纷的解决,不能片面地维护某一方的利益,或者进行无原则地调和。

(三) 旅游纠纷调解的优点

旅游纠纷的调解有下列特点,这也往往构成以调解方式解决旅游纠纷的优点。

(1) 效率高、成本低。调解的程序简单灵活,在解决旅游纠纷方面也往往有较高的效率和较低的成本支出。

(2) 有利于双方当事人实现自身的诉求。因为调解的结果是基于当事人的意愿,因而容易被双方接受,在履行调解协议时也较为顺利。

(3) 有利于实现双方当事人的团结。调解是在双方同意下进行的,调解的主持者也是受双方信任的第三方,这使得双方可以在较为友好轻松的氛围中达成互谅互让的协议,有利于实现当事人的团结。

(四) 旅游纠纷调解的种类

根据旅游纠纷调解主持者的身份的不同,我们可以把旅游纠纷调解分为民间调解、仲裁调解和法院调解等不同的种类。

1. 民间调解

民间调解是指由当事人双方临时选任的不具备专门调解职能的单位或个人进行的调解。

2. 仲裁调解

仲裁调解是指在仲裁庭主持下进行的调解。根据我国《仲裁法》的规定,仲裁庭在做出裁决前,可以先行调解。如果双方当事人自愿要求调解的,仲裁庭应当进行调解。如果调解不成,仲裁庭应当及时做出裁决。

3. 法院调解

法院调解也称诉讼中调解,是指民事诉讼双方当事人在法院审判人员的主持和协调下进行的调解。我国《民事诉讼法》第9条规定,人民法院审理民事案件,应当根据自愿和合法的原则进行调解;调解不成的,应当及时判决。

民事诉讼中,法院调解在诉讼的各阶段、各审级中均可进行。调解可由当事人提出申请,法院也可依职权主动提出建议,在征得当事人同意后开始调解。调解未达成协议的,人民法院应当及时判决。

(五) 旅游纠纷调解的法律效力

经调解达成的调解协议是双方当事人共同意思的表示,与合同、协议一样具有法律效力,当事人应当履行。如果当事人反悔,可以向法院起诉。法院将按照有关规定认定调解协议的性质和效力,凡调解协议的内容是双方当事人自愿达成的,不违反国家法律、行政法规的强制性规定,不损害国家、集体、第三人及社会公共利益,不具有无效、可撤销或者变更的法定事由的,法院将确认调解协议的法律效力。

如果调解是在诉讼当中由法院审判人员主持下进行的,当事人签收的调解书与生效判决具有同等的法律效力,当事人不得以同一事实和理由再行起诉,对调解书也不得上诉。

如果调解是在仲裁庭主持下进行的,调解书的法律效力等同于仲裁裁决书的法律效力,当事人应当履行。一方当事人不履行义务的,另一方当事人可以向人民法院申请执行。

三、旅游纠纷的仲裁

(一)旅游纠纷仲裁的含义

旅游纠纷仲裁是指旅游纠纷当事人自愿将纠纷提交选定的仲裁委员会,由仲裁委员会做出裁决的一种解决纠纷的方式。

补充阅读

> 仲裁是解决纠纷的一种方式,但并不是一切纠纷都可提交仲裁。根据《仲裁法》的规定,平等主体的公民、法人和其他组织之间发生的合同纠纷和其他财产权益纠纷,可以仲裁。下列纠纷不能仲裁:①婚姻、收养、监护、扶养、继承纠纷;②依法应当由行政机关处理的行政争议。由此可见,旅游纠纷一般都可提交仲裁。

(二)旅游纠纷仲裁的特点

仲裁虽然是一种具有民间性的裁判制度,但却是一种重要的替代诉讼的解决纠纷的方式,主要有以下特点。

1. 自愿性

与调解一样,仲裁也是以当事人的自愿为前提。旅游纠纷是否提交仲裁,交给哪个仲裁委员会仲裁,仲裁的审理方式等都是由双方当事人在自愿的基础上协商确定的。

而且,作为自愿性的表现形式,法律要求纠纷当事人事先必须达成仲裁协议。没有事先达成仲裁协议,一方申请仲裁的,仲裁委员会将不予受理。

旅游仲裁协议必须以书面形式订立,但不一定要求以独立的协议书的形式订立,下列3种形式都是旅游仲裁协议的表现形式。

(1)仲裁条款。指当事人在签合同时就订立的,将可能的纠纷提交仲裁的条款。

(2)仲裁协议书。指当事人在纠纷发生前或发生后订立的,同意将纠纷提交仲裁的一种独立的协议。

(3)其他书面形式表现的仲裁协议。当事人之间往来的信函、电报、传真、电子邮件等材料包含了同意将纠纷提交仲裁的内容,也可构成仲裁协议。

2. 灵活性

仲裁程序具有灵活性和弹性,而且,仲裁过程中的诸多具体程序都可由当事人选择,方便了旅游纠纷的解决。

3. 快捷性

仲裁实行一裁终局制,裁决一经做出即发生法律效力。而且,仲裁庭仲裁纠纷时,其中一部分事实已经清楚,可以就该部分先行裁决。这使得旅游纠纷能迅速得到解决。

4. 专业性

仲裁是一项专业性的工作,需要相关的专业知识。旅游纠纷的仲裁则需要仲裁员具备法律、经济以及旅游专业知识。仲裁委员会一般都备有分专业的、由专家组成的仲裁员名册供当事人选择,能充分满足旅游仲裁的专业性需求。

5. 保密性

仲裁以不公开进行为原则,而且法律规定仲裁员具有保密的义务,这可满足希望保密的当事人的要求。

(三) 旅游仲裁的法律效力

仲裁的裁决书具有法律效力,双方当事人应当履行裁决。一方不履行裁决,另一方当事人可以向人民法院申请执行,只要仲裁裁决不存在可撤销的事由,受申请的人民法院将予以执行。

第三节 旅游纠纷的诉讼

一、旅游纠纷诉讼的含义和特征

(一) 旅游纠纷诉讼的含义

旅游纠纷诉讼是指法院在当事人和其他诉讼参与人的参加下,以审理、判决、执行等方式解决旅游纠纷的活动及由这些活动产生的各种诉讼关系的总和。

在各种解决旅游纠纷的方式中,诉讼的程序最复杂,因此它往往不会成为旅游纠纷当事人首选的解决纠纷的方式,但在其他方式都无效的情况下,诉讼则是不得不采用的最终方式。

(二) 旅游纠纷诉讼的特征

旅游纠纷属于民事纠纷,旅游纠纷诉讼应遵守我国《民事诉讼法》的相关规定。与调解、仲裁等解决民事纠纷的方式相比,民事诉讼有以下 3 个突出特征。

1. 公权性

民事诉讼是一种通过司法途径解决民事纠纷的方式,法院代表国家行使审判权来解决民事争议。

2. 强制性

民事诉讼中,只要一方想起诉,且符合《民事诉讼法》规定的起诉条件,无论另一方是否愿意,诉讼均将发生,另一方都得应诉。而调解、仲裁均建立在双方当事人自愿的基础上,只要一方不愿意,调解、仲裁都将无法进行。

民事诉讼的强制性还体现在法院的裁判有直接的强制执行力,当事人若不履行生效裁判确定的义务,法院可依法强制执行。

3. 程序性

我国的《民事诉讼法》规定了严格的诉讼程序,无论是法院、当事人还是其他诉讼参与人,都应按照《民事诉讼法》设定的程序实施诉讼行为,不能违反程序的规定。相对而言,调解和仲裁在程序方面要灵活得多。

二、旅游纠纷诉讼的管辖

管辖是指各级法院之间和同级法院之间受理第一审案件的分工和权限。一项纠纷,当事人该向哪一个法院起诉,哪一个法院有权受理,这是首先要解决的。《民事诉讼法》对案件的管辖有许多具体规定,就旅游纠纷诉讼而言,下面几点需要掌握。

(1) 每一级法院都可受理第一审旅游纠纷案件。一般的旅游纠纷案件由基层人民法院管辖,性质重大、案情复杂、影响范围大、涉及金额多的旅游纠纷案件由级别较高的法院管辖。

(2) 旅游纠纷诉讼的管辖法院一般实行"原告就被告"的原则,即以被告所在地确定管辖的法院。如果被告是公民,被告所在地即为被告住所地(户籍所在地),被告住所地与经常居住地(公民离开住所地至起诉时已连续居住一年以上的地方,但公民住院就医的地方除外)不一致的,被告所在地为被告经常居住地。如果被告是法人或其他组织,被告所在地为法人或其他组织的主要办事机构所在地或主要营业地,没有办事机构的,被告所在地为其注册地。

(3) 两个以上人民法院都有管辖权的旅游纠纷诉讼,原告可以向其中一个人民法院起诉;原告向两个以上有管辖权的人民法院起诉的,由最先立案的人民法院管辖。

补充阅读

一些特殊的旅游纠纷案件管辖:

(1) 因旅游合同纠纷提起的诉讼,可由被告住所地或者合同履行地人民法院管辖;

(2) 因保险合同纠纷提起的诉讼,由被告住所地或者保险标的物所在地人民法院管辖;

(3) 因铁路、公路、水上、航空运输和联合运输合同纠纷提起的旅游诉讼,可由运输始发地、目的地或者被告住所地人民法院管辖;

(4) 因侵权行为提起的旅游纠纷诉讼,可由侵权行为地或者被告住所地人民法院管辖;

(5) 因铁路、公路、水上和航空事故请求损害赔偿提起的旅游诉讼,可由事故发生地或者车辆、船舶最先到达地、航空器最先降落地或者被告住所地人民法院管辖。

此外,合同或者其他财产权益纠纷的当事人可以书面协议选择被告住所地、合同履行地、合同签订地、原告住所地、标的物所在地等与争议有实际联系的地点的人民法院管辖,前提是不得违反《民事诉讼法》对级别管辖和专属管辖的规定。

三、旅游纠纷诉讼的证据

(一)证据的含义

证据是能够证明案件真实情况的各种事实,也是人民法院认定有争议的案件事实的根据。当事人的诉讼要求能否得到满足,关键在于证据是否充分。

(二)证据的种类

旅游纠纷诉讼的证据主要有下列 8 种:
(1)当事人的陈述;
(2)书证;
(3)物证;
(4)视听资料;
(5)电子数据;
(6)证人证言;
(7)鉴定意见;
(8)勘验笔录。

所有证据又可分为原始证据和传来证据。一般来说,原始证据比传来证据可靠;同是传来证据,距原始证据越近的越可靠。

补充阅读

(1)原始证据。凡是直接来源于案件事实,未经复制、转述的证据是原始证据,如目睹纠纷过程的证人证言、物证的原物、合同书的原件、勘验笔录等。

(2)传来证据。凡是间接来源于案件事实,经过复制、转述的证据是传来证据,如物证的复制品、文件的影印件、非亲自感受案件事实的证人所作的证言等。

(三)证据的出示与审核

双方当事人对自己提出的主张,有责任及时提供证据。因客观原因不能自行收集的证据,或者法院认为审理案件需要的证据,法院应当调查收集。法院有权向有关单位和个人调查取证,有关单位和个人不得拒绝。

证据应当在法庭上出示,并由当事人互相质证。凡是知道案件情况的单位和个人,都有义务出庭作证。但不能正确表达意思的人,不能作证。对涉及国家秘密、商业秘密和个人隐私的证据应当保密,需要在法庭出示的,不得在公开开庭时出示。人民法院应当按照法定程序,全面地、客观地审查核实证据。

四、旅游纠纷诉讼的程序

旅游纠纷诉讼有一套完整的程序,主要过程如下。

(一)起诉

起诉应当向法院递交起诉状,书写起诉状确有困难的,可以口头起诉,由人民法院记入笔录。起诉应符合下列条件:

(1)原告是与本案有直接利害关系的公民、法人和其他组织;
(2)有明确的被告;
(3)有具体的诉讼请求和事实、理由;
(4)属于人民法院受理民事诉讼的范围和受诉人民法院管辖。

相关链接

《民事诉讼法》第121条规定,起诉状应当记明下列事项:

(1)原告的姓名、性别、年龄、民族、职业、工作单位、住所、联系方式,法人或者其他组织的名称、住所和法定代表人或者主要负责人的姓名、职务、联系方式;
(2)被告的姓名、性别、工作单位、住所等信息,法人或者其他组织的名称、住所等信息;
(3)诉讼请求和所根据的事实与理由;
(4)证据和证据来源,证人姓名和住所。

(二)审查与受理

法院收到起诉状或者口头起诉后,将进行审查,符合起诉条件的,将在7日内立案,并通知当事人。不符合起诉条件的也将在7日内裁定不予受理。

(三)开庭审理

法院审理民事案件,除涉及国家秘密、个人隐私或者法律另有规定的以外,应当公开进行。旅游纠纷案件如果不涉及上述情况也应该开庭审理,主要按下列程序进行。

1. 开庭前的准备工作

人民法院审理民事案件,会在开庭3日前通知当事人和其他诉讼参与人。公开审理的,还将公告当事人姓名、案由和开庭的时间、地点。

2. 法庭调查

法庭调查的任务是审查核实各种诉讼证据。根据《民事诉讼法》第138条的规定,法庭调查按照下列顺序进行:

(1)当事人陈述;

(2) 告知证人的权利义务，证人作证，宣读未到庭的证人证言；
(3) 出示书证、物证、视听资料和电子数据；
(4) 宣读鉴定意见；
(5) 宣读勘验笔录。

3. 法庭辩论

作为定案的所有证据，都必须经过法庭的辩论和质证。

相关链接

《民事诉讼法》第141条规定，法庭辩论按照下列顺序进行：
(1) 原告及其诉讼代理人发言；
(2) 被告及其诉讼代理人答辩；
(3) 第三人及其诉讼代理人发言或者答辩；
(4) 互相辩论。

4. 评议和宣判

法庭辩论结束后，法院应当依法做出判决。判决前能够调解的，还可以进行调解，调解不成的，应当及时判决。

法院对公开审理或者不公开审理的案件，一律公开宣告判决。当庭宣判的，应当在10日内发送判决书；定期宣判的，宣判后立即发给判决书。判决书应当写明判决结果和做出该判决的理由。

相关链接

《民事诉讼法》第152条规定，判决书的主要内容包括：
(1) 案由、诉讼请求、争议的事实和理由；
(2) 判决认定的事实和理由、适用的法律和理由；
(3) 判决结果和诉讼费用的负担；
(4) 上诉期间和上诉的法院。

(四) 二审程序

我国实行两审终审制，当事人不服一审法院做出的裁判，可以向上一级法院提起上诉，经上一级法院审理并做出裁判后，诉讼便告终结。对一个旅游纠纷案件，当事人不服地方人民法院第一审判决的，有权在判决书送达之日起15日内递交上诉状提起上诉，二审法院的判决为终审判决。但是，二审程序并不是必经程序，如果双方当事人在15日内均未上诉，判决即发生法律效力。

(五) 审判监督程序

审判监督程序是纠正生效裁判错误的法定程序，也称再审程序，并不是案件的必经程序。法院随时可以提起再审程序，如果当事人申请再审，则应当在判决、裁定发生法律效力后 6 个月内提出。

第四节　审理旅游纠纷案件适用法律的规定

2010 年 9 月 13 日，最高人民法院审判委员会第 1496 次会议通过了《最高人民法院关于审理旅游纠纷案件适用法律若干问题的规定》（以下简称《规定》），于 2010 年 11 月 1 日起施行。该《规定》的内容涉及维护旅游者的合法权益、合理界定旅游经营者的责任等方面，是我国第一个专门处理旅游纠纷的司法解释。

一、旅游者合法权益的保护

《规定》体现了对旅游者合法权益的全方位保护，主要体现在以下一些方面。

（一）集体旅游合同中旅游者个人的诉权得到保障

根据《规定》第 2 条的规定，以单位、家庭等集体形式与旅游经营者订立旅游合同，在履行过程中发生纠纷，除集体以合同一方当事人名义起诉外，旅游者个人也可以自己的名义提起旅游合同纠纷诉讼。

（二）旅游者违约责任和侵权责任的选择权

《规定》第 3 条规定，因旅游经营者方面的同一原因造成旅游者人身损害、财产损失，旅游者选择要求旅游经营者承担违约责任或者侵权责任的，人民法院应当根据当事人选择的案由进行审理。

（三）经营者的不公平条款无效

《规定》第 6 条规定，旅游经营者以格式合同、通知、声明、告示等方式做出对旅游者不公平、不合理的规定，或者减轻、免除其损害旅游者合法权益的责任，旅游者请求依法认定该内容无效的，人民法院应予支持。

（四）经营者不能擅自转让业务

《规定》第 10 条第 1 款规定，旅游经营者将旅游业务转让给其他旅游经营者，旅游者不同意转让，请求解除旅游合同、追究旅游经营者违约责任的，人民法院应予支持。

（五）旅游者可以转让旅游合同

《规定》第 11 条规定，除合同性质不宜转让或者合同另有约定之外，在旅游行程开始前的合理期间内，旅游者将其在旅游合同中的权利义务转让给第三人，请求确认转让合同效力的，人民法院应予支持。

（六）旅游者有权要求退还未发生的费用

(1)《规定》第 12 条规定，旅游行程开始前或者进行中，因旅游者单方解除合同，旅游者

请求旅游经营者退还尚未实际发生的费用的,人民法院应予支持。

(2)《规定》第13条规定,因不可抗力等不可归责于旅游经营者、旅游辅助服务者的客观原因导致旅游合同无法履行,旅游者请求旅游经营者退还尚未实际发生的费用的,人民法院应予支持;因不可抗力等不可归责于旅游经营者、旅游辅助服务者的客观原因变更旅游行程,旅游者请求旅游经营者退还因此减少的旅游费用的,人民法院应予支持。

(3)《规定》第18条规定,因飞机、火车、班轮、城际客运班车等公共客运交通工具延误,导致合同不能按照约定履行,旅游者请求旅游经营者退还未实际发生的费用的,人民法院应予支持。

(七)旅游者有权要求违约赔偿

《规定》第17条规定,旅游经营者违反合同约定,有擅自改变旅游行程、遗漏旅游景点、减少旅游服务项目、降低旅游服务标准等行为,旅游者请求旅游经营者赔偿未完成约定旅游服务项目等合理费用的,人民法院应予支持。

旅游经营者提供服务时有欺诈行为,旅游者请求旅游经营者双倍赔偿其遭受的损失的,人民法院应予支持。

(八)旅游者有权要求返还多收的费用

《规定》第23条规定,旅游者要求旅游经营者返还下列费用的,人民法院应予支持:

(1)因拒绝旅游经营者安排的购物活动或者另行付费的项目被增收的费用;

(2)在同一旅游行程中,旅游经营者提供相同服务,因旅游者的年龄、职业等差异而增收的费用。

(九)旅游者有权要求补办手续

《规定》第24条规定,旅游经营者因过错致其代办的手续、证件存在瑕疵,或者未尽妥善保管义务而遗失、毁损,旅游者请求旅游经营者补办或者协助补办相关手续、证件并承担相应费用的,人民法院应予支持。因上述行为影响旅游行程,旅游者请求旅游经营者退还尚未发生的费用、赔偿损失的,人民法院应予支持。

二、旅游经营者的责任和义务

(一)旅游经营者的安全保障义务

《规定》第7条规定,旅游经营者、旅游辅助服务者未尽到安全保障义务,造成旅游者人身损害、财产损失,旅游者请求旅游经营者、旅游辅助服务者承担责任的,人民法院应予支持。

因第三人的行为造成旅游者人身损害、财产损失,由第三人承担责任;旅游经营者、旅游辅助服务者未尽安全保障义务,旅游者请求其承担相应补充责任的,人民法院应予支持。

(二)旅游经营者的警示、告知义务

《规定》第8条第1款规定,旅游经营者、旅游辅助服务者对可能危及旅游者人身、财产安全的旅游项目未履行告知、警示义务,造成旅游者人身损害、财产损失,旅游者请求旅游经营者、旅游辅助服务者承担责任的,人民法院应予支持。

(三)旅游经营者的信息保密义务

《规定》第9条规定,旅游经营者、旅游辅助服务者泄露旅游者个人信息或者未经旅游者同意公开其个人信息,旅游者请求其承担相应责任的,人民法院应予支持。

(四)旅游经营者的连带责任

《规定》第10条第2款规定,旅游经营者擅自将其旅游业务转让给其他旅游经营者,旅游者在旅游过程中遭受损害,请求与其签订旅游合同的旅游经营者和实际提供旅游服务的旅游经营者承担连带责任的,人民法院应予支持。

第16条规定,旅游经营者准许他人挂靠其名下从事旅游业务,造成旅游者人身损害、财产损失,旅游者请求旅游经营者与挂靠人承担连带责任的,人民法院应予支持。

(五)旅游经营者对旅游者承担的补充责任

《规定》第14条第2款规定,旅游经营者对旅游辅助服务者未尽谨慎选择义务,旅游者请求旅游经营者承担相应补充责任的,人民法院应予支持。

(六)旅游经营者对自己的委托行为负有责任

《规定》第15条规定,签订旅游合同的旅游经营者将其部分旅游业务委托旅游目的地的旅游经营者,因受托方未尽旅游合同义务,旅游者在旅游过程中受到损害,要求做出委托的旅游经营者承担赔偿责任的,人民法院应予支持。旅游经营者委托除前款规定以外的人从事旅游业务,发生旅游纠纷,旅游者起诉旅游经营者的,人民法院应予受理。

(七)旅游者在自行安排活动期间旅游经营者的失职责任

《规定》第19条规定,旅游者在自行安排活动期间(包括旅游经营者安排的在旅游行程中独立的自由活动期间、旅游者不参加旅游行程的活动期间以及旅游者经导游或者领队同意暂时离队的个人活动期间等)遭受人身损害、财产损失,旅游经营者未尽到必要的提示义务、救助义务,旅游者请求旅游经营者承担相应责任的,人民法院应予支持。

(八)旅游经营者对行李灭失的责任

《规定》第22条规定,旅游经营者或者旅游辅助服务者为旅游者代管的行李物品损毁、灭失,旅游者请求赔偿损失的,人民法院应予支持,但下列情形除外:

(1)损失是由于旅游者未听从旅游经营者或者旅游辅助服务者的事先声明或者提示,未将现金、有价证券、贵重物品由其随身携带而造成的;

(2)损失是由于不可抗力、意外事件造成的;

(3)损失是由于旅游者的过错造成的;

(4)损失是由于物品的自然属性造成的。

(九)部分包价游产品中旅游经营者的责任

《规定》第25条第1款规定,旅游经营者事先设计,并以确定的总价提供交通、住宿、游览等一项或者多项服务,不提供导游和领队服务,由旅游者自行安排游览行程的旅游过程中,旅游经营者提供的服务不符合合同约定,侵害旅游者合法权益,旅游者请求旅游经营者承担相应责任的,人民法院应予支持。

三、旅游经营者的权益保护

（一）追加第三人

《规定》第4条规定，因旅游辅助服务者的原因导致旅游经营者违约，旅游者仅起诉旅游经营者的，人民法院可以将旅游辅助服务者追加为第三人。

第5条规定，旅游经营者已投保责任险，旅游者因保险责任事故仅起诉旅游经营者的，人民法院可以应当事人的请求将保险公司列为第三人。

（二）确认旅游经营者可以免责的情形

1. 旅游者不履行如实告知义务或不听从警示

《规定》第8条第2款规定，旅游者未按旅游经营者、旅游辅助服务者的要求提供与旅游活动相关的个人健康信息并履行如实告知义务，或者不听从旅游经营者、旅游辅助服务者的告知、警示，参加不适合自身条件的旅游活动，导致旅游过程中出现人身损害、财产损失，旅游者请求旅游经营者、旅游辅助服务者承担责任的，人民法院不予支持。

2. 不可抗力可解除旅游合同

《规定》第13条规定，因不可抗力等不可归责于旅游经营者、旅游辅助服务者的客观原因导致旅游合同无法履行，旅游经营者请求解除旅游合同的，人民法院应予支持。旅游者请求对方承担违约责任的，人民法院不予支持。

3. 旅游者未经许可脱团旅游经营者可免责

《规定》第20条规定，旅游者在旅游行程中未经导游或者领队许可，故意脱离团队，遭受人身损害、财产损失，请求旅游经营者赔偿损失的，人民法院不予支持。

4. 旅游经营者不必为旅游者自行安排的旅游活动担责

《规定》第25条第2款规定，旅游者在自行安排的旅游活动中合法权益受到侵害，请求旅游经营者、旅游辅助服务者承担责任的，人民法院不予支持。

（三）旅游经营者有权收取合理费用

旅游经营者有权收取的合理费用包括下列一些情况下产生的费用。

1. 旅游者转让合同而增加的费用

《规定》第11条规定，在旅游行程开始前的合理期间内，旅游者将其在旅游合同中的权利义务转让给第三人，旅游经营者因此而请求旅游者、第三人给付增加的费用的，人民法院应予支持。

2. 旅游者单方解除合同而产生的费用

《规定》第12条规定，旅游行程开始前或者进行中，因旅游者单方解除合同，旅游经营者请求旅游者支付合理费用的，人民法院应予支持。

3. 因不可抗力而增加的费用

《规定》第13条第2款规定，因不可抗力等不可归责于旅游经营者、旅游辅助服务者的客观原因变更旅游行程，在征得旅游者同意后，旅游经营者请求旅游者分担因此增加的旅游费用的，人民法院应予支持。

第五节　旅游投诉

投诉是解决纠纷的方式之一。旅游投诉是投诉的一种,是解决旅游纠纷的众多方式中最具旅游特色的方式。为了维护旅游者和旅游经营者的合法权益,依法公正处理旅游投诉,国家旅游局于 2010 年 5 月 5 日公布了《旅游投诉处理办法》,自 2010 年 7 月 1 日起施行。

一、旅游投诉的含义和特点

(一) 旅游投诉的含义

根据《旅游投诉处理办法》第 2 条的规定,旅游投诉指的是旅游者认为旅游经营者损害其合法权益,请求旅游行政管理部门、旅游质量监督管理机构或者旅游执法机构(以下统称"旅游投诉处理机构"),对双方发生的民事争议进行处理的行为。

(二) 旅游投诉的特点

旅游投诉有下列特点:
(1) 投诉人是恒定的,只能是旅游者;
(2) 被投诉人也是恒定的,只能是旅游经营者;
(3) 投诉所涉及的事项属于民事争议;
(4) 旅游投诉处理机构是旅游行政管理部门、旅游质量监督管理机构或者旅游执法机构。

二、旅游投诉的管辖

旅游投诉管辖是指各级旅游投诉处理机构之间和同级旅游投诉处理机构之间受理旅游投诉案件的分工和权限。明确旅游投诉的管辖,有利于合理配置各旅游投诉处理机构的资源,充分发挥各旅游投诉处理机构的作用,也有利于投诉人进行及时有效的投诉。

(一) 一般管辖

通常情况下,旅游投诉由旅游合同签订地或者被投诉人所在地县级以上地方旅游投诉处理机构管辖。

(二) 特殊管辖

需要立即制止、纠正被投诉人的损害行为的,应当由损害行为发生地旅游投诉处理机构管辖。

(三) 级别管辖

上级旅游投诉处理机构有权处理下级旅游投诉处理机构管辖的投诉案件。

（四）协商或指定管辖

当发生管辖争议时，旅游投诉处理机构可以协商确定管辖，或者报请共同的上级旅游投诉处理机构指定管辖。

三、旅游投诉的受理

（一）旅游投诉的受理条件

不是所有的旅游投诉都能被受理，只有满足下列条件的投诉才能被旅游投诉处理机构受理：

（1）投诉人与投诉事项有直接利害关系；
（2）有明确的被投诉人、具体的投诉请求、事实和理由；
（3）属于《旅游投诉处理办法》中所规定的旅游投诉范围。

（二）旅游投诉的范围

根据《旅游投诉处理办法》第8条的规定，投诉人可以就下列事项向旅游投诉处理机构投诉：

（1）认为旅游经营者违反合同约定的；
（2）因旅游经营者的责任致使投诉人人身、财产受到损害的；
（3）因不可抗力、意外事故致使旅游合同不能履行或者不能完全履行，投诉人与被投诉人发生争议的；
（4）其他损害旅游者合法权益的。

此外，《旅游投诉处理办法》第9条规定，属于下列情形的旅游投诉，旅游投诉处理机构将不予受理：

（1）人民法院、仲裁机构、其他行政管理部门或者社会调解机构已经受理或者处理的；
（2）旅游投诉处理机构已经做出处理，且没有新情况、新理由的；
（3）不属于旅游投诉处理机构职责范围或者管辖范围的；
（4）超过旅游合同结束之日90天的；
（5）不符合旅游投诉条件的。

如果旅游投诉处理机构是因为旅游投诉不属于本机构的职责范围或者管辖范围而不予受理的，旅游投诉处理机构应当及时告知投诉人向有管辖权的旅游投诉处理机构或者有关行政管理部门投诉。

（三）旅游者提出投诉请求

1. 投诉的时间要求

旅游者应在旅游合同结束之日起90天内提出投诉申请，超过90天的，旅游投诉处理机构将不予受理。

2. 投诉形式

旅游投诉一般应以书面方式进行，特殊情况下也可口头投诉。旅游投诉可以是单个人进行的投诉，也可以是多人进行的共同投诉；可以由旅游者本人进行投诉，也可以委托代理人进行投诉。

（1）书面投诉。投诉者通过提交书面投诉书的形式向旅游投诉处理机构进行投诉。投诉书应载明下列事项：①投诉人的姓名、性别、国籍、通信地址、邮政编码、联系电话及投诉日期；②被投诉人的名称、所在地；③投诉的要求、理由及相关的事实根据。

（2）口头投诉。投诉事项比较简单时，投诉人可以口头投诉，由旅游投诉处理机构进行记录或者登记，并告知被投诉人。

（3）委托代理投诉。投诉人可委托代理人进行投诉，但是应当向旅游投诉处理机构提交授权委托书，并载明委托权限。

（4）共同投诉。共同投诉是指投诉人4人以上，以同一事由投诉同一被投诉人的旅游投诉。对于共同投诉，投诉人可以推选1～3名代表进行投诉。代表人参加旅游投诉处理机构处理投诉过程的行为，对全体投诉人发生效力，但代表人变更、放弃投诉请求或者进行和解，应当经全体投诉人同意。

（四）旅游投诉处理机构进行审查

旅游投诉处理机构接到投诉书或者口头投诉后，应审查该投诉是否符合投诉条件，并在5个工作日内做出以下处理。

（1）受理。对符合投诉条件的投诉，旅游投诉处理机构将予以受理。

（2）不予受理。投诉不符合条件的，旅游投诉处理机构应当向投诉人送达《旅游投诉不予受理通知书》，告知不予受理的理由。

（3）转办。旅游投诉处理机构对旅游者的投诉无管辖权的，应当以《旅游投诉转办通知书》或者《旅游投诉转办函》的形式，将投诉材料转交有管辖权的旅游投诉处理机构或者其他有关行政管理部门，并书面告知投诉人。

四、旅游投诉的处理

（一）调解与和解程序

旅游投诉处理机构在处理旅游投诉时，除非有特别规定外，实行调解制度。旅游投诉处理机构应当积极安排当事双方进行调解，提出调解方案。调解遵循自愿、合法的原则，在查明事实的基础上，促使投诉人与被投诉人相互谅解，达成协议。

在旅游投诉处理过程中，投诉人与被投诉人可以自行和解，但应当将和解结果告知旅游投诉处理机构。旅游投诉处理机构在核实后应当予以记录并由双方当事人、投诉处理人员签名或者盖章。

（二）简易程序

旅游投诉处理机构对于事实清楚、应当即时制止或者纠正被投诉人损害行为的投诉案件，可以按照简易程序处理，不用填写《旅游投诉立案表》和向被投诉人送达《旅游投诉受理通知书》，但应当对处理情况进行记录存档。

（三）一般程序

除了按简易程序处理的投诉外，旅游投诉处理机构处理投诉应遵循下列程序。

1. 立案

旅游投诉处理机构处理旅游投诉,应当予以立案,填写《旅游投诉立案表》,并附有关投诉材料,在受理投诉之日起5个工作日内,将《旅游投诉受理通知书》和投诉书副本送达被投诉人。被投诉人应当在接到通知之日起10日内做出书面答复,提出答辩的事实、理由和证据。

2. 审查和取证

旅游投诉处理机构应当对双方当事人提出的事实、理由及证据进行审查。旅游投诉处理机构如果认为有必要,也可依法自行收集证据或者召集有关当事人进行调查。需要委托其他旅游投诉处理机构协助调查、取证的,应当出具《旅游投诉调查取证委托书》。

相关链接

> 根据《旅游投诉处理办法》第22条的规定,在处理旅游投诉过程中,对专门性事项需要鉴定或者检测的,可以由当事人双方约定的鉴定或者检测部门鉴定。没有约定的,当事人一方可以自行向法定鉴定或者检测机构申请鉴定或者检测。鉴定、检测费用按双方约定承担。没有约定的,由鉴定、检测申请方先行承担;达成调解协议后,按调解协议承担。

3. 做出处理决定

旅游投诉处理机构应当在受理旅游投诉之日起60天内做出处理决定。处理决定分以下两种情况。

(1) 双方达成调解协议。双方达成调解协议的,应当制作《旅游投诉调解书》,载明投诉请求、查明的事实、处理过程和调解结果,由当事人双方签字并加盖旅游投诉处理机构印章。

(2) 双方未达成调解协议。当事人双方未能达成调解协议的,旅游投诉处理机构应当向双方当事人出具《旅游投诉终止调解书》。调解不成或者调解书生效后没有执行的,投诉人可以按照国家法律、法规的规定,向仲裁机构申请仲裁或者向人民法院提起诉讼。

4. 划拨旅行社质量保证金

经旅游投诉处理机构调解,投诉人与旅行社不能达成调解协议,当符合下列条件时,旅游投诉处理机构应当做出划拨旅行社质量保证金赔偿的决定,或向旅游行政管理部门提出划拨旅行社质量保证金的建议:

(1) 旅行社因解散、破产或者其他原因造成旅游者预交旅游费用损失的;

(2) 因旅行社中止履行旅游合同义务、造成旅游者滞留,而实际发生了交通、食宿或返程等必要及合理费用的。

5. 行政处罚或者移送司法机关

根据《旅游投诉处理办法》第4条的规定,旅游投诉处理机构在处理旅游投诉中,发现被投诉人或者其从业人员有违法或犯罪行为的,应当按照法律、法规的规定,做出行政处罚、向有关行政管理部门提出行政处罚建议或者移送司法机关。

一、单项选择题

1. 诉讼是解决旅游纠纷的(　　)方式。
   A. 唯一　　　　　B. 必经　　　　　C. 主要　　　　　D. 最终
2. 当事人申请再审,则应当在判决、裁定发生法律效力后(　　)内提出。
   A. 1个月　　　　B. 6个月　　　　C. 1年　　　　　D. 2年
3. 解决旅游纠纷的众多方式中最具旅游特色的方式是(　　)。
   A. 旅游投诉　　　B. 协商　　　　　C. 诉讼　　　　　D. 调解
4. (　　)是最简便、成本最低的解决旅游纠纷的方式。
   A. 旅游投诉　　　B. 协商　　　　　C. 诉讼　　　　　D. 调解
5. 旅游投诉的投诉人是(　　)。
   A. 旅游经营者　　B. 旅游执法机构　C. 旅游者　　　　D. 旅行社
6. 超过旅游合同结束之日(　　)天的,旅游投诉处理机构将不予受理。
   A. 30　　　　　　B. 60　　　　　　C. 90　　　　　　D. 120
7. 旅游投诉处理机构应当在受理旅游投诉之日起(　　)天内做出处理决定。
   A. 30　　　　　　B. 60　　　　　　C. 90　　　　　　D. 120

二、多项选择题(每题有2个或2个以上正确答案)

1. 下列哪些属于解决旅游纠纷的途径?(　　)
   A. 投诉　　　　　B. 协商　　　　　C. 诉讼　　　　　D. 回避
2. 下列哪些属于旅游纠纷仲裁的特点?(　　)
   A. 灵活性　　　　B. 强制性　　　　C. 保密性　　　　D. 专业性
3. (　　)是属于民事诉讼的特征。
   A. 程序性　　　　B. 自愿性　　　　C. 强制性　　　　D. 快捷性
4. 旅游纠纷诉讼的证据包括(　　)。
   A. 当事人的陈述　B. 电子数据　　　C. 证人证言　　　D. 勘验笔录
5. 通常情况下,旅游投诉由(　　)旅游投诉处理机构管辖。
   A. 损害结果发生地　　　　　　　　B. 损害行为发生地
   C. 旅游合同签订地　　　　　　　　D. 被投诉人所在地
6. 旅游投诉处理机构将不予受理的旅游投诉包括(　　)。
   A. 不符合旅游投诉条件的投诉　　　B. 消费者协会已受理的投诉
   C. 仲裁机构正在仲裁的投诉　　　　D. 旅行社对游客的投诉

三、判断题

1. 仲裁协议必须以书面形式订立。(　　)
2. 仲裁协议书必须在纠纷发生前订立才有效。(　　)

3. 我国实行两审终审制,二审程序是必经程序。 (　)
4. 旅游纠纷的其中一方必是旅游者。 (　)
5. 旅游投诉管辖是指各级旅游投诉处理机构之间受理旅游投诉案件的分工和权限。
 (　)
6. 旅游者只能本人进行投诉,不可以委托代理人进行投诉。 (　)

四、简答题

1. 旅游纠纷有哪些特点?
2. 通过调解的方式解决旅游纠纷有何优点?
3. 什么情况下旅游者有权要求旅游经营者退还未发生的费用?
4. 什么情况下旅游经营者有权收取合理费用?
5. 旅游投诉有什么特点?
6. 旅游投诉的受理条件有哪些?

五、分析题

1. 游客李某和某旅行社发生纠纷,在消费者协会的主持下,双方达成调解协议。后来李某反悔,不愿意按协议条款履行。请问,李某的反悔有效吗?

2. 一项旅游纠纷如果要提交仲裁委员会仲裁,必须事先签订独立的仲裁协议书。这句话对吗?为什么?

3. 游客王某今年65岁,身体健康,想报名参加某旅行社组织的一个旅游团,被该旅行社拒绝,原因是王某年龄偏大。后来王某在比其他游客多交了500元钱的情况下才被允许参加这一旅游团。请问,游客王某是否可以要求旅行社退还这500元钱?

4. 陈某与某旅行社签订了去国外旅游的合同,交了1万元旅游费用。在出发前5天,陈某接到单位的通知,要求他承担对新进员工的培训工作,陈某的国外旅游必须取消。陈某要求旅行社退还所交的旅游费用,旅行社拒绝了陈某的要求,双方因此发生争执。

请问:(1) 陈某与旅行社间的争执是否属于旅游纠纷?为什么?
(2) 陈某想解决这一争执可通过哪些途径?
(3) 陈某的1万元钱可以退吗?为什么?

思考与练习参考答案

绪论

一、单项选择题
1. A   2. C

二、多项选择题
1. BC   2. ABCD

三、判断题
1. 对   2. 错

五、分析题

1. 提示：由于法律的效力高于行政法规、地方性法规、规章，因此，当旅游法规的规定与《旅游法》的规定不一致时，应当适用《旅游法》的规定。不仅如此，与《旅游法》的规定不一致的旅游法规还应该做出相应调整以符合《旅游法》的规定。

2. 提示：根据《导游人员管理条例》，被吊销导游证后，将不予颁发导游证。而根据《旅游法》，被吊销导游证后，如果满了三年，还是有机会重新申请导游证的。由于法律的效力高于行政法规、地方性法规、规章，因此，被吊销导游证的导游，自处罚之日起的三年以后，还是可以重新申请导游证的。

（注：简答题的答案省略，后同。）

第一章

一、单项选择题
1. B   2. D   3. C

二、多项选择题
1. BC   2. BCD   3. AC   4. ABCD   5. ABC

三、判断题
1. 错   2. 对   3. 错   4. 对

五、分析题

提示：平等权指的是公民依法平等地享有权利和承担义务，不受任何差别对待的权利。《宪法》第33条规定，中华人民共和国公民在法律面前一律平等。这一规定至少有三层含

义,一是任何公民都一律平等地享有宪法和法律规定的权利,也平等地履行宪法和法律规定的义务;二是国家机关对公民的合法权益一律平等地保护,对任何公民的违法行为都平等地依法予以追究和制裁;三是所有公民在法律适用上一律平等,任何公民都不得有超越宪法和法律的特权。

第二章

一、单项选择题

1. B　2. C　3. D　4. D　5. C

二、多项选择题

1. ABCD　2. AC　3. ABCD　4. ABCD

三、判断题

1. 错　2. 对　3. 错　4. 对　5. 对

五、分析题

1. 提示:20万元+120万元+35万元=175万元。

2. 提示:在旅游过程中,当发生不可抗力,危及旅游者人身、财产安全,或者非旅行社责任造成意外情形时,旅行社有权调整或者变更旅游合同约定的行程安排,但应当在事前向旅游者做出说明;确因客观情况无法在事前说明的,应当在事后做出说明。

3. 提示:对旅游中可能危及旅游者人身、财产安全的事项,应当向旅游者做出真实的说明和明确的警示。对旅游地可能引起旅游者误解或产生冲突的法律规定、风俗习惯、宗教信仰等,应当事先给旅游者以明确的说明和忠告。组织、接待老年人、未成年人、残疾人等旅游者,应当采取相应的安全保障措施。当发生危及旅游者人身安全的情形时,旅行社及其委派的导游人员、领队人员应当采取必要的处置措施并及时报告旅游行政管理部门;在境外发生的,还应当及时报告我国驻该国使领馆、相关驻外机构、当地警方。

4. 提示:《旅游法》禁止的是旅行社通过安排旅游者在其指定的具体购物场所购物和参加另行付费项目而获取回扣等不正当利益的行为,并不是绝对禁止安排旅游者购物或参加自费项目。但旅行社在安排旅游者购物或参加自费项目时,要符合下述要求。

(1) 不得以不合理的低价组织旅游活动,诱骗旅游者;也不得通过安排购物或者另行付费旅游项目获取回扣等不正当利益。

(2) 必须与旅游者协商一致或者是应旅游者要求。即使旅游者同意,也不得诈骗旅游者,不得通过安排这些活动获取回扣等不正当利益。

(3) 旅行社应将具体购物场所和另行付费旅游项目的具体情况向旅游者做出真实、准确、详细的说明。

(4) 不得影响其他不参加相关活动的旅游者的行程安排。

(5) 不得将旅游者是否同意相关购物和自费项目的安排作为订立旅游合同的条件。

第三章

一、单项选择题

1. C　2. D　3. B　4. A

二、多项选择题

1. AB   2. ABCD   3. CD   4. BC

三、判断题

1. 错   2. 对   3. 错   4. 错   5. 对   6. 错   7. 错

五、分析题

1. 提示：导游是接受旅行社委派从事导游业务的人员，其履行职务的行为代表的是旅行社，因此，导游在带团过程中侵犯了游客的权益，旅行社自然要承担责任。同时，作为专业的旅游执业人员，导游也要对自己的违法行为承担相应责任。

2. 提示：根据《导游人员管理条例》《旅行社条例实施细则》的规定，导游人员在满足下列特定条件的情况下可以调整或者变更接待计划。

（1）在引导旅游者旅游的过程中，事情的"突发性"是导游人员调整或者变更接待计划的前提，即只有在旅游活动开始后，出现不利于旅游活动正常进行的紧急情况时，导游人员才可行使这一权利。如果紧急情形在旅游活动开始之前就已经出现，则应由旅行社与旅游者协商调整接待计划。

（2）发生了不可抗力、危及旅游者人身、财产安全，或者非旅行社责任造成的意外情形，导游不得不调整或者变更旅游合同约定的行程安排。

（3）向旅游者做出说明。调整或者变更接待计划应当在事前向旅游者做出说明，如果因客观情况限制无法在事前说明的，应当在事后做出说明。

第四章

一、单项选择题

1. C   2. A   3. D

二、多项选择题

1. AC   2. ABCD   3. BCD   4. ABCD

三、判断题

1. 对   2. 对   3. 错   4. 错   5. 错

五、分析题

1. 分析：根据《消费者权益保护法》第55条规定，经营者提供商品或者服务有欺诈行为的，应当按照消费者的要求增加赔偿其受到的损失，增加赔偿的金额为消费者购买商品的价款或者接受服务的费用的三倍（即通常所说的"退一赔三"）。本案中，旅游产品的价格为500元，旅游者可要求增加3倍的赔偿（1500元），因此，旅游者最多可得到2000元的赔偿（含500元的退款）。

2. 分析："远程购物"方式购买商品具有"非现场性"特点，消费者无法直接接触商品，难以做出准确判断。正因如此，7天内无理由退货的规定有助于更好地约束经营者，加强对消费者远程购物的保护力度。

旅游经营者也是经营者的一种，只要旅游经营者通过远程购物的方式向游客销售旅游产品，同样适用7天内无理由退货的规定。

第五章

一、单项选择题

1. C 2. B 3. A 4. D 5. C

二、多项选择题

1. ABCD 2. BCD 3. ABCD 4. ABCD 5. ABCD

三、判断题

1. 对 2. 错 3. 对 4. 对 5. 错

五、分析题

1. 提示：旅游者要成为旅游合同的主体，必须具有相应的民事权利能力和民事行为能力。16岁的中学生还是未成年人，也没有以自己的劳动收入为主要生活来源，因此还不属于完全民事行为能力人，不能独立与旅行社签订旅游合同。

2. 提示：不是的。如果旅游者与旅行社没有签订书面包价旅游合同，但旅行社履行了主要义务，游客也已接受（或者旅游者履行了主要义务，旅行社也已接受），此包价旅游合同同样成立。

3. 提示：对格式条款的理解发生争议的，应当按照通常的理解予以解释。对格式条款有两种以上的解释的，应当做出不利于提供格式条款一方的解释。因此，本案例中，应采用对旅游者有利的解释。

4. 提示：该旅行社拟定的合同条款是格式条款。根据规定，提供格式条款的一方有意免除自身责任、加重对方责任、排除对方主要权利的条款无效。在旅游途中，保障游客安全是旅行社的责任，得到安全保障也是游客的权利，因此，旅行社不可以在合同中加上"出现事故由游客自己负责"的条款，即使加上了也是无效条款。

5. 提示：本案例的纠纷实际上就是履行地点约定不明造成的。根据《合同法》的规定，履行地点不明确，在履行义务一方所在地履行。本案例中的旅行社是一家南昌的旅行社，因此，履行地应在南昌。

第六章

一、单项选择题

1. D 2. C 3. B 4. A 5. B 6. C 7. B 8. C

二、多项选择题

1. ABCD 2. ACD 3. BCD 4. ABD 5. ABCD 6. BCD

三、判断题

1. 对 2. 错 3. 错 4. 对 5. 对 6. 错

五、分析题

1. 提示：不一定。发生航班出港延误或者取消后，承运人应当按照下列情形为旅客提供食宿服务。

（1）由于机务维护、航班调配、机组等承运人自身原因，造成航班在始发地出港延误或者取消，承运人应当向旅客提供餐食或者住宿等服务。

(2) 由于天气、突发事件、空中交通管制、安检以及旅客等非承运人原因,造成航班在始发地出港延误或者取消,承运人应当协助旅客安排餐食和住宿,费用由旅客自理。

(3) 国内航班在经停地延误或者取消,无论何种原因,承运人均应当向经停旅客提供餐食或者住宿服务。

(4) 国内航班发生备降,无论何种原因,承运人均应当向备降旅客提供餐食或者住宿服务。

2. 提示:不一定。在下列情况下造成旅客人身伤害,承运人可免除或减轻责任。

(1) 旅客的人身伤亡完全是由于旅客本人的健康状况造成的,承运人不承担责任。

(2) 在旅客运输中,经承运人证明,旅客人身伤害是由旅客的过错造成或者促成的,应当根据造成或者促成此种损失的过错的程度,相应免除或者减轻承运人的责任。

3. 提示:赔偿责任限额不是在任何情况下都适用。在下列三种情况下,赔偿责任限额的使用受到限制。

(1) 如果航空运输中的损失是由于承运人或者其受雇人、代理人的故意或者明知可能造成损失而轻率地作为或者不作为造成的,承运人无权援用有关赔偿责任限额的规定。

(2) 旅客与承运人之间对赔偿数额有约定,在约定成立的情况下,按约定的数额赔偿。

(3) 承运人同意旅客不经出票而乘坐民用航空器的,承运人无权援用赔偿责任限额的规定。

4. 提示:根据规定,公路旅客运输承运人擅自变更运输工具而降低服务标准的,应当根据旅客的要求退票或者减收票款;提高服务标准的,不应当加收票款。因此,旅游车公司不应该要求游客多付车费。

第七章

一、单项选择题

1. A 2. C 3. D 4. C 5. B 6. B 7. C 8. A

二、多项选择题

1. ABD 2. ABC 3. BD 4. AC 5. AD 6. ABCD 7. ABCD

三、判断题

1. 对 2. 错 3. 错 4. 对 5. 对 6. 错 7. 错 8. 对

五、分析题

1. 提示:根据《食品安全法》的规定,消费者通过网络食品交易第三方平台购买食品,其合法权益受到损害的,可以向入网食品经营者或者食品生产者要求赔偿。网络食品交易第三方平台提供者不能提供入网食品经营者的真实名称、地址和有效联系方式的,由网络食品交易第三方平台提供者赔偿。网络食品交易第三方平台提供者赔偿后,有权向入网食品经营者或者食品生产者追偿。网络食品交易第三方平台提供者做出更有利于消费者承诺的,应当履行其承诺。

因此,本案中,学生可以向该食品的经营者或者食品生产者要求赔偿,如果交易平台不能提供入网食品经营者的真实名称、地址和有效联系方式,该学生可向该交易平台要求赔偿。

2.提示:根据规定,社会团体或者其他组织、个人在虚假广告或者其他虚假宣传中向消费者推荐食品,使消费者的合法权益受到损害的,应当与食品生产经营者承担连带责任。

3.提示:(1)李某既可以向牛奶的经营者A超市索赔,也可向牛奶的生产者B厂索赔。无论是A超市还是B厂都应当在接到李某的赔偿要求后,先行赔付,不得推诿;属于B厂责任的,A超市赔偿后有权向B厂追偿;属于A超市责任的,B厂赔偿后有权向A超市追偿。

(2)根据《食品安全法》的规定,生产不符合食品安全标准的食品或者经营明知是不符合食品安全标准的食品,消费者除要求赔偿损失外,还可以向生产者或者经营者要求支付价款10倍或者损失3倍的赔偿金;增加赔偿的金额不足一千元的,为一千元。本案中李某除了可以要求赔偿70元钱的损失外,还可以向生产者或者经营者要求支付一千元的赔偿金。

4.提示:饭店是一家企业,有权向住店客人收取房费,但应当事先把住宿价格和住宿时间结算方法(如几点钟退房)明确清晰地告诉客人。因此,规定几点钟退房是饭店企业的权利,饭店可以规定自己认为合理的任一时间退房,前提是事先将此信息告诉客人。只要客人入住前明确知道了这一结算方法,仍坚持入住,则表明客人接受了这一结算方法,这一结算方法即成为住宿合同的一部分,任何一方违约都要承担违约责任。

5.提示:饭店是否有权谢绝客人自带酒水和食品进入餐厅、酒吧、舞厅等场所享用,法律法规没有明确规定。但饭店作为一家企业,有经营自主权,谢绝客人自带酒水和食品进入自己的经营场所应该是经营自主权的体现,但前提是饭店事先将谢绝的告示设置于经营场所的显著位置,或者确认已将此信息告知客人。也就是说要给客人选择的权利,当客人事先知道这一限制规定后,可以选择不在此饭店消费;如果仍然选择在此饭店消费,说明接受了这一限制条件。

6.提示:评定星级时,饭店是作为一个整体来参与评定的,这就要求饭店内所有区域都应达到同一星级的质量标准和管理要求。因此,此饭店只能评四星。

第八章

一、单项选择题
1.D 2.C 3.A 4.D 5.A 6.B

二、多项选择题
1.ABC 2.CD 3.ABCD 4.AD 5.BC 6.ABCD 7.ABCD

三、判断题
1.对 2.错 3.错 4.错 5.对

五、分析题
提示:外国人有下列情形之一的,可以免办签证。

(1)根据中国政府与其他国家政府签订的互免签证协议,属于免办签证人员的。

(2)持有效的外国人居留证件的。

(3)持联程客票搭乘国际航行的航空器、船舶、列车从中国过境前往第三国或者地区,在中国境内停留不超过24小时且不离开口岸,或者在国务院批准的特定区域内停留不超过规定时限的。

第九章

一、单项选择题

1. B　2. C　3. A　4. C　5. D　6. B　7. A　8. D　9. B　10. D

二、多项选择题

1. ABCD　2. ABC　3. BCD　4. ABCD　5. ABC　6. ABCD　7. BCD　8. ACD
9. ACD　10. AC　11. ABC　12. ABCD　13. BC　14. ABCD

三、判断题

1. 错　2. 对　3. 对　4. 对　5. 错　6. 错　7. 错　8. 对　9. 对

五、分析题

1．提示：这一说法不准确。1985年6月，国务院曾发布实施了《风景名胜区管理暂行条例》，该《条例》将我国的风景名胜区划分为3级，即市、县级风景名胜区，省级风景名胜区和国家重点风景名胜区。但2006年颁布的《风景名胜区条例》对此做出了重大调整，将风景名胜区划分为国家级风景名胜区和省级风景名胜区两级，因此，目前已没有市、县级风景名胜区和国家重点风景名胜区的说法。现在的风景名胜区，要么是国家级风景名胜区，要么是省级风景名胜区。

2．提示：游客在景物或者设施上刻划、涂污，可能会被风景名胜区管理机构责令恢复原状，并处50元的罚款；如果游客的刻划、涂污损坏了国家保护的文物、名胜古迹，将按照治安管理处罚法的有关规定受到处罚；构成犯罪的，还将被依法追究刑事责任。

3．提示：风景名胜区内并不是绝对不能建宾馆，但是不能违反规划在核心景区内建设宾馆，否则，可能被风景名胜区管理机构责令停止违法行为、恢复原状或者限期拆除，没收违法所得，并处50万元以上100万元以下的罚款。

4．提示：根据《文物保护法》的规定，非国有不可移动文物有损毁危险，所有人不具备修缮能力的，当地人民政府应当给予帮助；所有人具备修缮能力而拒不依法履行修缮义务的，县级以上人民政府可以给予抢救修缮，所需费用由所有人负担。

5．提示：不是所有的非物质文化遗产的保护都应采取传承、传播的措施。国家对非物质文化遗产采取认定、记录、建档等措施予以保存，对体现中华民族优秀传统文化，具有历史、文学、艺术、科学价值的非物质文化遗产采取传承、传播等措施予以保护。

第十章

一、单项选择题

1. D　2. C　3. A　4. C

二、多项选择题

1. ABCD　2. CD　3. AB　4. AB　5. ABCD　6. ABCD

三、判断题

1. 对　2. 错　3. 对　4. 错

五、分析题

提示:风险提示发布后,旅游经营者应当根据风险提示的级别,采取相应的安全防范措施,妥善安置旅游者,并根据政府或者有关部门的要求,暂停或者关闭易受风险危害的旅游项目或者场所。

根据不同的风险级别,旅行社应当采取相应的应对措施。

(1)风险提示为四级风险的,旅行社应加强对旅游者的提示。

(2)风险提示为三级风险的,旅行社应采取必要的安全防范措施。

(3)风险提示为二级风险的,旅行社应停止组团或者带团前往风险区域;已在风险区域的,调整或者中止行程。

(4)风险提示为一级风险的,旅行社应停止组团或者带团前往风险区域,游客已在风险区域的,旅行社应组织游客撤离。

第十一章

一、单项选择题

1. D 2. B 3. A 4. B 5. C 6. C 7. B

二、多项选择题

1. ABC 2. ACD 3. AC 4. ABCD 5. CD 6. ABCD

三、判断题

1. 对 2. 错 3. 错 4. 对 5. 错 6. 错

五、分析题

1. 提示:经调解达成的调解协议是双方当事人共同意思的表示,与合同、协议一样具有法律效力,当事人应当履行。

如果李某反悔,可以向法院起诉。法院将按照有关规定认定调解协议的性质和效力,凡调解协议的内容是双方当事人自愿达成的,不违反国家法律、行政法规的强制性规定,不损害国家、集体、第三人及社会公共利益,不具有无效、可撤销或者变更的法定事由的,法院将确认调解协议的法律效力。这种情况下,李某的反悔是无效的。

2. 提示:这句话不对。旅游仲裁协议必须以书面形式订立,但不一定要求以独立的协议书的形式订立,下列3种形式都是旅游仲裁协议的表现形式。

(1)仲裁条款。指当事人在签合同时就订立的,将可能的纠纷提交仲裁的条款。

(2)仲裁协议书。指当事人在纠纷发生前或发生后订立的,同意将纠纷提交仲裁的一种独立的协议。

(3)其他书面形式表现的仲裁协议。当事人之间往来的信函、电报、传真、电子邮件等材料包含了同意将纠纷提交仲裁的内容,也可构成仲裁协议。

3. 提示:根据《最高人民法院关于审理旅游纠纷案件适用法律若干问题的规定》第23条的规定,在同一旅游行程中,旅游经营者提供相同服务,因旅游者的年龄、职业等差异而增收的费用,旅游者可以要求旅游经营者返还,人民法院应予支持。因此,游客王某可以要求旅行社返还多收的500元。

4. 提示:(1)旅游纠纷是指旅游者与旅游经营者、旅游辅助服务者之间因旅游发生的合同纠纷或者侵权纠纷。本案中,陈某因旅游合同的履行而与旅行社产生纠纷,属于旅游纠纷。

(2) 目前解决旅游纠纷的方式主要有协商、调解、投诉、仲裁和诉讼这五种,陈某可通过其中的任何一种方式解决纠纷。

(3) 陈某的1万元钱在扣除旅行社已发生的费用后,剩余部分可以退。根据《最高人民法院关于审理旅游纠纷案件适用法律若干问题的规定》第12条的规定,旅游行程开始前或者进行中,因旅游者单方解除合同,旅游者请求旅游经营者退还尚未实际发生的费用的,人民法院应予支持。

参考文献

[1] 全国导游人员资格考试统编教材专家编写组.政策与法律法规[M].北京:中国旅游出版社,2016.
[2] 全国导游人员资格考试教材编写组.政策与法律法规[M].北京:旅游教育出版社,2016.
[3] 赵利民.旅游法规教程[M].4版.北京:科学出版社,2015.
[4] 黄恢月.旅游法律纠纷答疑100例[M].北京:中国旅游出版社,2015.
[5] 导游法规知识编写组.导游法规知识[M].北京:中国旅游出版社,2009.
[6] 广东省导游人员考评委员会办公室.政策法规[M].广州:广东旅游出版社,2009.
[7] 孙子文.旅游法规教程[M].3版.大连:东北财经大学出版社,2007.
[8] 李海峰.旅游政策与法规[M].2版.北京:科学出版社,2010.
[9] 王志雄.旅游法规常识[M].北京:旅游教育出版社,2007.
[10] 董玉明,陈耀东,孟凡哲.旅游法学论点述评[M].北京:知识产权出版社,2006.
[11] 韩玉灵.旅游法教程[M].北京:旅游教育出版社,2004.
[12] 全国导游人员资格考试教材编写组.旅游法规常识[M].北京:旅游教育出版社,2005.
[13] 宋才发,杨富斌.旅游法教程[M].北京:知识产权出版社,2006.
[14] 袁海洲,史广峰.旅游法规案例精选与解析[M].北京:中国旅游出版社,2004.
[15] 张伯双.旅游政策与法规[M].北京:科学出版社,2005.

教学支持说明

全国高等职业教育旅游大类"十三五"规划教材系华中科技大学出版社"十三五"规划重点教材。

为了改善教学效果,提高教材的使用效率,满足高校授课教师的教学需求,本套教材备有与纸质教材配套的教学课件(PPT电子教案)和拓展资源(案例库、习题库、视频等)。

为保证本教学课件及相关教学资料仅为教材使用者所得,我们将向使用本套教材的高校授课教师免费赠送教学课件或者相关教学资料,烦请授课教师通过电话、邮件或加入旅游专家俱乐部QQ群等方式与我们联系,获取"教学课件资源申请表"文档并认真准确填写后发给我们,我们的联系方式如下:

地址:湖北省武汉市东湖新技术开发区华工科技园华工园六路

邮编:430223

电话:027-81321911

传真:027-81321917

E-mail:lyzjjlb@163.com

旅游专家俱乐部QQ群号:306110199

旅游专家俱乐部QQ群二维码:

群名称:旅游专家俱乐部
群　号:306110199

教学课件资源申请表

填表时间：_____年___月___日

1. 以下内容请教师按实际情况写，★为必填项。
2. 学生根据个人情况如实填写，相关内容可以酌情调整提交。

★姓名		★性别	□男 □女	出生年月		★职务	
						★职称	□教授 □副教授 □讲师 □助教

★学校		★院/系	
★教研室		★专业	
★办公电话		家庭电话		★移动电话	
★E-mail（请填写清晰）				★QQ号/微信号	
★联系地址				★邮编	

★现在主授课程情况	学生人数	教材所属出版社	教材满意度
课程一			□满意 □一般 □不满意
课程二			□满意 □一般 □不满意
课程三			□满意 □一般 □不满意
其 他			□满意 □一般 □不满意

教材出版信息						
方向一		□准备写	□写作中	□已成稿	□已出版待修订	□有讲义
方向二		□准备写	□写作中	□已成稿	□已出版待修订	□有讲义
方向三		□准备写	□写作中	□已成稿	□已出版待修订	□有讲义

　　请教师认真填写表格下列内容，提供索取课件配套教材的相关信息，我社根据每位教师/学生填表信息的完整性、授课情况与索取课件的相关性，以及教材使用的情况赠送教材的配套课件及相关教学资源。

ISBN（书号）	书名	作者	索取课件简要说明	学生人数（如选作教材）
			□教学　□参考	
			□教学　□参考	

★您对与课件配套的纸质教材的意见和建议，希望提供哪些配套教学资源：